人力资源和社会保障部职业技能鉴定推荐教材

21世纪职业技术教育 规划教材 双证系列

QI CHE YING XIAO SHI WU

汽车营销实务

(第二版)

主　编　裘　瑜　吴霖生

副主编　张慧兰

主　审　孟嗣宗

上海交通大學出版社

内 容 提 要

本书作为21世纪职业技术教育双证系列规划教材，为满足汽车营销类职业技术教育、汽车营销专业技术人员水平认证考试培训而组织编写的。主要内容包括：汽车历史与文化、汽车营销市场调研与预测、汽车营销方式和市场策略、汽车销售技巧、汽车销售实务、汽车销售人员的素质和职业规范、汽车营销公关、汽车产品与法律责任、汽车营销业务与法律法规等，并附10个汽车营销案例。

图书在版编目(CIP)数据

汽车营销实务/裘瑜，吴霖生主编．—2版，—上海：上海交通大学出版社．2009(2011重印)
(21世纪高等职业教育规划教材双证系列)
人力资源和社会保障部职业技能鉴定推荐教材
ISBN 978-7-313-05596-5

Ⅰ．汽...　Ⅱ．①裘...②吴...　Ⅲ．汽车－市场营销学—高等学校：技术学校—教材　Ⅳ．F766

中国版本图书馆CIP数据核字(2009)第009695号

汽车营销实务
(第二版)
裘　瑜　吴霖生　主编
上海交通大学出版社出版发行
(上海市番禺路951号　邮政编码200030)
电话:64071208　出版人:韩建民
上海交大印务有限公司 印刷　全国新华书店经销
开本:787mm×1092mm 1/16　印张:15.5　字数:377千字
2009年2月第1版　2011年8月第3次印刷
印数:5061～7090
ISBN 978-7-313-05596-5/F·824　　定价:27.00元

前 言

我国作为世界汽车生产和消费大国，汽车产业的高速发展和汽车消费的持续增长，为国民经济的增长产生了巨大拉动作用。汽车产业尤其是汽车服务业的可持续发展，对于提高汽车服务业的技术水准和服务水平，解决汽车服务人才供不应求的局面提出了更新更高的要求。上海市委组织部、市人事局、市教委、市成教委主持的上海紧缺人才培训办公室(简称上海市紧缺办)组织专家开发了“汽车营销培训与考核”项目，现该项目由上海市职业能力考试院组织考核，颁发《上海市专业技术人员水平认证证书》，以满足上海市乃至长三角地区对汽车营销人才的需求。

本书作为21世纪职业教育双证书系列规划教材，为满足汽车营销类职业技术教育、汽车营销专业技术人员水平认证考试培训而组织编写。主要内容包括：汽车历史与文化，汽车营销市场调研与预测，汽车营销方式和市场策略，汽车销售技巧，汽车销售实务，汽车销售人员的素质和职业规范，汽车营销公关，汽车产品与法律责任，汽车营销业务与法律法规，并附有10个汽车营销案例。

教材注重能力的培养，系统地探索和分析了现代汽车销售理念和营销模式，重点阐述了现代汽车的营销方式和营销技巧，着重培养汽车营销人员的优秀素质和提高汽车营销人员的实践能力。本教材注重内容的现实性、超前性，以汽车营销职业资格考证为核心，强调知识体系的系统性、针对性、务实性、实效性。教材以“适用、管用、够用”为原则，循序渐进地阐述强化汽车营销实务，突出职业教育特色，力争做到知识与应用的统一。本书可以作为高等院校汽车营销专业、汽车管理专业、汽车维修专业的必修课程教材，可以作为“汽车营销考证”的专用教材，还可以作为汽车工作者的参考书。

本教材是集体劳动的成果。上海大学巴士汽车学院的裘瑜、吴霖生、张慧兰、朱敏、金亮，河南郑州交通学院李洪涛等参与了第2、3、6、7、8、9章的编写；上海工程技术大学范长荣参与了第5章的编写；上海邦德职业技术学院陈永革参与了第4章的编写；上海市紧缺人才办公室汽车营销培训、考核项目组专家浦维达等参加了教材第1章的编写。本教材由裘瑜、吴霖生任主编，张慧兰任副主编，孟嗣宗为主审。孟嗣宗教授还在百忙之中对本书进行了审阅，并予以帮助和指导。

本教材在编写过程中得到上海市紧缺人才办公室汽车营销培训与考核项目组的全体

专家的大力支持，众多的汽车同行也提出了不少宝贵建议，上海市紧缺人才办公室汽车营销项目组钱增海同志在资料收集、编写联络、组织出版中做了大量工作，在此一并表示感谢。

由于编写时间短，作者水平有限，教材中难免有不妥、遗漏和错误之处，敬请同行和读者批评指正。

编者

2009 年 1 月

目　录

1 汽车历史与文化

1.1 汽车发明

汽车作为重要的陆路交通工具，问世百余年来，取得了惊人的发展。目前，全世界有几亿辆汽车在陆地上行驶，并且以每年几千万辆的速度增长。汽车已成为人类最常用的交通工具，全世界有一半以上的客货运输是由汽车来完成的。人们最早发明汽车时，肯定没有想到日后它会对人类产生如此重大的影响。

早在几千年前，人类就知道使用车来运输人和重物。公元前1世纪时，人们开始设想利用蒸汽机作动力来代替人力和畜力，但直到17世纪，人们的这一设想才变成现实。

现在的汽车上装用的都是内燃机，但最早的汽车上装用的却是外燃机——蒸汽机。1712年，英国发明家纽科门研制出世界上第一台蒸汽机。这种蒸汽机用煤来烧开水，使水变成蒸汽，然后推动活塞产生动力。当时这种蒸汽机还很不完善，有许多问题没有解决，但毕竟可以代替人们一部分体力劳动，因此在欧洲流行了近60年，主要用在煤及其他矿石的开采上。

1769年，法国军官库尼奥研制出世界上第一辆装用蒸汽机的三轮车，这辆车的车轮、车架均为木制，没有转向装置，只能直线行驶，时速仅有4km。

1769年法国人NJ·居纽制造了世界上第一辆蒸汽车驱动三轮汽车。1804年脱威迪克设计制造了第一辆蒸汽汽车。

1879年德国工程师卡尔·本茨首先试验成功首台二冲程试验性发动机。

1781年，英国人瓦特对纽科门发明的蒸汽机进行了改进，使其热效率提高，可靠性增加，从而使蒸汽机进入实用阶段，在各行各业中得到广泛应用。在此后的100年，欧洲各国和美国的发明家，制造出了多种不同外观、不同用途的蒸汽汽车，如英国人嘉内制成的蒸汽公共汽车，美国人艾文思发明的水陆两用汽车，法国人佩夸尔研制的蒸汽牵引汽车等。

由于速度慢、体积大、污染严重，随着内燃机汽车的出现，蒸汽汽车逐渐退出了历史舞台。

蒸汽机的燃料是在气缸外面燃烧的，因此其热量很容易散失，热效率很低。为了从根本上解决这一问题，人们便开始积极研究使燃烧直接在气缸内燃烧的动力装置，也即内燃机。

1860年，法国发明家勒努瓦成功地研制出一台使用煤气的单缸二行程内燃机，这是世界上最早的内燃机。

1876年,德国人奥托制成了第一台往复式四行程内燃机。这种内燃机利用活塞往复运动的四个行程,将吸入的煤气与空气的混合气压缩后,再点火燃烧,大大提高了内燃机的热效率。

1886年,德国人卡尔·本茨设计制造出了世界上第一辆装用汽油内燃机的三轮汽车。这辆三轮汽车采用钢管焊接车架,辐条式车轮,发动机为单缸四行程,工作容积1 687ml,转速200r/min,功率1.103kW,最高时速18km。

同样在1886年,德国人哥德里普·戴姆勒成功地发明了世界上第一辆四轮汽车。该车发动机为单缸四行程汽油机,水冷,转速750r/min,时速15km。

由于装用汽油内燃机的汽车轻便、快速、舒适,并且一次加油行驶的路程较长,因此,它一问世,便受到了人们的普遍欢迎,同时也标志着汽车的真正诞生。

1886年1月29日卡尔·本茨获得了第一件内燃机汽车制造专利证,从此人类社会开始进入现代汽车时代。

19世纪末20世纪初,欧美一些主要的资本主义国家相继完成了工业革命,随着生产力的大幅度提高,要求交通运输工具也要有相应的发展。同时,石油工业的发展,已能提供足够的燃料,机械工业的发展,也提供了先进的加工设备。因此,从德国人本茨和戴姆勒于1886制造出第一辆内燃机汽车开始,法国于1890年、美国于1893年、英国于1896年、日本于1907年、俄罗斯于1910年,相继制造出了汽车,使世界汽车工业有了日新月异的变化。从19世纪末到第一次世界大战爆发的20多年间,是发达国家汽车工业的初步形成时期,其中最具有代表性的是德国和美国。

德国从1886年开始,汽车工业迅速发展,到1901年,已有12家汽车制造厂,年产汽车884辆。7年以后,汽车制造厂猛增至53家,年产汽车5 547辆,不仅能供应国内市场,而且销往世界各地。到1914年,德国汽车年产量已达到2万辆,汽车保有量达到10万辆。

德国汽车制造厂家中,最大、最有名的是奔驰汽车公司和戴姆勒发动机公司。奔驰汽车公司从1894年开始成批生产"维洛"牌小汽车。该车首先采用了橡胶充气轮胎,其结构形式类似于现在的自行车轮胎。到1899年,这种车的年产量已达到570辆。戴姆勒发动机公司于1900年设计的双座汽车,采用双缸发动机前置后轮驱动的总体布置形式,四挡变速器,方向杆置于转向盘上,并首次采用了踏板式的油门,最高时速达40km。1901年,戴姆勒发动机公司首先应用了喷嘴式化油器和磁电机点火装置,使发动机的性能大为改善。1926年,这两家公司合并,成立了戴姆勒-奔驰公司。直到今天,这家公司仍然是世界上最著名的汽车制造厂商,其产品奔驰轿车,在中高级轿车领域世界闻名。

美国的第一辆汽车是由杜瑞亚兄弟于1893年制造的,这辆车为电启动,装用单缸四行程化油器式发动机,采用脚踏式轮胎。1896年,亨利·福特制造出了自己的第一辆汽车。1903年,福特汽车公司成立,同年推出福特A型车。1908年著名的福特T型车问世,该车采用直列四缸发动机,功率14.11kW,结构紧凑,设计简单,容易驾驶,价格低廉。

1913年,福特汽车公司在底特律建成了第一条汽车装配流水线,首次实现了汽车的批量生产。T型车的组装时间由12.5小时缩短到1.5小时,使生产成本大大降低。1914年T型车的年产量已达到30万辆,每辆仅售360美元。到1926年T型车停车时,年产达200

万辆，仅售290美元。福特汽车以其坚固耐用和价格低廉占据了美国70%～80%的市场，成为当时世界上年产量最大的汽车制造厂商。但福特公司所采用的“全能厂”模式最终还是没有竞争过美国通用汽车(GM)公司所实行的“专业化”生产模式。1927年，通用汽车公司超过福特而成为世界上产量最大的汽车制造厂家。

20世纪20年代到90年代，虽然受到两次世界大战的影响，但世界汽车工业无论是制造技术还是设计水平，都得到了突飞猛进的发展。除欧美各国外，发展最快的是亚洲的日本和韩国。

日本的汽车工业在1941年时已有年产5万辆车的能力，但受到“二战”的影响，1945年下降到7 000多辆。但他们不甘落后，奋发图强，1955年就达到了15万辆。自1960年开始，日本大力发展轿车工业，在质量、节油及成本上下功夫，并革新企业管理模式，鼓励职工关心企业经营，使汽车产量在20年内增长10倍，1980年，达到1 104万辆，一度超过美国而成为世界第一汽车生产大国。

韩国的汽车工业起步于20世纪60年代，从一开始国家就给予必要的保护、正确的引导和有力的支持，很快地形成了以大型企业集团为骨干的汽车工业产业体制，再加上企业的自律和竞争，积极自主开发具有国际竞争力的新车型，提高国产化率，推进出口，使汽车产量由1980年的12万辆，发展到1988年的108万辆，突破百万大关，1996年的产量又达到了350万辆。

汽车问世百余年来，特别是汽车产品的大批量生产及汽车工业的大发展以来，汽车已为世界经济的发展、为人类进入现代生活，产生了无法估量的巨大影响，为人类社会的进步作出了不可磨灭的巨大贡献。1997年，全世界汽车年产量达到5 500多万辆，总保有量超过6亿辆。

1986年国际汽车产业界推举德国戴姆勒-奔驰汽车公司主办国际汽车百年圣诞庆贺的盛典，并公认国际汽车产业界汽车发明家是创办奔驰汽车公司的卡尔·本茨先生。所以人们一般把1886年称作汽车元年。

1.2 汽车厂商

汽车发展已有百余年的历史，对汽车发展作出巨大贡献的汽车制造厂层出不穷，可以说世界汽车的发展离不开全世界各国汽车制造厂的创造者、设计者和制造者。在辉煌的汽车发展史上最有名的属以下几个国家的汽车制造厂，它们是美国三大公司、德国五大公司、日本六大公司、意大利三大公司、英国三大公司、中国六大公司和其他一些国家的著名制造公司。

1.2.1 美国著名汽车制造公司

1.2.1.1 通用汽车公司

美国通用汽车公司是世界上最大的汽车制造公司，也是美国汽车制造公司的核心。它的创始人威廉·杜兰特于1908年9月16日在新泽西州以别克汽车公司为核心创建了通用汽车公司。通用汽车公司(General Motors Corporation)的命名具有独特的“通用”象征性意义，简称GM，取自其前面两个单词的第一个字母，制造适合于“所有”人士和企业的汽车。

通用公司具有雄厚的资金实力和强大的营销业务能力，它的跨国体系业务遍及世界几十个国家。

通用公司具有众多的为世人所看重的著名汽车品牌：凯迪拉克、别克、雪佛兰、奥兹莫比尔、旁蒂克、土星等。

1.2.1.2 福特汽车公司

1896年6月14日，亨利·福特制造了他的第一辆汽车，1903年6月16日创建了福特汽车公司，总部设在底特律市。它是目前世界上第二大汽车公司，业务遍及世界五大洲。该公司创建初期，大量生产普及型轿车。1908年，福特汽车公司生产了著名的T形车，并率先采用了流水线生产。福特汽车公司在北美洲拥有福特和水星—林肯两个分部，还在国外建立了一些分公司和合资公司，其中较大的有英国福特汽车公司、德国福特汽车公司、英国捷豹汽车公司等。福特汽车公司在20世纪90年代收购了英国的阿斯顿马汀汽车公司和美洲虎汽车公司，1998年购买了瑞典沃尔沃汽车公司的轿车部。

1.2.1.3 克莱斯勒汽车公司

克莱斯勒汽车公司目前是美国第三大汽车公司，总部设在底特律市。公司名称源于其创始人沃尔特·克莱斯勒。克莱斯勒汽车公司的前身是1907年开设的马克斯威尔汽车公司。1925年，沃尔特·克莱斯勒买下了该公司，更名为克莱斯勒汽车公司，1929年成为美国第三大汽车公司，1933～1949年曾超过福特汽车公司，升至美国第二大汽车公司。但从20世纪50年代起克莱斯勒汽车公司开始走下坡路，曾两度濒于破产，由于美国政府的干预才得以生存下来，而后又迅速壮大。克莱斯勒汽车公司拥有顺风、道奇和鹰、吉普部。克莱斯勒汽车公司于1998年11月12日与德国的戴姆勒-奔驰公司合并为戴姆勒-克莱斯勒汽车公司，简称戴克公司。

1.2.2 德国著名汽车制造公司

1.2.2.1 戴姆勒-奔驰汽车公司

1883年10月1日，卡尔·本茨创建了奔驰公司和莱因煤气发动机厂，这就是后来奔驰汽车公司的前身。1890年11月28日，戴姆勒创建了戴姆勒发动机公司。1898年戴姆勒公司与奔驰公司正式合并，成立了戴姆勒—奔驰汽车公司，成为强强联合的首创者，本部设在斯图加特。

戴姆勒-奔驰汽车公司是德国最大的工业集团和跨国公司。为纪念卡尔·本茨的功绩，世界上第一辆汽车取名为发明者之名的谐音——奔驰。公司所产轿车以戴姆勒朋友的女儿梅赛德斯(Mercedes)的名字命名，唯有载货汽车和客车称为奔驰。奔驰汽车的技术、工艺和质量是全球最高的，奔驰是汽车第一品牌。1998 年 11 月 12 日，戴姆勒-奔驰汽车公司和克莱斯勒汽车公司联合成立了戴姆勒-克莱斯勒汽车公司。

1.2.2.2 大众汽车公司

德国大众汽车公司建于 1937 年 5 月 28 日，是德国最大的汽车生产集团，目前汽车产量居世界第五位，创建人是费迪南德·波尔舍。1937 年 5 月 28 日在柏林成立大众开发公司，同年 9 月 16 日更名为大众股份有限公司。1938 年大众汽车新厂在沃尔斯堡奠基，由波尔舍主持建设，并于 1939 年落成。大众汽车公司包括大众、奥迪、西亚特和斯柯达四个品牌，其中既有小型轿车和豪华轿车，也有客车和载货汽车。大众公司包括德国本土的大众汽车公司和设在美国、墨西哥、巴西、阿根廷、南非等地六个子公司。1982 年，大众汽车公司与中国签订了在上海合资生产桑塔纳轿车的协议，1985 年上海大众汽车有限公司成立，开始生产上海桑塔纳轿车。1995 年 4 月上海大众推出桑塔纳 2000 轿车。

1.2.2.3 奥迪汽车公司

1932 年，奥迪汽车公司由奥迪、霍希、旺达尔、蒸汽动力车辆厂四家德国汽车公司联合而成，当时叫汽车联盟公司。

四家公司影响最大的是霍希公司和奥迪公司。值得一提的是这两家公司均由奥古斯特·霍希创建。1899 年，他在科隆与别人合股建立了霍希汽车公司。正当公司日益壮大之时，他却在 1909 年被排挤出公司。1910 年，他又新建了一家霍希汽车公司，遭到原霍希汽车公司的起诉，被法院裁定必须更名。霍希想出了一个解决问题的巧妙办法。原来他的名字(Horch)霍希在德语中是“听”的意思，译成拉丁文就是 Audi(奥迪)，于是他把新公司命名为奥迪汽车公司。

1932 年，如前面所述四家公司联合组成汽车联盟公司。1958 年，汽车联盟公司被戴姆勒-奔驰公司收购，1964 年又被卖给大众汽车公司，1969 年大众汽车公司买下德国纳苏汽车公司，汽车联盟公司改称奥迪-纳苏汽车联盟公司，1985 年又更名为奥迪汽车公司。

1988 年 10 月 1 日，德国大众汽车公司在中国与一汽合作，开始在中国生产奥迪等轿车。

1.2.2.4 宝马汽车公司

1913 年德国的佛瑞德瑞浦在慕尼黑成立了瑞浦发动机公司，专门从事飞机发动机的制造。由于第一次世界大战的需要，公司扩大，1916 年改名为巴伐利亚飞机发动机公司，两年后又改名为宝马公司(BMW，Bayerischb Motorbh Werkbag)，1928 年后公司转产汽车，宝马公司以生产豪华车和跑车著名。

1.2.2.5 保时捷汽车公司

保时捷汽车公司成立于 1930 年，创始人是费迪南德·波尔舍。公司总部设在德国斯图加特市。

保时捷汽车公司是一家比较特殊的汽车公司，它既从事保时捷牌超级跑车、赛车的设计和生产，也承接其他公司委托的技术研究和设计开发工作。

保时捷汽车公司成立后的主要任务是承接其他公司的设计开发工作，但是波尔舍一直把精力集中在大众汽车的开发上。1938 年大众汽车公司建立新厂，专门生产波尔舍设计的大众甲壳虫汽车，波尔舍出任总经理。1939 年第二次世界大战爆发，大众汽车公司变成了军工厂，波尔舍也被迫转入军用车辆的研制工作。第二次世界大战末期，为逃避空袭，保时捷汽车公司迁往当时已并入德国的奥地利，隐藏在一个山区小镇格蒙镇。

1945 年第二次世界大战结束后，波尔舍被法军逮捕。格蒙镇的保时捷汽车公司由其子费利·波尔舍管理。为波尔舍筹集保释金，费利·波尔舍为一个意大利商人设计了西施塔利亚号赛车，同时在费利·波尔舍的主持下开始了第一辆保时捷赛车的设计工作。1948 年波尔舍获释，他对费利·波尔舍的工作给予赞同和帮助。1948 年第一辆波尔舍自己品牌的赛车终于问世了，这就是征服了整个世界达 20 年之久、为保时捷汽车公司奠定雄厚的基础的 356 赛车。1950 年在费利·波尔舍的主持下，保时捷汽车公司迁回德国斯图加特市。

1952 年费迪南德·波尔舍去世，但他开创的事业飞速发展。1963 年，一种更加诱人的保时捷超级赛车问世了，这就是波尔舍的孙子亚历山大·波尔舍设计的保时捷 911 赛车。

1.2.3 日本著名汽车制造公司

1.2.3.1 丰田汽车公司

丰田汽车公司的前身是 1933 年在丰田自动织布机制作所设立的汽车部，1937 年 8 月 28 日正式独立为丰田汽车工业公司，创始人是丰田喜一郎。丰田喜一郎以其姓氏作为公司的文字商标，英文译为 TOYOTA。1982 年 7 月 1 日，丰田汽车工业公司和丰田汽车销售公司合并为丰田汽车公司，总部设在丰田市。

丰田汽车公司在“二战”后研究并创造出多品种、小批量的生产条件来降低成本，以“准时化”和“自动化”为特征的丰田生产方式，称为“精益生产方式”，运用多种现代管理方法和手段，以社会需求为依据，以充分发挥人的作用为根本，有效配置和合理使用企业资源，最大限度地为企业谋求经济效益。丰田的生产方式渗透到世界各国制造业中，起到积极的作用。

丰田公司拥有众多的著名汽车品牌，最为有名的就是凌志(Lexus)和皇冠(Grown)

1.2.3.2 日产汽车公司

日产汽车公司前身是日本产业公司与户火田铸造公司于 1933 年 12 月 26 日联合成立的汽车制造公司，当年就开始生产汽车，于 1934 年正式更名为日产汽车公司，总部设在东京，是日本第二大汽车生产厂家。日产汽车公司的经营战略有两大特色：一是浓厚的技术色彩，热衷于技术的创新和采用；二是国际化的设计、生产方针。日产公司先后建立了美国日产汽车制造公司、牛津大学日产研究所、英国日产汽车制造公司、日产北美公司。

1993 年中日合资郑州日产汽车公司成立，日产汽车品牌和日产汽车技术开始进入中国。

日产汽车公司开发产品的方针往往注重个性化、外观和内饰具有创新的特色，特别偏重操控性，使驾驶日产车感到十分愉悦和可靠。

1.2.3.3　本田汽车公司

本田(Honda)汽车公司全称为本田技研工业股份有限公司。其前身是本田技术研究所，建于1948年9月，创建人是本田宗一郎。该公司生产的摩托车闻名世界，1962年开始生产汽车。本田先后建立本田美国公司、本田亚洲公司、本田英国公司。

本田车名源于本田宗一郎先生创立的本田摩托车公司。“本田”即本田宗一郎先生的姓氏。本田(Honda)商标图案中的“H”字母是“本田”的第一个字母。

1.2.3.4　马自达汽车公司

马自达汽车公司的前身是创建于1920年的东京软木工业公司，1927年更名为东洋工业公司，总部设在广岛县安芸郡。1931年正式开始生产汽车。1982年公司正式更名为马自达汽车公司。马自达生产的汽车外形给人一种光滑圆润、不带一点棱角线条的感觉，因而特别受到广大女车迷的青睐。马自达汽车公司的精神是“顾客第一，尊重人性，与国际社会相协调”。马自达车名源自西亚人传说中的名字——阿弗拉·马自达(Afure Mazda)，他象征古代文明，含有聪明、理智和协调之意，代表着古西亚文明的铁器、车轮和家畜。

1.2.3.5　五十铃汽车公司

1916年，东京石川岛造船公司在制造海运船只的同时，开始酝酿由制造海运产品向陆上运输产品拓展，为此着手研制汽车。1918年东京瓦斯电气工业公司开始生产A型载重汽车。1937年，东京石川岛公司与东京瓦斯电气工业公司联合成立了东京汽车工业公司。1949年正式命名为日本五十铃汽车公司，总部设在东京。

五十铃来源于日本五十铃汽车公司所在地伊斯(ISUZU)的五十铃河，1974年该公司开始采用两根柱子作为商标，一根柱子象征着与用户并肩前进的五十铃，另一根柱子象征着与世界各国协作发展的五十铃。

1.2.3.6　三菱汽车公司

1970年，从日本三菱汽车重工业公司独立出来的日本三菱汽车公司是日本最年轻的汽车公司。三菱的名字源自1870年成立的九十九商会，后改称为三菱商会。1970年，三菱汽车公司正式成立，翌年宣布与美国克莱斯勒公司合并。1986年，三菱汽车公司与克莱斯勒公司在美国伊利诺州合资创建钻石星汽车公司。三菱汽车公司目前在日本有10个生产工厂、2个轿车技术中心和一个载货汽车及大客车技术中心，在国外拥有13个分公司。1980年，三菱汽车公司与中国柳州微型汽车厂合作，将L100微型汽车引进柳州。

三菱公司的服务原则是：承担对社会的共同责任；诚实与公平；通过贸易促进国际谅解与合作。

1.2.4 法国著名汽车制造公司

1.2.4.1 雪铁龙汽车公司

雪铁龙(Citroen)汽车公司前身是雪铁龙齿轮公司,1915 年由安德烈·雪铁龙创建。1919 年,雪铁龙英国汽车公司成立。此后,雪铁龙挪威、科隆、美国汽车公司成立。1975 年,雪铁龙汽车公司、标致汽车公司、塔尔伯特汽车公司合并成为标致—雪铁龙集团(PSA 汽车集团)。1990 年雪铁龙与中国第二汽车制造厂(东风汽车公司)签订合资生产雪铁龙 ZX 富康轿车协议。

雪铁龙的车名以其创始人安德烈·雪铁龙的姓氏命名。由于雪铁龙汽车公司的前身是雪铁龙齿轮公司,所以商标以公司前身生产的齿轮为背景,由啮合的人字齿轮轮齿构成。啮合的人字形轮齿象征人们密切合作,同心协力,步步高升。

1.2.4.2 标致汽车公司

1948 年,阿尔芒·标致在巴黎建立了一座工厂,生产锯条、弹簧和齿轮等;1896 年,在蒙贝利亚尔省创建了标致(Peugeot,曾译为别儒)汽车公司。标致汽车公司和汽车的商标图案是一只站立的雄狮。雄狮既是标致家族的徽章,也是蒙贝利亚尔省的省徽。商标既突出了力量,又强调了节奏,富有时代感,喻示着标致汽车像雄狮那样威武、敏捷,永远保持旺盛的生命力。"标致"——站立的雄狮。

1.2.4.3 雷诺汽车公司

雷诺汽车公司是路易斯·雷诺三兄弟于 1898 年在法国比杨古创建的,并以创始人的姓氏命名,它是世界上最悠久的汽车公司之一。在第一次世界大战中,雷诺汽车公司得到大发展,但第二次世界大战遭到破坏。"二战"后,因雷诺汽车公司曾与德国法西斯合作而被国家接管,改为国营汽车公司,并兼并了萨维姆和贝利埃两家汽车公司。雷诺汽车公司及其汽车的商标是四重菱形图案,象征雷诺三兄弟与汽车工业融为一体,表示雷诺能在无限(四维)的空间中竞争、生存、发展。

1.2.5 意大利著名汽车制造公司

1.2.5.1 菲亚特汽车公司

菲亚特(FIAT)是意大利都灵汽车制造厂的缩写,该厂建于 1889 年,厂址设在都灵市,其创始人是乔瓦尼·阿涅利,1899 年更名为菲亚特汽车公司。经过一个多世纪的发展,菲亚特汽车公司成为意大利规模最大的汽车公司,不仅汽车产量占意大利汽车总产量的 90%以上,而且还控制着阿尔法·罗米欧、兰西亚、法拉利等汽车公司,拥有这些著名汽车的品牌,被称为意大利的汽车王国。

1.2.5.2 阿尔法·罗米欧汽车公司

阿尔法·罗米欧汽车公司是意大利高级轿车、跑车和赛车的制造厂，建于1910年，总部设在意大利北部工业城市米兰。1910年，一些米兰商人买下了附近日益衰落的法国达拉克汽车公司的装配厂，开始生产普通轿车。公司当时叫伦巴第汽车公司，缩写为ALFA。第一次世界大战中，工程师尼古拉·罗米欧买下了该公司，用于生产军火。战后改名为阿尔法·罗米欧(ALFA ROMEO)汽车公司，生产高级跑车和赛车。1923年，阿尔法·罗米欧汽车公司起用著名汽车专家亚诺，设计生产了一系列优秀赛车，为公司在赛车界赢得声誉。但1929年的世界经济大萧条使阿尔法·罗米欧汽车公司破产，1931年，国有的意大利工业复兴公司将它收购。第二次世界大战后，公司仍生产一些高级赛车(包括F-1赛车)，但重点放在批量生产的高级轿车和跑车上。进入20世纪80年代后，阿尔法·罗米欧汽车公司经营日益困难，产量下降，收入不稳定，劳资纠纷不断。为了摆脱困难，1987年，意大利政府决定将其私有化，菲亚特汽车公司收购了它。并入菲亚特汽车公司之后，阿尔法·罗米欧汽车公司提高了技术水平，获得了较大的发展。

1.2.5.3 法拉利汽车公司

法拉利汽车公司是意大利的超级跑车制造公司，建于1929年，创始人是恩佐·法拉利，公司总部设在意大利赛车之都莫的那，现为意大利菲亚特汽车公司的子公司。恩佐·法拉利既是一个汽车企业家，又是一个著名赛车手，他被誉为赛车之父。

法拉利汽车公司及其汽车商标为一匹跃马。第一次世界大战时，康蒂斯白利查伯爵夫人的儿子(佛朗希斯科巴拉克)是一名战斗机驾驶员，他曾用跃马图案作为自己赛车的标志。白利查夫人对法拉利说："把跃马图案印到你的赛车上，它会给你带来好运的。"法拉利欣然同意了。跃马成了法拉利赛车的吉祥物，从此好运频来。

1.2.6 英国著名汽车制造公司

1.2.6.1 劳斯莱斯汽车公司

劳斯莱斯(Rolls-Royce)汽车公司建于1906年，是由劳斯汽车销售公司和莱斯汽车制造公司联合而成，并以创始人查尔斯·劳斯和亨利·莱斯的姓氏命名。公司的商标采用ROLLS、ROYCE两个单词的开头字母R叠合而成，寓意团结奋进、精诚合作、共同创业的精神。

劳斯莱斯轿车以外形独特、古色古香、性能优良而驰名世界，是当今世界最尊贵、最豪华、最气派的轿车，被誉为帝王之车，在世界车坛上享有崇高的地位。

在劳斯莱斯汽车的车头上还有一尊金光灿灿的飞翔女神像。1911年经朋友蒙塔古的介绍，劳斯认识了《汽车画报》的画家兼雕刻家查理士·赛克斯，求他为劳斯莱斯汽车设计一尊雕塑商标。赛克斯就以画报社的莎恩顿小姐为模特，设计了飞翔女神，意为速度之魂。

1.2.6.2 美洲豹汽车公司

美洲豹(JAGUAR)汽车公司建于1935年，创始人是威廉·莱昂斯。目前美洲豹汽车公司是美国福特汽车公司的子公司，总部设在英国考文垂。美洲豹跑车以其雄姿而倾倒众多车迷，受到车迷的特殊宠爱和垂青。

美洲豹汽车公司和汽车商标是一只正在跳跃前扑的美洲豹雕塑。美洲豹是世界上最稀有、名贵的动物，这也体现了公司生产汽车的名贵和公司的勃勃雄心。

1.2.6.3 陆虎汽车公司

陆虎(ROVER)汽车公司原来是建于1884年的自行车制造厂。随着汽车的出现，从1904年开始，该公司把主要精力用于汽车生产上，但直到1946年才开发出后来闻名遐迩的四轮驱动汽车。1948年4月，兰德陆虎汽车在阿姆斯特丹车展上获得极大的成功，从此走向世界。该公司几易其主，现在是德国宝马汽车公司旗下的一员，为世界著名的越野汽车公司。

1.2.7 中国著名汽车制造公司

要成为汽车制造大国一直是中国人的愿望。从1931年5月，在张学良将军领导下试制成功第一辆汽车至今，真正把愿望变成现实是改革开放之后。特别是1994年国家经济计划委员会发布了《汽车工业产业政策》之后，中国的汽车制造业在建国初期和中期形成的规模的基础上，得到了进一步蓬勃发展，逐步形成了产业体系，建立了以中国第一汽车集团公司、东风汽车集团公司和上海汽车工业集团总公司三大汽车制造基地和部分小型汽车制造基地的宏伟局面，同时具有民族意识的企业家自行创办的私营汽车制造业也得到了良好的发展，组成了中国汽车工业的脊梁，为发展中国的汽车工业作出积极的贡献。

1.2.7.1 中国第一汽车集团公司

中国第一汽车集团公司是中国汽车工业的摇篮，总部位于吉林省长春市，始建于1953年，毛泽东主席亲笔题名奠基。50多年来，“一汽”经历了建厂创业、产品换型和工厂改造、上轻型车和轿车三个大规模的发展阶段，目前拥有中国最大的中、重型卡车生产基地；6万辆轻型车生产基地；3万辆红旗轿车生产基地；1991年与德国大众汽车公司合资建立15万辆轿车基地，产品结构已形成以轿车为主的新格局。中国第一汽车集团四大基地构成了“一汽”生产力的核心。

2002年“一汽”与天津汽车工业(集团)有限公司联合重组，2004年底与日本丰田汽车公司实现合作，开始制造清洁能源的混合动力轿车。

中国第一汽车集团公司是中国汽车最大的汽车企业集团，拥有直属专业厂10家，分公司3家，全资子公司39家，控股子公司17家，参股公司29家，其中包括一汽轿车、一汽四环等上市股份公司和一汽—大众、一汽—大宇(烟台)等22家合资企业，并在海外设立11家办事机构(包括组装厂)，所吸附和支配的资产近600亿元人民币，拥有解放、红旗两大民族品牌，与德国大众公司合资生产的奥迪、捷达、宝来、速腾等品牌，形成了“轻、中、重、轿、客、微”多品种、宽系列的产品格局，产品综合生产能力达到 45 万辆。

48 年来，中国第一汽车集团公司累计生产各类汽车 400 万辆；1991 年以来，汽车销量连续 10 年居中国汽车行业首位；1999 年销量超过 30 万辆；2007 年突破 140 万辆，销售收入 1 880亿元。中国国家统计局最近公布中国 2000 年营业收入最多的企业排名，中国第一汽车集团公司位列第 9 位。

中国第一汽车集团公司拥有中国汽车行业目前规模最大、核心能力最强的集科学研究、产品开发、工艺材料开发于一身的技术中心。1999 年“一汽”在全国 231 家企业技术中心排列中位居第 7 位，机械行业第 1 位；在汽车操纵稳定性、平顺性、制动稳定性、振动、噪声、轮胎力学等性能以及发动机电喷增压技术、多气门技术、柴油机燃油喷射装置、路面测量及分析等方面的研究都具有中国领先水平，有些达到或接近国际水准。

中国第一汽车集团公司在积极开展国内业务的同时，不断深入国际汽车贸易循环，初步建立起 CKD 全球采购及营销体系，先后在亚洲、非洲、欧洲、美洲建立了五大地区性公司，设立了 11 个分公司和办事机构，已与 80 多个国家和地区的1 000多家企业、贸易公司、分销商和代理商建立了业务关系，进出口总额从3 000万美元起步已累计达到 41.1 亿美元，其中出口各种商用车、乘用车 4.3 万辆。2000 年，中国第一汽车集团公司进出口总额达到 6.3 亿美元，创汇 1 亿美元，并同大众、奥迪、西门子、福特、通用、丰田、日产、大宇、现代等国际著名厂商保持着广泛的技术交流与合作关系。

1.2.7.2 东风汽车集团公司

东风汽车集团公司原名为第二汽车制造厂，1967 年在湖北十堰创立，1969 年建成，是依靠我国自己的力量，采取“聚宝”方式设计、建设和装备起来的现代化汽车生产企业，也是国家明确重点支持的三大汽车集团之一。

东风公司的建设发展，大致经历了艰苦创业、改革发展和结构调整三个时期。1978 年 5 吨民用车投产，十堰基地初具规模。1980 年靠“自筹资金、续建二汽”，闯过了“停建缓建关”，开始走上了以改革求发展的道路。1981 年以“二汽”为核心的东风集团成立。1986 年东风集团作为国家经济改革的试点，首批在国家计划中实行单列。1993 年被国家批准为国有资产授权经营试点企业，同年开展了以轻、轿建设为重点的产品结构调整。1997 年东风公司整体通过 ISO9001 质量体系认证；“东风”商标被国家工商局评定为全国汽车行业首家驰名商标。1999 年“东风汽车”成功改制上市。

改革开放以来，东风公司艰苦创业并凭借改革的先发效应，保持了超常的发展，经营规模、经营效益稳居行业前列。1989 年起连续多年跻身全国工业 500 强前十位。

经过 30 余年的建设和发展，东风公司相继建成了十堰、襄樊、武汉三大汽车开发生产基地，并拥有云汽、柳汽、新汽、杭汽等整车生产企业和朝阳、南充等发动机生产企业，以及上海浦东和南方两个新事业生长点。公司依靠雄厚的汽车产品、材料、工艺、装备综合技术研究开发实力和试验体系，现已基本形成了重、中、轻、轿等宽系列、多品种的产品格局，年汽车生产能力 50.6 万辆。截止 1999 年底，东风公司拥有职工 10.5 万人，资产总额 519 亿元。

东风公司在全国范围内建立了集整车销售、备件供应、售后服务和信息反馈于一体的强大经销服务网络；拥有独立的外贸进出口权，目前已与世界上 40 多个国家和地区的 300 多家企业（公司）建立了合资生产、技术引进和贸易联系。

东风公司主要生产东风牌载货汽车，改革开放以来，产品系列涵盖重型、中型、轻型卡车、客车及乘用车，主要生产基地分布在中国湖北省的十堰、襄樊、武汉和广东省的广州。

在中国，东风产品家喻户晓。"东风"牌商标，在汽车行业中率先被国家工商局评定为中国驰名商标。公司质量体系较早通过 ISO9000 评审。庞大的销售服务网络覆盖全国所有县市。

1992 年 5 月 18 日，东风汽车公司与法国雪铁龙公司签约，成立神龙汽车有限公司，生产富康牌轿车。东风公司在产品技术上一直保持和雪铁龙公司的同步发展，是目前国内同时拥有两厢、三厢和 MPV 车型的企业，产品结构能够充分满足市场需求。

东风公司拥有代表东风核心竞争优势的研究开发体系，具有良好的自我装备能力和一流的科研队伍。作为东风研发体系支柱的技术中心，是国家认定的 100 个国家级"企业技术中心"之一，除承担公司汽车工业的普通基础研究任务外，还参与和承担大量的国家科学技术重点革新项目，目前正积极寻求国际合作，采取引进、消化、吸收的途径，提升技术研发水平，强化核心竞争力。

根据新的发展形势，在中国第十一个五年计划期间，东风将积极寻求实现跨越式发展，总的目标是，将经营规模提升到1 000亿元人民币以上，国内市场占有率达到 20%，形成具有国际竞争力的汽车集团。

东风公司的奋斗目标是：稳固确立行业三强地位，基本形成参与国际竞争的能力。

1.2.7.3 上海汽车工业（集团）总公司

上海汽车工业（集团）总公司（以下简称"上汽集团"）是中国三大汽车集团之一。2003 年上汽集团以合并销售收入 117 亿美元成功跻身世界 500 强行列，整车销量达 78.2 万辆，其中主导产品轿车销量达到 59.7 万辆，提前两年达到了"十五"计划确定的主要目标。

通过多年发展，上汽集团形成了 SAIC 价值观。SAIC 既是上汽集团的英文缩写，也是上汽集团的价值观，即：S——Satisfaction from customer，满足用户需求；A——Advantage through innovation，提高创新能力；I——Internationalization in operating，集成全球资源；C——Concentration on people，崇尚人本管理。同时，上汽集团还提出了与价值观相匹配的集团"四大工程"即用户满意工程、全面创新工程、全球经营工程、人本管理工程。

上海汽车集团股份有限公司成立后，上汽集团将逐步发展成为以先进制造业和现代服务业为主要业务领域的综合性企业集团，为上海经济的持续发展作出更大贡献。

目前，上汽集团的主要产品包括轿车、微车、客车、重型卡车、摩托车、拖拉机和工程机械，并且形成了车身饰件、底盘、电子电器、动力传动、空调和铸锻热加工等 6 大零部件供应系统。公司直属管理的企业有上海大众汽车有限公司、上海通用汽车有限公司、上汽通用五菱汽车有限公司、上海申沃汽车有限公司、上海汇众汽车有限公司等 8 家主机企业；上海汽车股份有限公司 1 家上市公司；延锋伟世通、联合汽车电子等零部件企业；上汽通用金融公司、安吉天地等多家汽车服务贸易企业，以及汽车工程研究院、泛亚技术中心等技术开发机构。上汽集团在美国、欧洲、香港和日本设有四家海外公司，并且拥有韩国大宇10%股份和双龙汽车公司48.92%的股份，以第一大股东身份参与经营管理。

面对未来，上汽集团股份将加快实施“规模提升、国际经营、科技强身”三大战略，重点做强“整车、关键零部件、自主品牌和服务贸易”四大核心业务板块，围绕成本、技术、人才和机制，加强管理与创新，做大国内国外两个市场，将公司建设成主业突出、核心能力强、具有国际竞争力的现代化汽车大集团。

上海汽车工业(集团)总公司属下最著名的主机制造企业为上海大众汽车有限公司、上海通用汽车有限公司。

(1) 上海大众汽车有限公司　上海大众汽车有限公司在改革开放的总设计师的关心下，与德国大众于1984年10月10日在北京人民大会堂举行合营合同签字仪式。10月12日李鹏总理和联邦德国总理科尔为上海大众公司奠基。

上海大众汽车有限公司于1985年3月成立，为中德合资轿车生产企业，中德双方的投资比例各占50%，合同期限为25年。2002年4月12日，中德投资双方修订和延长了上海大众合营合同签订协议，合营期延长至2030年。2004年5月2日，中德合资双方签订了新增15亿人民币注册资本的合同。经过六次的增资发展，上海大众的注册资本达到78亿人民币。

上海大众位于上海西北郊的安亭国际汽车城，占地面积321.8万平方米，建筑面积81.8万平方米，现有职工15 000多人。上海大众是中国目前生产规模最大、市场保有量最多的现代化轿车生产基地，年产量超过45万辆，产品已由最初的桑塔纳系列发展到了今天包括桑塔纳3000、帕萨特、POLO、GOL在内的四大平台几十个品种，又推出了途安MPS系列多功能运动型轿车。

上海大众曾连续8年荣获中国十佳合资企业称号，8年蝉联全国最大500家外商投资企业榜首，并连续9年被评为全国质量效益型企业。凭借质量、经济效益等方面的显著绩效，上海大众成为了中国汽车行业中首家获得全国质量管理奖的企业，连续三次被评为《财富》组织评选的“中国最受赞赏的外商投资企业”，其中两次荣登榜首。

经过20年的发展，上海大众形成了四大生产区域和一大技术中心的生产格局。从普通型桑塔纳的全盘引进，到桑塔纳2000型的联合开发，从上海帕萨特的创新研制，到第四代POLO的同步投产，从GOL系列产品在短时期内的先后上市，到今天桑塔纳3000型在上海大众技术中心的孕育诞生，上海大众一次次为中国的轿车工业谱写了新的乐章。

(2) 上海通用汽车有限公司　上海通用汽车有限公司成立于1997年6月12日，由上海汽车工业(集团)总公司、通用汽车公司各出资50%组建而成。上海通用汽车位于上海市浦东金桥出口加工区，占地面积80万平方米，南部厂区于2005年第四季度投产。

上海通用汽车目前已经形成凯迪拉克、别克、雪佛莱三大品牌，凯迪拉克CTS、雪佛莱赛欧紧凑型轿车、别克君越轿车、别克GL8商务公务旅行车、别克凯越轿车、别克凯越HRV轿车以及别克林荫大道轿车七大系列23种品种的产品矩阵。别克系列产品含有多项先进技术，在安全性、动力性、舒适性和环保方面表现优越并在各自的细分市场中处于领先。

上海通用汽车坚持“以客户为中心、以市场为导向”的经营理念，并不断以高质量、全系列的产品和高效优质的服务，满足用户日益增长的需求。目前上海通用汽车拥有金桥和上海通用东岳汽车(烟台)、上海通用东岳动力总成(烟台)、上海通用北盛汽车(沈阳)3 大生产基地。其中金桥生产基地的生产能力为两班年产 15 万辆整车，并生产 10 万台自动变速箱、18 万台 V6 发动机和 5 万台 L4 发动机。上海通用东岳汽车年设计产能为二班 10 万辆整车。上海通用东岳动力总成设计产能为三班二运转实现年产 37.5 万台发动机。上海通用北盛汽车(沈阳)年设计产能为三班 5 万辆整车。另外，金桥基地南部厂区投产后产能将扩大 15 万辆整车。

上海通用汽车基于精益生产理念建立了一套完整的采购、物流、制造、销售与售后服务体系和质量管理体系，并在生产和管理中大量采用计算机控制技术。具有国际先进水平的国内第一条柔性化生产线，涵盖了冲压、车身、油漆、总装等整车制造环节以及发动机、变速箱等动力总成制造过程。至今，上海通用汽车通过了上海质量体系审核中心(SAC)中心(SAC)和挪威船级社(DNV)的联合质量体系评审，成为中国汽车工业第一家获得 QS9000 质量体系认可的汽车制造公司。同时，上海通用汽车还获得了 ISO14001 环境体系认证证书。

上海通用汽车在不断开拓国内市场的同时，还一直寻求拓展海外市场、参与国际竞争的机会。2001 年 10 月，别克 GL10 第一批出口菲律宾，开创国内中高档轿车走出国门之先河。2002 年 11 月，上海通用汽车又与通用汽车加拿大凯米公司(CAMI)达成出口协议，从 2003 年 1 月起向加拿大凯米公司出口大排量 V6 发动机，5 年出口量将达 60 万台，这是国内第一次大规模向发达国家出口高档、大排量汽车(汽油)发动机。

1.2.7.4　北京汽车工业集团公司

北京汽车工业集团总公司是以北京地区为主，跨地区、跨行业，集汽车整车和零部件制造销售、科研、经贸为一体的大型企业集团，综合实力在全国八大汽车集团排名前 5 位，是国家重要的轻型客货汽车生产基地，现有成员单位 28 家，其中整车企业 5 家，零部件企业 15 家。另有松散成员单位 141 家。

“北汽”现有三大整车产品系列：轻型越野车、轻型客货车和农用运输车，已形成 25 万辆整车和 45 万台(含北内)发动机制造能力，其中越野车 10 万，轻型客货车 15 万，农用车 10 万。“北汽”整车产品除切诺基外，全部实现了自主研制开发；目前正与法国雷诺汽车公司联合开发的多功能汽车——北京雷诺，是集团 21 世纪初投放市场的新型产品。

北京汽车工业集团总公司下属有北京吉普汽车有限公司和北京现代汽车有限公司。

(1) 北京吉普汽车有限公司　北京吉普汽车有限公司的前身是北京汽车制造厂，当时主要生产北京 BJ212 轻型吉普车。

北京吉普汽车公司 1983 年 5 月 5 日与美国克莱斯勒公司签约，合资经营期限为 20 年。是中国汽车行业开业最早的中外合资企业。

北京吉普汽车公司 1985 年从美国引进投产切诺基吉普汽车，现日产 160 辆，国产化率达到 80%以上。公司通过动态技术引进，使该车型与克莱斯勒公司保持同期生产及年度车型改进，其品种已形成四缸化油器、四缸和六缸电子多点汽油喷射、加长轴距、两轮驱动(BJ7250)等不同档次、不同用途的系列。

(2) 北京现代汽车有限公司　北京现代汽车有限公司成立于2002年10月16日，是由北京汽车投资有限公司和韩国现代自动车株式会社共同出资设立的，注册资本为18亿元人民币，总投资24亿人民币，中韩双方各占50%。

北京现代

北京现代汽车公司的标志椭圆内的斜字母H是现代公司英文HYUNDAI的首个字母，椭圆既代表汽车方向盘，又可看作地球，两者结合寓意了现代汽车遍布世界。

北京现代汽车公司有北汽控股有限公司、首钢总公司、北京国有资产经营有限公司等9家股东，涉及汽车及相关产业的投资及管理、投资咨询、技术服务、销售汽车(含小轿车)、汽车进出口、汽车配件、机械和电器设备等，其轿车主打产品是索那塔和伊兰特，目前在国内占有一定的市场。

1.2.7.5　跃进汽车集团

跃进汽车集团公司前身是南京汽车制造厂。1958年3月10日成功地制造出我国第一辆轻型载货汽车，国家命名为跃进牌汽车，批准成立南京汽车制造厂。1995年6月21日国家经贸委同意更名为跃进汽车集团公司。

1958年到1979年，公司发扬自力更生、艰苦奋斗的精神，累计生产汽车15万辆，年生产能力达2.5万辆，成为中国轻型汽车行业的排头兵。

“九五”期间，南汽与意大利菲亚特集团依维柯公司合资成立南京依维柯汽车有限公司；后又多方引进外资设立南京菲亚特公司，开创生产小轿车的历史；同时对跃进牌汽车的生产企业进行股份制改造，成立跃进轻型汽车股份有限公司(现更名为跃进汽车股份有限公司)。

公司目前已形成三大汽车生产基地，生产跃进、南京依维柯、南京菲亚特三大品牌系列40多个品种汽车，年综合生产能力20万辆。

跃进汽车集团公司一贯奉行“质量第一，用户第一，服务第一”的宗旨，发扬“创业、创新、创优、创名牌”的企业精神，不断超越，不断追求，为建成具有更强竞争力的企业集团而不懈努力。

1.2.7.6　广州汽车工业集团有限公司

广州汽车工业集团有限公司成立于2000年6月8日，在广州汽车集团有限公司与广州五羊集团有限公司基础上组建而成，是广州市政府国有资产授权经营企业集团，是广东省、市重点扶持发展的大型企业集团，在2004年中国企业500强中排名第50。

1997年广州汽车工业进行战略性结构调整，成功更换了轿车项目合作伙伴，先后成立了广州本田汽车有限公司、广州五十铃客车有限公司，特别是经过近几年的一系列改革重组，打下了健康发展的基础，初步建立起轿车、客车、专用车及轻型车、摩托车、零部件产品生产基地和工程技术研究开发中心。广州汽车工业集团先后与10多家外商企业共同出资建立了38家合资企业。

目前，广州汽车工业集团有限公司拥有独资与合资企业112家，主要有广州汽车集团有限公司、广州摩托集团公司、广州本田汽车有限公司、广州丰田汽车有限公司、广汽丰田发动机有限公司、五羊一本田摩托(广州)有限公司、广州五十铃客车有限公司、广州骏威客车有限公司、广州羊城汽车有限公司、广州汽车集团零部件有限公司、香港中隆投资有限公司、广州汽车集团商贸有限公司以及广州汽车工程技术研究开发中心等，主要产品有广州雅阁、奥德赛和飞度轿车，广汽 AZ 系列发动机，广州 GALA 三种系列豪华大、中型客车，骏威牌、珠江牌系列大、中型客车，羊城牌轻型客车、货车、专用车，五羊牌和五羊-本田牌摩托车，以及汽车空调器、座椅、灯具、弹簧、减振器等多种汽车、摩托车零部件产品，产品销往全国各地，部分产品已出口欧美亚洲等多个国家和地区。广州汽车集团与日本本田、东风汽车公司合作的国内首个轿车出口基地项目已投产，广州丰田轿车多个项目已下线。

2004 年，广州汽车工业集团有限公司实现销售收入 428 亿元，利税 111 亿元。

中国加入 WTO 以及中国经济实力的日益增强，人民生活水平的不断提高，给中国汽车工业带来了新的发展机遇。广州汽车工业集团有限公司将抓住发展的大好时机，学习和借鉴国外先进的技术与管理经验，不断提升企业管理水平，积极参与国际竞争与合作，加快形成产业结构新格局，实现广州汽车工业持续、快速、健康发展。

1.2.7.7 中国民族品牌汽车公司

奇瑞汽车

CHERY AUTOMOBILE

(1) 奇瑞汽车有限公司　奇瑞汽车是中国人的骄傲和自豪，是具有真正的民族品牌和自主知识产权的汽车，也是中国人需要十分关心和支持的品牌。在 2005 年上海汽车博览会上奇瑞公司又推出了 6 款全新品牌的车辆，使参观的人们为之自豪。

奇瑞汽车有限公司成立于 1997 年，由安徽省及芜湖市五个投资公司共同投资兴建的国有大型股份制企业，坐落在水陆空交通条件非常便利的国家级开发区——芜湖经济技术开发区。芜湖经济开发区占据着承东启西、连接南北的枢纽地位，是长江流域重要的工业基地和物流中心。

公司于 1997 年 3 月 18 日正式破土动工，至 2003 年 3 月已全部完成一期至二期投资建设，占地面积 130 多万平方米，现已经形成年产 40 万台发动机和 30 万辆整车的生产能力。前两期工程都拥有各自的轿车生产四大工艺，即冲压、焊装、涂装、总装，此外还包括两个发动机厂、一个变速箱厂。2003 年 4 月 1 日，奇瑞公司三期工程也正式破土动工，四期、五期工程也在紧张地规划之中。

奇瑞公司目前主要产品有风云、旗云、QQ、东方之子四种车型。2001 年 3 月，奇瑞(风云)轿车成功推向市场，短短两年时间，一款风云轿车使奇瑞迅速成长为国内主流轿车企业，跻身国内轿车行业“八强”之列。于 2003 年 6 月份推出的奇瑞 QQ 系列轿车和奇瑞东方之子系列轿车再一次体现了奇瑞敏锐的市场把握能力。QQ 以时尚的外形、宽大的空间、强劲的动力、精致的内饰引领中国微型轿车的新潮流；“东方之子”则成为进军公务、商务用车市场的利器，与当年风云轿车一样，它的上市成为 2003 年汽车界最引人注目的事件之一。同年 8 月份，奇瑞又推出了奇瑞旗云系列轿车。也在当月，奇瑞产销首次突破一万辆，奇瑞成功完成产品线布置，进入全面发展的新阶段。

汽车出口是检验一个国家汽车工业发达程度的指标，只有大量出口才能跻身于全球汽车工业高水平的竞争。奇瑞积极开拓海外市场，2001 年 10 月即实现第一批奇瑞轿车出口；2003 年与伊朗 CKD 公司的合作正式进入实施阶段，还将计划在中东、南美等国以 CKD 方式合作建厂。奇瑞轿车已得到海外市场的一致认可，国际间合作合资已成为奇瑞公司重要的部分。

从诞生之日起奇瑞就展现出鸿鹄之志，早在 2001 年 2 月就通过了由国家轿车质量检测中心质量认证体系中心组织的 ISO9001 体系认证，2002 年 8 月又通过了德国莱茵公司的现场审核，从而成为国内首家通过目前国际上最严格最先进的汽车生产质量控制体系——ISO/TS16949 标准认证的整车制造企业。

遵循“整体规划，分步实施，快速建设，滚动发展”的总体发展思路，倡导“建校园式工厂，创学习型组织”的现代公司氛围，始终坚持“实现一个理想、创立一种机制、制造一流产品、锻炼一支队伍”的远大追求，一个生机勃勃、发展后劲十足、迅速向世界一流汽车企业靠拢的现代化大型汽车企业正在形成。

(2) 吉利汽车有限公司　吉利汽车是中国一家具有自主知识产权的民营汽车企业，具有为中国人造车的情怀和振兴民族汽车的重任。

吉利汽车有限公司造车的宗旨是：造老百姓买得起的好车，让吉利轿车走遍全世界，为让更多的老百姓早一日拥有汽车、早一日享受快乐人生而不懈努力。

浙江吉利控股集团有限公司是中国最早也是最大的民营汽车企业，创建于 1986 年。

1997 年吉利开始进入汽车产业，1998 年 8 月 8 日自主研发的第一台轿车——吉利·豪情两厢轿车在临海正式下线。经过五年的不懈努力，吉利以产销量年平均增长 117%的速度进入中国国内汽车制造企业“3+6”主流格局。集团目前拥有员工 8 000 名，注册资本 63 000 万元，总资产逾 50 亿元，2002 年经营规模列“全国 500 强”第 421 位、“浙江省 100 强”第 28 位。2003 年被评为“中国汽车工业 50 年发展速度最快、成长性最好”的企业之一。集团现拥有临海、宁波、台州、上海四大整车制造基地，豪情、美日系列经济车型，美人豹、华普等三大子品牌系列，两厢、三厢经济型轿车、都市跑车等七个汽车品种；下设浙江吉利国润、豪情、上海华普国润三个汽车整车制造公司，发动机制造公司，变速箱制造公司，吉利汽车研究院，吉利、华普、美人豹、上海吉利美嘉峰国际贸易股份有限公司四个销售公司，吉利汽车全天候服务公司。

集团的营销与服务网络遍及国内各地，现已拥有 109 家 4S 汽车专卖店和 689 余家品牌经销商以及 569 家售后服务站，另有 430 余家零部件供应商网络。短短六年时间里，吉利把 16 万多辆经济实惠、性能稳定、驾乘安全的经济型轿车送进了千家万户，并开始走出国门，走向世界。

1997 年 3 月临海整车制造基地开始筹建，1998 年 8 月正式投产。目前主要生产车型为美人豹、豪情系列。2003 年 8 月 30 日吉利推出吉利豪情色彩系列轿车，受到了广大购车族的青睐，形成抢购热潮，中国人的汽车梦也从此变得色彩斑斓。而随后诞生的吉利公主、豪情王子情侣车又给汽车这个代步工具赋予了人性化的魅力，在平淡的都市中演绎着一幕幕浪漫爱情传说。

1999 年 8 月宁波整车制造基地开始筹建，2000 年 5 月 17 日正式投产，主要生产车型有美日系列、优利欧，同时也是吉利汽车动力总成产地。吉利自产发动机——MR479Q 系列就在此生产。曾因飞越布达拉宫广场而闻名全世界，因勇夺 2003 年全国汽车拉力锦标赛两连冠而闻名全国的美日轿车也从这里驶向世界。

2002 年 8 月吉利并购了上海杰士达汽车集团公司，形成上海华普整车制造基地，主要生产车型为华普系列。在不久的将来，随着新民族品牌——上海华普轿车的研发、制造能力的壮大与市场份额的增加，上海车业将呈现上海大众、上海通用、上海华普三足鼎立之势。2003 年 8 月 8 日，华普飚风下线；2003 年 10 月 8 日，华普 M203 下线，这是华普轿车继“飚风”之后又一款以高性价比著称的中级轿车。在下线仪式上，香港著名艺人柯受良驾驶华普 M203 长距离腾空飞越并在水泥地上硬着落，同时做出了很多高难度的特技动作，得到了在场媒体与经销商的一致赞赏。华普 M203 被评为“性价比出众奖”，并于 2004 年 1 月正式投放全国市场，给中国轿车市场带来了一场新的震撼。

2002 年 8 月 28 日台州整车制造基地开始筹建，主要生产车型为德国瑞克公司设计的新一代轿车。2003 年 1 月 28 日“中国第一跑——美人豹”在这里下线。这是中国第一辆具有完全自主知识产权的都市跑车，获得“中国工业设计创新特别奖”，并被中国国家博物馆永久收藏与展示。美人豹倡导都市跑车主义，满足个性化消费市场的需求，已于 2003 年 11 月 28 日在杭州正式上市，售价根据配置不同，在 12.99 万(1.3 升标准配置)到 14.88 万(1.5升豪华配置)之间。

吉利发展的核心动力——吉利汽车研究院目前拥有研发人员 300 余人，具备每年推出 2～3 款新车的研发能力。2003 年 4 月，吉利自主研发的 MR479Q 发动机在宁波通过省级新产品鉴定。在 2003 年第四届西湖国际博览会国际车展上，吉利又推出了中国第一辆初级方程式——吉利纵横方程式赛车(F1400)。这是第一台中国人自行研制的方程式赛车，它的诞生是中国赛车制造史上零的突破，翻开了中国汽车工业史的新篇章，同时也证明了吉利的研发能力和制造水平。在保持民族自有品牌的前提下，吉利先后与韩国大宇、意大利汽车项目集团、德国瑞克进行了全面技术合作，由吉利拥有品牌和知识产权的数款新车型将于近两年陆续推向市场。

吉利的快速发展吸引了国内外众多投资者的热情支持。兴业银行、光大银行、招商银行、上海银行等国内商业银行都给予了吉利有力的支持。2003 年 3 月吉利与香港主板上市公司国润控股有限公司 HK(0175)达成合资协议，共同发展吉利汽车产业，合资组建了浙江吉利国润汽车公司和上海华普国润汽车公司，预期可以新增年生产能力 24 万辆。

吉利汽车具有良好的品质和驾乘的安全性、舒适性，获得了中国 3C 认证，是国内乃至全球性价比最高的经济型轿车。2001 年在清华大学实验室里，吉利汽车与奔驰同台碰撞。2002 年 10 月 1 日“亚洲第一飞人”柯受良驾驶吉利美日轿车飞越布达拉宫广场硬碰硬着陆成功！一个世界奇迹诞生了，诞生在中国人和中国人自主研发、设计、制造的吉利汽车身上。2003 年全国汽车拉力锦标赛上，装载吉利自产发动机的吉利赛车力挫群雄，包揽了长春站比赛的前三名，夺得北京站比赛的冠军，并在龙游站的比赛中获得了第三名，创造了二连冠的佳绩。

1.2.8 其他国家著名汽车公司

1.2.8.1 俄罗斯伏尔加汽车厂

俄罗斯伏尔加汽车制造厂建于1967年，是前苏联与意大利菲亚特汽车公司的合资企业，是前苏联引进国外投资兴建的第一家汽车制造厂，制造仿制菲亚特124、125制造的拉达牌轿车。但是伏尔加汽车厂没有将技术引进和吸收作为推进自己产品的提高的目的。

其轿车的商标采用了一条大船，船上扬帆起航，意欲拉达汽车将遍及世界各地。

1.2.8.2 俄罗斯高尔基汽车厂

高尔基汽车制造厂建于1932年，地址选在俄罗斯高尔基。建厂初期与美国福特汽车公司合作，由美国建筑师阿尔伯特卡恩设计，最初制造嘎斯51型载货汽车，后期制造伏尔加轿车和吉姆轿车。

中国建国初期斯大林将伏尔加轿车作为礼物送于周恩来总理，因而伏尔加轿车在中国具有较大的声誉。它那车头上面的银色奔鹿，昂首扬蹄，非常潇洒，给人一种欲向前跃的动感。

1.2.8.3 捷克斯柯达汽车制造厂

斯柯达汽车制造厂建于1895年，前身是由商人克莱门特和机械师劳林合办的一家制造自行车和摩托车的工厂。1905年制造出了第一辆汽车。1925年该厂与皮尔森的斯柯达工厂合并，更名为斯柯达汽车厂，开始生产斯柯达牌汽车。1946年该厂被收归国有，更名为国营汽车制造厂。1991年并入德国大众集团，成为其子公司。斯柯达汽车具有较大的知名度，柴油机货运载货汽车和客车深受用户的青睐。20世纪初期，我国进口了大量的斯柯达706RT型载货汽车投入社会主义建设，并发挥了巨大的作用。

1960年我国济南汽车制造厂参照斯柯达706RT型载货汽车，设计了黄河JN150重型载货汽车。

1.2.8.4 捷克太脱拉汽车制造厂

太脱拉(TATRA)汽车厂有150年的历史，它是世界上最早的卡车制造商，是捷克最古老的汽车厂之一。太脱拉公司创立于1850年，当时的IgnacSustala先生建立生产马车和车厢的工厂，经历30年，不仅发展成制造马车的工厂，而且在1881年生产出铁路车厢，最重要的里程碑是1897年生产出第一辆汽油驱动轿车“总统牌”，一年后的1898年又生产出第一辆卡车。

该厂是捷克汽车工业的开拓者，其设计制造汽车有独到的地方，带有独立摆动半桥的卡车，开始了太脱拉汽车的新时代。这种带有独立摆动半桥的卡车在崎岖路面上行驶会相当平稳。太脱拉根据“尊重传统”的信念，在近60年里保持了制造风冷发动机的技术传统，这种发动机的冷却系统用风冷而不是用水冷，即使是重型卡车也一样如此。太脱拉的风冷发动机和独立摆动半桥技术，令它在强手如林的世界车坛中享有盛名。在20世纪90年代初，太脱拉成为德国大众汽车集团的成员。

1.2.8.5　韩国现代汽车制造厂

韩国现代汽车公司是韩国最大的汽车公司。该公司建于 1967 年，建厂初期只是组装美国福特汽车公司的轿车，到 1974 年才开始生产自己的轿车。该公司从开始建立就一直受到韩国政府的扶植，发展很快。到 20 世纪 80 年代初，韩国政府控制着轿车的发展，仅允许现代汽车一家企业生产轿车，使该企业出现跳跃式的发展。该公司现主要生产轿车、客车、货车、轻型越野车以及其他车辆。

1.2.8.6　瑞典沃尔沃汽车公司

阿瑟加布里尔森和古斯塔夫拉森都曾在瑞典轴承厂工作。1924 年，两人商定设计生产瑞典自己的汽车，于 1927 年在瑞典哥德堡创建了沃尔沃(VOLVO)汽车公司，主要生产轿车、客车、载货汽车和工程机械等。

沃尔沃公司生产的汽车具有独特的风格和理念、安全舒适。

沃尔沃汽车公司在上海联合生产沃尔沃大客车，为上海市民交通方便起到了较大的作用。

1.3　汽车名人

1.3.1　卡尔·本茨

卡尔·本茨(1844～1929 年)，德国人，被誉为现代汽车之父。

最初本茨在德国的曼海姆经营奥托四冲程煤气机，后来他投入到汽油机的研制，1897 年，本茨研制成功了火花塞点火汽油机。

1883 年，本茨就在德国曼海姆成立奔驰公司，于 1885 年造出了第一辆三轮汽车，1886 年他获得了该车的专利。

1901 年，戴姆勒汽车公司制造了梅塞德斯轿车。1926 年，奔驰和戴姆勒这两家创建最早、名声很大的汽车公司正式合并，组成戴姆勒-奔驰汽车公司，生产梅塞德斯·奔驰轿车。

在戴姆勒汽车公司和本茨汽车公司合并的第三年(即 1929 年)的春天，卡尔·本茨因病去世，享年 85 岁。

1.3.2　戈特利布·戴姆勒

戈特利布·戴姆勒(1834～1900 年)发明了高速内燃机、摩托车和四轮汽车。他既被称为汽车之父，也被称为摩托车之父，他还是“三叉星”商标的最早设计者。

戈特利布·戴姆勒毕业于斯图加特市技术学校。自 1882 年和好友威廉·迈巴赫一起从事内燃机的研制工作。1883 年 8 月 15 日，戴姆勒研制成功世界上最早的高速内燃机。

1885年，他又研制出第二台立式单缸内燃机，并把该发动机装到一辆骑士牌自行车上，从而出现了世界上第一辆摩托车。

1885年戴姆勒制成了一辆四轮汽车。

在相距约100km的曼海姆和坎斯特，本茨发明了三轮汽车，戴姆勒发明了四轮汽车。所以，本茨和戴姆勒都被称为“汽车之父”。1911年，戴姆勒汽车公司和汽车商标采用了把三叉星镶嵌在圆圈内的商标。

1.3.3 亨利·福特

亨利·福特(1863～1947年)推出经济型T形汽车，创造了用流水线装配汽车的方式，被誉为汽车大王。

亨利·福特在底特律市工作，当过工人、工程师，被爱迪生照明公司聘为机械师。

1893年圣诞节，福特研制的汽油机试验成功，1896年成功制造汽车。1903年6月16日，福特和11名合伙人建立了福特汽车公司。

1908年，福特生产出T形汽车，接着又创造了用流水线装配汽车的方式，使汽车装配时间缩短，成本降低，即发生了汽车工业的第一次变革。

1927年福特汽车公司世界第一的位置被通用汽车公司占据，1936年还一度被克莱斯勒汽车公司超过。1947年4月7日，亨利·福特因脑溢血死于底特律市，终年83岁。

1947年4月，《纽约时报》对福特这样评价：“当他未来到人世时，这个世界还是马车时代。当他离开人间时，这个世界已成了汽车的世界。”

1.3.4 威廉·杜兰特

1886年，杜兰特在底特律市附近的弗林特开设了马车厂，该厂很快成为全美最大的马车制造商。1904年别克汽车公司经济陷入困境，杜兰特果断地拿出巨款买下了别克汽车公司。1908年，杜兰特以别克汽车公司为核心创建了通用汽车公司。仅过两年，通用汽车公司出现了严重的资金困难。杜兰特辞职离开了通用汽车公司。

1911年11月3日，他和路易斯·雪佛兰创建了雪佛兰汽车公司，并且经营成功，获得了巨额利润。由于美国化工大王皮埃尔·杜邦财力的支持，1916年，杜兰特秘密买下了通用汽车公司的大部分股权，重新控制了通用汽车公司，再次出任通用汽车公司的总经理。

1921年杜兰特又被迫离开了通用汽车公司，并彻底离开了汽车界。后来，杜兰特在默默无闻中度过了晚年。

1.3.5 阿尔弗莱德·斯隆

阿尔弗莱德·斯隆(1875～1966 年)对社会的最杰出的贡献,在于他成功的创造了一整套大型工业公司组织管理体系。人们把通用汽车公司在这方面所取得的成就,视为“企业管理上的一次划时代革命”。斯隆有“世界上最伟大的董事长”之称。斯隆挽救了通用汽车公司,并为通用汽车公司日后的大发展奠定了坚实的基础。

斯隆出生于一个商人家庭,1897 年从麻省理工学院毕业。

1923 年 5 月,面对通用汽车公司的内忧外患,董事长杜邦将公司总经理大权交给了斯隆。

斯隆任职期间,针对通用汽车公司的情况提出了“分散经营和集中协调相结合”的管理方式,这一方式被沿用至今。根据市场的变化,他又提出了“分期付款,旧车折价,年年换代,密封车身”四项原则。

在斯隆的卓越领导下,通用汽车公司迅速超过其竞争对手,成为美国和世界最大的汽车公司。自他 1923 年接任总经理以来,一直到 1966 年 91 岁高龄离开人世前,他始终担任着通用汽车公司的总经理、董事长、名誉董事长。

1.3.6 沃尔特·克莱斯勒

沃尔特·克莱斯勒(1875～1940 年)是依阿华州一名铁路技师的儿子。1908 年到通用汽车公司别克分部工作,于 1920 年辞职,接管了困难重重的威利斯-奥费兰德和马克斯威尔汽车公司。

克莱斯勒在汽车设计上大胆创新,如在马克斯威尔汽车公司生产的克莱斯勒 6 号大获成功后研制的菲密德、凯布、欧斯凯尔顿,被称为“三名快枪手”。1925 年 6 月 6 日,在这两家汽车公司的基础上成立了克莱斯勒汽车公司。1927 年公司汽车产量由第 27 位上升到第 5 位;1928 年买下道奇汽车公司和顺风汽车公司,1929 年汽车产量上升到第 3 位。

1935 年 7 月 22 日,克莱斯勒在过完 60 周岁之后,辞掉了公司总经理职务,改任董事长,直至 1940 年 8 月 8 日去世。

1.3.7 丰田喜一郎

丰田喜一郎(1894～1952 年)是丰田汽车的创始人,是发展日本汽车工业的功臣,日本人称他是“日本的大批量汽车生产之父”,他创造了后来风靡全球的“丰田生产方式”。

丰田喜一郎的父亲丰田佐吉既是日本有名的纺织大王,也是日本大名鼎鼎的“发明狂”。

丰田佐吉为了发展自己的工厂,将丰田喜一郎送到东京帝国大学机械工程系读书,毕业后送他到自己的自动织布机械工厂工作。经过10年磨炼丰田喜一郎晋升为工厂主管技术的常务董事。

1929年底，他代表自动织布机械厂到英国去签订一项合同。这次国外之旅给他留下了极为深刻的印象，坚定了他发展汽车事业的决心。

丰田佐吉去世以后，工厂总裁的职务由丰田喜一郎的妹夫丰田利三郎担任。1933年，在丰田喜一郎的一再要求下，丰田利三郎勉强同意工厂设立汽车部。1935年8月，工厂制造成功了第一辆丰田牌GI汽车。1937年8月28日丰田喜一郎创建了丰田汽车公司。后来丰田汽车公司确立了"用低成本、大批量的生产方式生产高质量的汽车，进而加入世界第一流汽车工业"的方针。

丰田喜一郎颇有战略家的眼光，他自公司建立开始就注意到从基础工业入手，着眼于整体素质的提高，使材料工业、机械制造业、汽车零部件与汽车工业同步发展，为汽车大批量生产创造条件。因此，日本人称丰田喜一郎是"日本的大批量汽车生产之父"。

1952年3月27日，丰田喜一郎患脑溢血去世，终年57岁。

1.3.8 费迪南德·波尔舍

费迪南德·波尔舍(1875～1951年)的主要功绩是成功地设计了甲壳虫汽车，促进了汽车的大众化；设计的赛车体现了高超的汽车设计水平。波尔舍被誉为"汽车设计大师"和"赛车大王"。

1875年12月3日，波尔舍出生于奥地利的一个铜匠之家。

波尔舍辗转任职于许多公司，他曾经长时间在戴姆勒发动机公司任技术经理之职，1924年，试制成功了两种新型发动机，在当时各种汽车比赛中为戴姆勒发动机公司赢得荣誉，斯图加特技术科学院则为波尔舍冠以博士头衔。1930年，波尔舍创建了波尔舍汽车公司。1934年，波尔舍一家取得了德国护照。

德国政府决定成立一个专门生产国民车的汽车公司，由波尔舍选择厂址，最后选定在萨克森州的沃尔夫斯堡。1937年5月28日，大众汽车公司成立。1938年，举行了新厂开工典礼，当天参加典礼的共有7万多人，场面非常浩大，希特勒专程出席并发表演说。1939年8月15日，大众的甲壳虫汽车正式投产。由于第二次世界大战爆发，甲壳虫只生产了630辆就中断了。第二次世界大战期间，大众公司为德国法西斯政府生产了大量的越野汽车、坦克、炸弹等，正因如此，"二战"后期被盟军作为重要的军事目标而轰击，三分之二的厂房被摧毁。由于波尔舍充当了希特勒的最大军火供应商，战后沦为战争罪犯被关进法国监狱。1945年大众汽车公司重建，开始大批量生产由波尔舍设计的甲壳虫汽车。该型车占领了平民车这个最大市场，曾风靡全球，取得了极其辉煌的成就，累计产销达2 000万辆，创单一车型最高产量的世界纪录。

1948年，获释后的波尔舍重操旧业，回到波尔舍汽车公司，致力于保时捷赛车的研制。

1951年1月30日，波尔舍因病去世，终年77岁。他生前为大众制造汽车和制造划时代的赛车的两个理想都实现了。

1.3.9 安德烈·雪铁龙

安德烈·雪铁龙(1878～1935 年)是雪铁龙汽车公司的创始人,是发动机前置、前驱汽车的发明者,他十分重视汽车生产和销售的管理。

雪铁龙出生于法国巴黎,父亲原籍荷兰,母亲是波兰人。他于 1912 年发明了人字齿轮,并在巴黎创建以自己姓氏命名的齿轮厂。1915 年,雪铁龙创建了雪铁龙汽车公司,是法国第一个采用流水线生产汽车的公司。1934 年 3 月 24 日,雪铁龙发明了发动机前置、前驱动汽车,至今轿车仍采用这种布置形式。

雪铁龙认为,汽车厂卖的不只是汽车,还有无微不至的服务。他逐步完善了汽车销售方式,创立一年保证期制度。1922 年后,他大力推广分期付款的售车方式。

1929 年世界经济大萧条开始,雪铁龙汽车公司却继续扩大生产,结果 1934 年公司宣布破产,被米西林公司接管。从此,雪铁龙本人因患忧郁症住进了医院,1935 年 7 月 3 日去世。今天,雪铁龙汽车公司仍然名震全球,雪铁龙发明的发动机前置、前驱动汽车的设计方案历时 60 多年仍没过时。

1.3.10 恩佐·法拉利

恩佐·法拉利(1898～1988 年)是世界著名的赛车手,是法拉利汽车公司的创始人。

恩佐·法拉利于 1898 年 2 月 18 日出生于意大利北部的莫的那,从小爱好汽车赛,13 岁开始独自驾驶汽车。1919 年他驾驶 CNN 赛车参加了战后第一次探戈·弗罗大赛(环西西里岛拉力赛)。这是他第一次参加汽车赛,获得了第九名。1920 年,法拉利进入阿尔法·罗米欧车队。

1929 年,法拉利在莫的那创建了飞毛腿有限公司,掌管阿尔法·罗米欧的赛车活动。1938 年,法拉利离开了阿尔·罗米欧汽车公司。

1945 年,第二次世界大战结束,法拉利全力实现自己造车的心愿。1947 年,第一辆以跃马为商标的红色法拉利赛车诞生。

1969 年法拉利汽车公司被菲亚特汽车公司收购。岁月流逝,法拉利日益衰老,可他对赛车的热情和对法拉利汽车公司的影响不减当年。直至 20 世纪末,近 90 高龄的法拉利还到公司上班,并扮演决策者的角色。

1988 年 9 月 14 日,90 岁的恩佐·法拉利与世长辞。

1995 年,英国著名的《AUTOCAR》杂志在评选“世纪汽车英才”时,恩佐·法拉利以绝对优势当选。

1.3.11 饶斌

饶斌(1919～1987 年)是“中国汽车工业的奠基人”,也被誉为“中国汽车之父”,他为中国的汽车工业的发展作出了卓越贡献。

饶斌1913年1月出生于吉林省吉林市。1952年，饶斌被任命为中国第一汽车制造厂厂长，从此结束了中国不能制造汽车的历史。1965年，中国汽车工业公司决定成立第二汽车制造厂筹备处，饶斌是五人领导小组的负责人，在困难重重的条件下，终于建成了第二汽车制造厂。

1987年夏天，饶斌在上海视察时提出了上海发展轿车工业的建议。

党和政府对饶斌为中国汽车的发展所作出的贡献给予了高度的评价，称他是"中国汽车工业的奠基人"，外国人把他称为"中国汽车之父"。

1.3.12 弗力斯·汪克尔

弗力斯·汪克尔(1902～1988年)是德国工程师，被誉为"转子发动机之父"。

汪克尔自1924年开始研究转子发动机，于1929年取得第一个转子发动机专利。1957年，研制出第一个实用的转子发动机。1960年，第一辆装有转子发动机的轿车在纳苏问世。

1967年，日本东洋公司(现马自达公司)购买了汪克尔转子发动机的专利，然后解决了一些技术难题，并投入批量生产。

1.4 赛车运动

赛车运动已经有上百年的历史。如今各式各样的汽车比赛统称为现代汽车运动。它是世界范围内一项影响较大的体育运动。多姿多彩的汽车赛事激烈、惊险、浪漫、刺激，不仅让成千上万的车迷如痴如狂，还使汽车技术得到了相应的发展。

1904年6月10日，在赛车运动兴盛的法国成立了国际汽车联合会，负责管理全世界汽车俱乐部和各种汽车协会的活动。1922年在国际汽车联合会下设立一个国际汽车运动联合会(缩写为FISA)，主要任务是指定有关参赛车辆、车手、路线和比赛方法等相应规则，对比赛记录进行认可，并在各地举行汽车赛时做必要的调整或协调。

国际汽车运动联合会由世界国际汽车运动委员会(World Motor Sport Council)的22个小组掌管，委员会负责制定、监督和管理全球一切有关赛事。在国际汽车联合会之下还有若干具体赛事委员会，协助世界汽车运动委员会处理事务。

我国汽车运动联合会(FASC)于1975年在北京成立，1983年加入国际汽车联合会。

1.4.1 赛车运动种类

1.4.1.1 方程式汽车赛

方程式汽车赛是一种汽车场地赛。方程式汽车赛起源于1905年在法国举行的赛事，起初对赛事没有作任何限制，比赛仅以汽车动力方式和赛址来区分。参赛的汽车都是双座或多座，直到第一次世界大战后才首次使用单座赛车。为了比赛公平，1950年国际汽车运动联合会颁布了赛车规则：赛车的质量限制、油箱容积、车体结构及发动机汽缸容量等必须依联合会规定的程式制造，即所谓的“方程式”之意。这一原则一致沿用至今。

1950 年国际汽车联合会创办了方程式赛车世界锦标赛，“世界一级方程式汽车锦标赛”(简称 F1)被正式命名。首场 F1 于 1950 年 5 月 13 日在英国银石赛车场举行。

方程式汽车赛有三个级别：

一级方程式(简称 F1)发动机排量为 3.5L，发动机功率为 440～515kW。

二级方程式(简称 F2)发动机排量为 3L，发动机功率为 350kW。

三级方程式(简称 F3)发动机排量为 2L，发动机功率为 125kW。

我国也于 2004 年 10 月 14 日第一次在上海举行 F1 国际方程式锦标赛，并且将连续举办 7 年。由此上海国际汽车城吸引了全世界汽车爱好者的目光。

1.4.1.2 汽车拉力赛

汽车拉力赛属于长距离比赛。汽车拉力赛的“拉力”来自英语 Rally，意思是集合，即将参赛的汽车集合在一起进行比赛，然后再集合再比赛，反复进行，最后根据每辆赛车的总成绩排出名次。世界汽车拉力赛通常在世界各地确定若干站，最后一站比赛结束后，根据车手和车队各站比赛的总积分，排定年度冠军车手和冠军车。

正式的汽车拉力赛是在 1911 年举行的。世界著名汽车拉力赛有巴黎—达喀尔汽车拉力赛。北京—巴黎汽车拉力赛等。

汽车拉力赛在我国也开始蓬勃发展。1985 年，在中国汽联、中国对外体育服务公司以及香港汽车会的具体组织下，首届 555 香港-北京汽车拉力赛正式举行，路线总长3 400多公里，纵跨 7 个省市。比赛的成功举办为中国汽联日后组织大型国际性汽车赛事奠定了良好的基础，也使拉力赛成为中国汽车运动的一个先驱性项目。

港京拉力赛共举办 7 届，分别在 1985～1987 年、1993～1996 年。自 1994 年起，港京拉力赛以其出色的组织工作开始被国际汽联列为亚太拉力锦标赛的一站。港京拉力赛以其线路长、规模大、地形变幻莫测、沿途风光绮丽而获得广泛赞誉，成为世界上最具魅力的汽车拉力赛之一。

1.4.1.3 汽车山地赛

汽车山地赛的路线是非封闭的，赛程最长可达 20 公里。道路选择在多山地区，弯道多，经常有接近 180°的急转弯。比赛起点在山脚下，道路不断向高处延伸，终点比起点海拔高出 100～1 600m。

基于道路条件的限制，汽车山地赛的平均车速不超过 100～130km/h。为了安全起见，一般都是单人比赛，即在前一名选手跑完全程后，后面的选手才出发。

1.4.1.4 卡丁车赛

卡丁车起源于 20 世纪 50 年代，是汽车运动之基础，风靡世界已有半个多世纪，也是各国培养世界著名车手和赛车组织人员的必要途径。卡丁车赛使用的赛车是轻钢管结构车身，无车厢，采用 100ml、115ml、250ml 汽油机的四轮单座微型车。卡丁车结构简单，操作接近 F1 赛车，是一种场地比赛，赛车在曲折的环形路上比赛车速，具有强烈的挑战性。因此在世界范围内，卡丁车运动迅猛发展，成为一个普及的汽车运动项目，在推动世界汽车运动的蓬勃发展上功不可没。

迄今，卡丁车运动已培养出大量世界著名的方程式大赛车手，他们中有曾经久占魁首的法国名将普罗斯特，还有各领风骚的德国车手舒马赫、芬兰车手哈基宁、法国雷诺车队的阿莱西等。他们无一不是前卡丁车欧洲锦标赛、世界锦标赛的冠亚军。

十分有趣的是，尽管这些著名车手今天已是方程式赛车的顶尖高手，但仍舍不得离开他们的摇篮和学步车，每年 12 月都要抽空会聚巴黎，参加一次特殊的卡丁车锦标赛，在超级 A 级方程式卡丁车赛上一争高低。

卡丁车运动已在我国兴起，由于国家经济的发展和人民文化生活的丰富，卡丁车运动正在成为中国人现代生活的文体娱乐项目。

1.4.1.5 其他车赛

世界汽车赛多种多样，为人们所推崇的还有“老爷车比赛”、“汽车足球赛”、“滑稽汽车赛”、“毁车比赛”等。

1.5 中国汽车发展史

1.5.1 解放前中国的汽车史

1901 年匈牙利人李恩思将两辆美国生产的奥兹莫比尔汽车运到上海，在中国出现了第一批汽车。

1902 年慈禧太后 66 岁寿辰之时，袁世凯特地从美国进口一辆由马萨诸塞州的查理森和法兰克兄弟设计并用手工方法制作的爱德华七世型兰切斯特洋车，作为敬献给慈禧的生日礼物。

1920 年孙中山先生提出“最初用小规模，而后逐渐扩大，以供四万万人之需要。所造之车当合于各种用途，为农用车、商用车、旅行用车、运输车等。一切车以大规模制造，实可较今更廉，欲用者皆可得之”。可惜宏伟的思想没有实现。

1928 年张学良在东北辽宁建立辽宁民生工厂，试制汽车。1929 年 3 月，工厂将一辆美国瑞雷号汽车进行分解、测绘、装配，并以该车作为样本，经过两年多的时间，于 1931 年 5 月试制成功了中国的第一辆汽车，开创了中国历史上中国人自己制造汽车的先河。该车当时命名为民生牌。

在以后的年代里，由于军阀混战，民不聊生，中国没有力量来制造汽车。

1.5.2 新中国汽车的发展里程

新中国的成立，为中华民族在世界的崛起奠定了坚实的基础，同时也为中国汽车业的发展开辟了广阔的道路。经过半个世纪的艰苦奋斗，中国已形成了一个产品种类齐全、生产能力较大的汽车工业体系。2003 年我国汽车年产量突破 400 万大关，轿车年产量也突破 200 万辆。中国的汽车制造正向世界汽车制造大国迈进。

回顾我国的汽车工业发展历史可以概括为初始阶段、成长阶段和全面发展阶段。

1.5.2.1 初始阶段(1949～1965年)

(1) 标志性汽车的诞生　在中国第一个五年计划中，1953年破土动工，通过三年的建设时间，在吉林长春建立了中国第一汽车制造厂，并于1956年7月从总装线上开下了第一辆真正由中国人自己制造的解放牌汽车，开创了中国汽车制造的里程碑。

1958年5月5日，中国第一汽车制造厂自行研制、设计、生产了中国第一辆轿车样车。命名为“东风”，标志是一条金龙，从此结束了中国不能生产轿车的历史。

1958年5月21日，毛泽东主席坐上这辆车在中南海的草坪上绕了两圈，高兴地说：“坐上我们自己制造的小汽车了。”

“东风”金龙诞生一个月后，第一辆CA72“红旗”高级轿车也随之诞生了，奠定了我国高级轿车制造的基石。CA72红旗轿车发动机为8缸、V型排列，功率为162kW、4 000r/min，装用自动变速器。全车采用具有中国特色的扇型散热器窗孔，造型为大红宫灯的后尾灯，以及具有浴血奋斗含义的三面红旗作为汽车车标。经过产品性能和质量进一步的改进，长春第一汽车制造厂又试制出红旗CA770型三排座高级轿车，作为国家领导人的乘用车。

(2) 我国汽车制造业的生产基地建立　在中国第一个五年计划的带动下，我国汽车工业也在逐步地发展壮大。至1965年底已形成了以长春第一汽车制造厂为主的五个汽车生产基地，它们分别是北京汽车制造厂、上海汽车制造厂、南京汽车制造厂、济南汽车制造厂。

① 北京汽车制造厂。北京汽车制造厂是我国轻型越野车的制造基地，也为我国后续越野车的发展起到基石的作用。“北汽”所生产的轻型越野车一直是我国军事指挥机构装备用车，其中最著名的是北京BJ212型轻型越野车。

② 上海汽车制造厂。上海汽车制造厂从解放前的一家汽车修配厂改造成制造普及型轿车的制造厂。经过一段时间探索，以及借助上海良好的工业基础和技术、经济优势，成功地试制出凤凰牌轿车。凤凰牌轿车于1964年更名为上海牌SH760型轿车；同时也试制出交通牌SH-141和交通牌SH-142中型载重车。

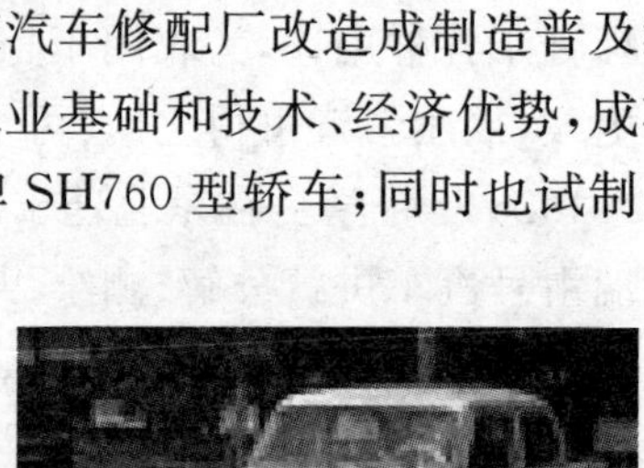

③ 南京汽车制造厂。南京汽车制造厂前身是中国人民解放军的一个军需修理厂，解放初为中国人民解放军第三汽车制造厂，后改名为南京汽车制配厂和南京汽车制造厂。在1958年，南京汽车制造厂制造了第一辆跃进NJ130轻型载货汽车，成为我国轻型载货汽车的主力车型。

④ 济南汽车制造厂。济南汽车制造厂的前身也是一家汽车配件厂。1959年，济南汽车制造厂参照捷克斯可达706RT 8t载货汽车，设计试制我国的重型载货汽车，于1960年4月成功试制了黄河JN150型重型载货汽车，为我国的社会主义建设起到了良好的推动作用，开创了我国重型汽车制造的先河。

1.5.2.2 成长阶段(1966～1980年)

在20世纪60～80年代,我国先后兴建了第二汽车制造厂、四川汽车制造厂和陕西汽车制造厂,主要生产军用汽车。为了支持这三个新兴的汽车制造厂,原来的老汽车生产基地作出了巨大的贡献,同时自身也得到了相应的发展,形成了一个较为完善的汽车制造基地群,基本解决了“缺重少轻”、更无轿车工业的局面。

(1) 第二汽车制造厂　第二汽车制造厂的建立始于1965年,是第三个五年计划的重点建设项目。根据备战的需要,二汽必须建设在三线的群山中。经多年的选址,1966年中央决定二汽建在湖北十堰的深山峻岭之中。1967年4月破土动工,经历了文化大革命的干扰,在国务院的直接领导下,1969年9月重新掀起了二汽的建设高潮。1975年7月1日,建成第一个基本车型是东风EQ240型2.5t越野车生产基地,1978年7月15日建成第二个基本车型是东风EQ140型5t载货汽车生产基地。

(2) 四川汽车制造厂　根据中央军委的要求,四川汽车制造厂的厂址选定在四川大足,靠近巴岳山麓。四川汽车制造厂主要负责生产10t以上重型军用越野车。该厂建于1964年,并于当年开始全面运作,通过边研制,边开发产品,边筹建工厂,产品经过反复试制,试验和改进,最后定型为红岩261,为我国重型汽车制造的发展起到举足轻重的作用。

(3) 陕西汽车制造厂　陕西汽车制造厂于1965年选址在山西省岐山县渭河南岸的麦里西沟,并于1978年建成投产,历时13年。该厂按上级的要求生产5t军用越野车,定型为延安S250型。

(4) 地方汽车工业的发展　20世纪60年代后期,党中央提出调动地方积极性,建设地方工业体系的方针。“文革”期间,在各地纷纷建立起汽车制造厂,造“争气车”、“争光车”。这些厂规模小、技术水平低,形成了一个分散的低水平的制造局面。一些不能发展和生存的小厂自然淘汰出局,一些有技术有规模的地方和企业开始崛起,上海生产了32矿用自卸汽车;天津和常州冶金机械厂生产15矿用自卸汽车;北京生产了20矿用自卸汽车;一汽和本溪生产了60矿用自卸汽车。

直至1980年,我国的汽车产量为22万辆,其中轿车为近5 418辆,轻型越野汽车为2.04万辆,其他越野车为7 600辆,载货汽车为13.6万辆,有4.8万辆汽车底盘供改造客车或专用车;全国汽车制造厂为56家,汽车行业企业为2 379家,从业人员为90.9万人,汽车产业总产值为88.4亿元。

1.5.2.3 全面发展阶段(1981年至今)

1978年12月,党中央十一届三中全会确立了改革开放路线,中国汽车工业也随之揭开了新的一页。党中央国务院提出要把汽车工业发展成为支柱产业,在产量不断提高的同时,加快进行产品结构调整,形成比较完整的汽车产品系列;改变过去那种封闭的发展模式,引进国外先进技术和资本;迅速发展轿车工业,由此也拉开了汽车进入家庭的序幕。

(1) 发展汽车工业的政策陆续出台　党的十四大和八届人大作出振兴机械、汽车等产业,使之成为国民经济支柱产业的重大决策,确立了汽车工业在我国经济发展中的战略地位。

1994年7月4日,国务院批准了《汽车工业产业政策》。这是我国汽车工业的第一部政策性法规，也是我国工业行业第一部出台的政策性法规。这部法规，阐明了汽车工业的政策目标和发展重点、产品和产业组织、产业技术等有关方面的规定。

2001年制定了《中华人民共和国国民经济和社会发展第十个五年计划纲要》、《汽车工业"十五"规划》，明确提出了"十五"期间我国汽车工业的发展目标。

(2) 产品结构调整步伐加快　1987年、1988年，生产时间最长的三个载货汽车老产品换型，转产新解放、新跃进和新黄河车型。1989年6月23日，我国第一辆斯太尔重型载货汽车在济南汽车制造厂下线。原第二汽车制造厂在东风EQ140型载货汽车的基础上，又生产出东风1092型、东风EQ1118型等新型载货汽车。

20世纪80年代中后期，随着改革开放等一系列方针的贯彻执行，我国轻型载货汽车工业得到了迅速发展。2000年我国重、中、轻、微载货汽车产量在载货汽车总产量的比重为10.7%、20.2%、51.1%、18.0%。

20世纪80年代，我国初步形成微型汽车制造工业，经过"七五"、"八五"期间的技术改造，我国微型汽车已形成年产60万辆的生产能力，建成了长安汽车(集团)有限责任公司、柳州微型汽车厂、昌河飞机工业公司、哈尔滨哈飞汽车制造有限公司、天津华利汽车公司五大微型汽车生产基地。

20世纪80年代以来，城市间高速公路的修建促进了交通业、旅游业的发展，对客车需求骤增，随之刺激了客车生产企业的投产，高速客车、卧铺客车、双层客车、空调客车等产品纷纷投向市场。

20世纪80年代初，国内轿车工业几乎是空白，仅有供高层领导和迎宾用的红旗牌高级轿车和供公务用的上海牌中级轿车，不足部分依赖进口。1981～1990年10月，我国共进口轿车351 042辆(含CKD散装件)，相当于同期国产轿车产量165 910辆的2.1倍，累计使用外汇近30亿美元。从1983年开始，国家有关部门对发展我国轿车工业进行研讨。1987年5月，中国汽车工业发展战略研讨会在第二汽车制造厂召开，提出发展中国轿车工业问题，确定建设上海大众汽车有限公司、一汽大众汽车有限公司、神龙汽车有限公司、天津汽车工业(集团)公司、北京汽车工业集团总公司、广州本田轿车有限公司、长安汽车(集团)有限责任公司、贵航云雀汽车公司、一汽红旗和上海通用汽车公司；三个奥拓轿车装配厂是西安秦川、江南机器和江北机械。

经过这个阶段的整合和协调发展，我国改变了过去汽车生产缺重少轻，特别缺少轿车的空白局面。

(3) 引进国外先进技术和资本取得积极进展　在我国汽车工业进入全面发展阶段后，开始对外开放，积极引进国外先进技术资本。到1998年底，汽车行业已与20多个国家和地区的企业建立了600多家外商投资企业。外商投资总规模为210亿美元，其中注册资本为106亿美元，外资实际到位45亿美元，引进了300多项整车和零部件技术，从而加大了汽车投资力度，促进了技术水平和管理水平的提高。

(4) 生产集中度有所提高　改革开放以来，我国汽车工业得到了较快的发展，形成了比较完整的汽车产品系列和生产布局，建成了第一汽车集团、东风汽车集团、上海汽车工业(集团)公司等大型企业。《汽车工业产业政策》颁布后，国家对汽车工业的扶持政策向重点骨干企业倾斜,80%以上的投资集中于前13家骨干企业,促进了我国汽车工业组织结构的优化,大企业对行业发展的主导作用不断加强。2000年,前13家骨干企业汽车生产集中度超过90%,其中一汽、东风、上汽三家企业集团汽车生产集中度达到44%,轿车生产集中度超过70%。

1999年底,全国汽车行业共有企业2 391家,其中整车企业118家,改装企业546家,摩托车企业136家,发动机企业51家,零部件企业1 540家。汽车行业拥有职工180万人,其中工程师技术人员16.9万人。行业总资产5 087亿元,其中固定资产原值2 243亿元,净值1 556亿元。国家批准的轿车建设规模为112万辆,其中国家已经验收或建成的轿车生产能力91万辆。1999年全国汽车产量为183万辆,其中轿车产量为56.5万辆。1999年全行业实现总产值3 411亿元,销售收入3 115亿元,工业增加值749亿元,利润106.5亿元。2000年我国汽车年产量为207万辆,其中轿车为60.5万辆。全行业销售收入为3 911亿元,利润总额为177亿元。

2001年6月国家经贸委公布了《汽车工业"十五"规划》,提出"十五"期间我国汽车工业的发展目标、重点任务、结构调整的主要内容和主要政策措施等。《规划》指出:力争到2010年使我国汽车工业成为国民经济的支柱产业。《规划》提出的总量和结构调整目标主要为:在总量上,到2005年,汽车产量为320万辆左右,其中轿车产量为110万辆左右,汽车工业增加值为1 300亿元,占国民生产总值1%左右,汽车产品基本满足国内需求。在组织结构调整上,到2005年形成2、3家具有一定国际竞争力的大型汽车企业集团,初步建成与国际接轨的汽车销售与售后服务体系,其产品国内市场占有率超过70%,并有部分出口。培育5～10家初具国际竞争力的零部件大型企业集团,关键零部件前3家国内市场占有率达到70%,零部件出口产值占其总销售额的20%。在产品结构调整上,到2005年轿车产量占总产量的比重从2000年的29.2%提高到35%以上,柴油汽车从29.7%提高到35%左右,代用燃料汽车达到总产量的2%以上。在技术结构调整上,到"十五"末期,初步建成2、3个国家级整车开发中心,形成载货汽车以我为主、轿车以联合开发为主的产品开发能力,能够开发出具有一定竞争力和自主知识产权的经济型轿车等产品。

2 汽车营销市场调研与预测

汽车市场营销面对的是不断变化和竞争的市场，为了汽车企业的发展，企业必须通过对市场的调研和预测，掌握市场的走势，并从中寻找营销机会，避开和减少风险；此外，通过对市场容量、货源总量、竞争程度的测算和预测，汽车企业可以提高营销计划的科学性，而且短期市场预测，也是汽车企业安排生产计划的依据。

2.1 汽车营销概述

2.1.1 汽车概述

"汽车"一词在《辞海》里的定义是："能够自行驱动，主要供运输用的无轨车辆。"这个定义比较简单，突出了"驱动"、"运输"、"无轨"。从发展的眼光来看，这个定义不够确切。"警车"、"洒水车"、"赛车"等虽然不是从事"运输"所用，但也应该属于汽车的范畴。因此应该给"汽车"以新的定义："汽车应具备自行驱动能力，并且是由车轮驱动，主要供运输或由此派生而具有某种特殊用途的无轨车辆。"

1600年荷兰的西蒙·斯蒂芬制造了一辆以风为动力的双桅车，但因受风力及风向的限制，没有成功。

1669～1671年，法国的陆军工程师尼古拉斯·古诺制造了两辆以蒸汽为动力的汽车。第一辆车的时速为4km，在一次试车途中，车头撞到一个兵工厂的墙上，碰得七零八落。值得后人纪念的世界上第一辆蒸汽机汽车就这样结束了它短暂的一生。尼古拉斯·古诺制造的第二辆车全是木制的，有3个轮子，车长7.2m、宽2.3m，时速为9.5km。这是世界上最古老的蒸汽机汽车，目前保存在巴黎国立工艺学院。

1835年英国沃尔特·汉考克制造了一辆以蒸汽为动力的公共汽车，它比古诺制造的汽车有很大的改进。

1886年1月29日德国工程师卡尔·本茨在德国获得制造煤气机马车的专利，3月25日在法国也获得该项专利。7月3日发明者进行了汽车试验，制成了装用汽油发动机的三轮汽车。这一天也被后人确定为汽车诞生日。同年德国工程师高特里勃·戴姆勒在马车上安装了汽油发动机制成四轮汽车，秋季公开展出。

回顾汽车的发展历史，不难看出，它是在马车的基础上发展起来的。从三轮到四轮，从木制到铁制，从蒸汽机、煤气机到汽油机，汽车的发展和沿革付出了多少代人的辛劳，已成为现代文明的产物和“世界第一商品”。

汽车是高档耐用的消费品，是附加值高、技术含量高的特殊商品。汽车“不仅仅是各国国民经济和生活不可少的交通工具，而且它的制造、销售和服务给国民经济作出了较大的贡献，给社会带来了不少就业机会，还带给人们新的文化理念和新的生活方式。汽车产业已经是上海经济的六大支柱产业之一，到2010年，汽车工业还将成为我国经济的支柱产业。虽然近几年我国汽车工业的建设规模、营销手段等都有了一定程度的发展，但依然是典型的卖方市场。

2.1.2 汽车营销的含义

汽车营销是指汽车销售企业或个人通过调查和预测，了解市场中顾客（汽车消费者）的需求，把满足其需求的商品流和服务流从汽车制造商引向顾客（汽车消费者），从而实现企业或个人目标的全过程。

根据有关部门统计，我国7个产业工人中就有1个是在从事与汽车相关的产业工作，汽车行业65%的利润来自汽车销售和售后服务。汽车销售属于汽车行业的下游阶段。目前，我国汽车市场需求量相当大，因此加快培养具有现代汽车营销观念、知晓现代金融知识、能灵活掌握现代汽车营销技能、技巧，懂得现代汽车的结构和原理，了解汽车发展新技术和汽车行业发展趋势的复合型、实用型汽车营销人才已成为当务之急。

2.1.3 汽车营销的核心技能

汽车营销的核心技能包括：汽车市场客户需求调查技能；汽车市场和环境分析技能；汽车售前、售中、售后服务技能；汽车营销策划和组织的技能等。具体说有五个方面：

(1) 要善于观察市场　汽车营销技能不可能通过遗传获得，必须通过后天的实践和训练得到。目前的汽车市场很大，但竞争也异常激烈。“行商”时代已经到来，要求汽车销售员善于观察市场，在各种信息中敏锐地发现汽车销售机会，并进行合理有序的开发；要求汽车销售员注意观察汽车行业的各种信息与动态，以便更好地与客户沟通交流，把握销售机会。

(2) 要确立客户利益至上　汽车销售应该倡导“以客户为中心”的销售，时时处处注意重视客户的利益。在产品介绍中通过利益的陈述和介绍使客户明确购买汽车能带来所需要的利益。这是汽车销售员获得客户信任的有效方法。

(3) 要树立顾问形象　顾问的作用在于提供有价值的参考信息和意见。汽车销售员为客户购车提供建议，必须对汽车的销售流程有充分的了解；必须全方位地了解准备销售的汽车知识；必须有比较广泛的相关知识；针对性地对顾客的需求提出客观的解决办法，从而树立顾问形象。

(4) 了解沟通交流的技能　汽车销售中的沟通目的在于传递汽车产品知识，倾听客户的需求，建立互相信任的良好的销售商和消费者之间的关系。汽车销售员在与顾客的沟通交流中必须真诚（真心、诚信）和实事求是（言而有据）；必须学会谦卑和赞扬他人；必须有决心和毅力。俗话说，“谦卑是销售的基石”，“决心是营销的行动保证”，“销售始于拒绝”。

(5) 要建立长期的客户关系　汽车销售员首先要建立顾客档案，有效地维持长久的顾客关系(巩固忠诚的老顾客)；其次，要会利用客户资源发现潜在顾客(挖掘和发现新顾客)；通过好的人缘关系，建立销售网络。

2.1.4　汽车品牌营销

品牌是汽车企业可持续发展的重要资源之一。在中国汽车市场发育和发展过程中“品牌”的概念正在受到越来越多的关注。“品牌”意味着市场定位，意味着产品质量、性能、技术装备和服务的价值。“品牌”最终体现了企业的经营理念。品牌形象来源于消费者的认同。企业如果不能建立起与汽车消费者沟通的渠道，不能取得汽车消费者的信任，其品牌价值就等于零！对汽车生产和流通企业来说，品牌营销有利于集中人力和精力研究市场、开拓市场；有利于规划、发展和管理营销网络；有利于增加汽车经销商的服务功能；有利于制定灵活的营销政策！

2.1.4.1　汽车品牌营销的含义

汽车品牌的定义分为广义和狭义两种。

从广义上说，汽车品牌是汽车消费者或潜在汽车消费者因看到或听到品牌名称或标志而产生的有关产品、技术、企业实力、保障、承诺、文化精神等一切联想和认知印象的总和。比如，看到三叉星人们会想到“奔驰”汽车、德国汽车工业、德国人的认真和严谨、豪华与高贵等。在广义的定义中品牌的对象包括两部分：一部分是汽车消费者(即购买并使用该产品的人)的行为使品牌价值得到真正的体现，这是品牌赖以生存的基础。例如年轻人喜欢去麦当劳，麦当劳因此获得了利润。另一部分是产品的潜在消费者，这部分人可能会成为消费者，也可能永远都不是汽车产品的买家，但他们支持第一部分人的行为。如：奔驰车“喜欢它的人可能永远不会购买”，但这并不妨碍他们对奔驰的好感和赞美。这些好感和赞美会影响奔驰的社会声誉，增加品牌价值。这是品牌发展的持续动力。

狭义上说，品牌就是汽车消费者和汽车产品或汽车产品服务的关系，关系的紧密程度将影响汽车消费者购买的决策。与品牌的相关要素有以下几点：

(1) 汽车品牌名称与标志　汽车品牌名称和标志是品牌的直接表现，是汽车品牌最基本的元素。汽车品牌名称和标志给汽车消费者两个信息。这两个信息是汽车产品和消费者的关系基础。当我们看到品牌名称和标志时，我们可以确信这件产品是货真价实的。同时，品牌是产品持续发展的保证。许多成功的汽车品牌都保持一种持续演进的状态，并且不断做出必要而又符合市场需要的改变，汽车品牌名称和标志的改变要符合汽车产品一贯的承诺，否则汽车品牌的影响力会减弱，汽车消费者对汽车品牌忠诚度也会降低。

(2) 汽车品牌承诺　汽车品牌承诺就是一个汽车品牌给消费者的所有保证。汽车品牌承诺包含汽车产品承诺，其实际内容又多于汽车产品承诺。在汽车营销学的产品要素里，一个整体的汽车产品概念包括三个方面：

一是核心产品，是指产品为购买者提供的基本效用和客户利益，也就是使用价值。

二是形式产品，是指产品的外在表现、如外型、质量、重量、体积、颜色等。

三是延伸产品，是指产品的附加价值、如服务、承诺、身份、荣誉等。

一个汽车产品在这三个方面的标准就是产品承诺。一个汽车品牌产品必须实现所有的汽车产品承诺。但这些还不够，汽车品牌还有一个更为重要的承诺，就是精神承诺。奔驰汽车和其他的汽车一样，其最终目的是为了代步。但如果只是为了代步，为什么有人选择昂贵的奔驰？如果奔驰从一开始就宣传自己是代步工具，相信它只是一个汽车产品，而不是世界上最著名的品牌之一。事实上奔驰百年来一直向大家讲述这样的理念，“奔驰是科技时代成功人士的象征！”驾驶奔驰，就是“领导时代，驾驭未来！”因此，品牌承诺的核心不仅是产品承诺，而是更深层次的精神承诺。精神承诺的意义在于品牌在不同时间、用不同的方式、持续地和消费者沟通，并产生共鸣，从而使产品具有更广泛的价值和意义。

(3) 汽车品牌经验　具有品牌承诺的汽车产品为什么会比没有品牌承诺的汽车产品销售得更好？归根到底，是因为汽车品牌承诺使消费者增加了品牌经验，人们通常会选择自己熟悉或者容易把握的汽车产品。因此品牌经验在汽车消费者和品牌之间非常重要，在很大程度上品牌经验决定用户的选择。品牌经验又可分为假设经验和验证经验。所谓假设经验是指消费者没有购买和使用某种产品之前根据品牌承诺而具有的感觉和作出的判断，对于消费群体而言，多数人还没有购买汽车的经验，但他们通过广告和身边的亲友了解了品牌承诺，这就是假设经验。验证经验是指消费者使用产品后的感觉与品牌承诺一致，从而积累了品牌经验。验证经验常常高于汽车产品本身的物理特性。例如，对某品牌汽车满意的用户，即使其他新的品牌在功能上已经超过它，他也会固执认为自己车子的功能很好。

(4) 汽车品牌个性　汽车品牌的核心价值是品牌资产的主体部分，它让汽车消费者明确、清晰地识别并记住品牌的利益点与个性定位，并全力维护和宣扬品牌核心价值，这已成为许多国际一流汽车品牌的共识。这也是创造汽车百年金字招牌的秘诀。当汽车消费者同时面对捷达和富康的时候，面对两个品牌承诺，汽车消费者会作出怎样的选择呢？不同的消费者可能作出不同的选择倾向。到底是什么决定了这些不同的品牌经验呢？就是品牌个性。品牌个性就像人的个性一样，有的人坚毅；有的人温文尔雅；有的人冷酷等。品牌本身具有差异性，没有个性的品牌是不受欢迎的，也无法成为真正的汽车消费者心目中的好品牌。

2.1.4.2　汽车品牌营销的效应

了解了汽车品牌的基本概念，可以帮助我们进一步了解汽车品牌在营销中的具体效应。了解汽车品牌的具体效应，能够使我们自觉地将汽车品牌的特性运用在汽车营销实战中。

对于深陷非理性价格战中难以自拔的中国汽车企业而言，奥迪和广州本田等品牌的溢价能力是令人羡慕的。因此研究品牌溢价能力的特点，探索提高汽车品牌能力的有效策略，对提高汽车企业的赢利能力，降低汽车企业风险，保持可持续发展具有重要的意义。迄今为止有关品牌资产理论的研究一直沿用大卫·艾格创建的框架。艾格的品牌资产理论认为，品牌资产包括品牌知名度、品质认可度、品牌联想、品牌忠诚度及品牌的法律资产。品牌之所以能成为资产，无非是因为品牌能支持企业赢利。品牌溢价能力是企业获得更高售价、更多赢利的有力武器。汽车品牌推动企业赢利，主要是通过吸引消费者更多地购买品牌，以及品牌麾下的汽车产品。实际上品牌资产中的知名度、品质认可度、品牌联想等指标最终将通过提升品牌忠诚度与溢价能力来实现。不同的汽车产品的品牌溢价能力是截然不同的。功能性利益是消费者选择品牌的主要驱动力，比如我们买方便面，主要为吃饱、方便。奔驰、宝马、法拉利品牌可比一般品牌贵十倍乃至百倍，主要是因为汽车消费者购买这些产品的主要驱动力是情感型与自我表达型，功能型利益已退居次要的地位。因此，品牌资产中的知名度、品质认可度、品牌联想，大幅度地提升了汽车消费者忠诚度与品牌溢价能力，可以使汽车产品卖得更好、更俏、更久。

2.2 汽车营销市场调研

市场预测的目的是为汽车企业科学决策提供可靠的依据。市场竞争无处不在，要发现市场、占有市场、开辟市场，制定有效的营销策略，使企业立于不败之地，必须收集大量的市场信息，把握市场的变化。信息来源的一个重要方面是通过市场调查而获得的。因此，市场调研是汽车企业科学预测与决策的基础。

2.2.1 市场调研的概念和作用

2.2.1.1 汽车营销市场调研的概念

所谓汽车营销市场调研，是指汽车企业对用户及其购买力、购买对象、购买习惯、未来购买动向和同行业的情况等方面进行全部或局部的了解。

汽车企业市场调研的主要任务是弄清涉及企业生存与发展的市场运行特征、规律和动向，以及汽车产品在市场上的产、供、销状况及其有关的影响因素和影响程度。

2.2.1.2 汽车营销市场调研的作用

(1) 掌握市场的供需状况　汽车企业一方面要把生产出来的汽车通过流通领域送到消费者手中；另一方面还要了解消费者需要什么样车型的汽车，对质量有何要求，需求量有多大，有多少汽车企业同时提供或准备提供这类产品。

(2) 有利于企业顺利进入市场　汽车的品种、数量等要以市场为导向，就是经常强调的“以销定产”的生产经营方针。汽车企业能够生产多少种车型汽车，仅象征着企业生产能力的高低，而能销售多少汽车才是企业真正的经营实力。

(3) 提高企业的竞争能力　汽车企业能否进入市场和进入市场的深度如何，除了取决于其本身的生产经营条件外，还包括汽车的品种、数量、质量等在市场上所占据的地位，以及汽车企业对市场变化的适应能力，还取决于市场本身对某种车型汽车的需求情况(如需求量、需求时间、地点、方向等)和市场竞争的激烈程度。

(4) 提高经济效益　汽车企业应通过合理组织和使用企业的内部和外部资源，不断提高劳动生产率、降低产品成本来获取较好的经济效益。

(5) 提高科技和经营管理水平　汽车企业应充分了解和掌握现代科学技术和经营管理的发展水平和发展趋势，借助世界上已经成熟的科学技术和经营管理成果从事生产经营活动，为企业的发展和进步创造良好的条件。

2.2.2　汽车营销市场调研的内容

汽车企业市场调研的内容取决于市场预测的目的和经营决策的需要，是为了获取影响企业经营活动的市场因素变化的信息，为制定经营决策和发展规划提供科学依据。围绕这个目的，汽车市场调研的内容大致可分为三类：市场需求调研、市场经营条件调研和市场商品调研等。

2.2.2.1　汽车市场需求调研

汽车市场需求调研的目的在于了解消费者在一定的时间内，对某种车型的需求量、需求时间，以及市场占有面的宽窄和各汽车生产厂市场占有率的大小，从而决定采取何种措施进入市场，或稳固已有市场的占有率，或进一步扩大市场占有率。

2.2.2.2　汽车市场经营条件调研

市场经营条件调研主要是了解汽车企业面临的外部环境和内部经营条件之间存在的各种矛盾和问题，从而确定解决这些矛盾和问题的对策，具体内容有：

(1) 资源状况　包括生产同类汽车产品各企业所需资源的来源、分布、数量、质量、种类、价格等的分配和使用情况，以及同本企业的资源利用水平进行比较。

(2) 市场环境　主要是指汽车企业外部所处的环境条件，包括国内外的政治、经济、社会、文化等的状况，以及对企业可能产生的影响和作用。

(3) 技术发展状况　包括国内、国际、本地区、本行业有关的汽车生产技术状况与发展动向，新技术、新材料、新工艺、新结构的发展趋向和应用状况，汽车生产设备的更新水平和技术改造进展情况，汽车企业经营管理水平及其发展趋势，以及有关技术和管理引进的条件和可能性、可行性等。

(4) 竞争对手　包括对某类汽车参与竞争企业的数量、规模、形象、市场占有率、经营水平、经营能力、管理水平、经营方式、经营战略和竞争对策等。

2.2.2.3　汽车市场产品调研

汽车产品在市场上的营销状况如何，是关系汽车企业兴衰的大事，所以汽车市场产品调研及分析，是汽车企业市场调研的重要内容之一。

(1) 产品状况　包括现在市场上已有该种汽车的数量、质量、品种、价格，新车型开发情况与动向等。

(2) 汽车销售

① 现有市场汽车销售情况，如某种汽车产品的社会拥有量及其分布状况；一定时间内的实际销售量和可能的最大销售量；汽车产品销售价格及不同用户对产品的评价与意见，以及同类产品不同厂牌(或商标)之间的销售差异等内容。

② 潜在市场分析。指正在开发或尚未开发市场的范围和容量的大小，以及未开发市场

的潜在开发可能性、难易程度和可行性分析等内容。

③ 汽车商品的生命周期。指某种汽车产品投入市场的时间、区域、销售量、工艺技术成熟程度、市场饱和程度、需求变化、价格变化等内容。

④ 新车型汽车进入市场的可能性。指某车型汽车的市场需求总量、发展前景、市场销售难易程度、市场可能确定的价格、消费者的反应和可能出现的竞争情况等。

(3) 流通渠道　指经营销售该车型汽车的销售企业的数量、经销能力、汽车产品质量、地区分布、进出货渠道，以及包装、运输、储存能力等内容。

(4) 汽车市场竞争程度　指参与该种汽车竞争对手的数量、营销策略、销售渠道及其各自产品的数量、质量、成本、价格和用户的评价等内容。

2.2.3　汽车营销市场调研的步骤

汽车市场调研一般由四个主要步骤组成，即确定问题和调研目标；制定调研计划；实施调研计划；解释并报告调研结果。

2.2.3.1　确定问题及调研目标

要确定汽车营销中存在的问题及调研工作所要达到的目标，这应由营销管理人员和调研人员共同配合来完成。因为前者最了解营销中存在的问题和应作出的决策，当然也最了解哪些信息对营销决策最重要；而后者则最了解应如何取得这些信息。

调研目标有三种：一是探索性调研；二是描述性调研；三是因果分析调研。

(1) 探索性调研　是指对需要调研的问题还不清楚，无法确定调研的内容和范围，因而只有搜集一些相关的资料，进行分析后找出症结，才能进一步深化调查。

(2) 描述性调研　是指通过调研如实地记录并描述诸如某种型号汽车产品的市场潜量、用户态度和偏好等方面的数据资料。

(3) 因果分析调研　是为了搞清原因与结果之间的关系，如某车型汽车降价 10%能否使销售额上升 10%。

2.2.3.2　制订调研计划

(1) 确定所需要的信息　这是市场调研要解决的首要问题。如某汽车生产企业准备向市场推出一种家用汽车，特点是噪声小、节油、较安全，而且价格适中。决策者要研究这种新型汽车究竟能否占有市场，则需要获得下列信息：

① 我国居民收入水平。当前居民工资、奖金等收入的平均水平如何，是否有购买这种汽车的经济能力。

② 居民的主要交通工具。当前居民中大约有多少人有私人小轿车；多少人分别以公共汽车、自行车或两轮摩托车作为交通工具。

③ 政府部门的规定。

④ 销售与利润的预测。这种汽车一旦投入市场，在若干年内预计销售量有多少，预计利润有多少。

⑤ 竞争者的状况。竞争者的同类汽车产品有哪些特点，市场销售状况如何。

(2) 信息资料收集　为了得到所需要的信息，调研人员要收集有关资料，这包括案头资料和原始资料。所谓案头资料也称二手资料，是指经别人收集和整理过的资料。原始资料是指调研人员通过发放问卷、面谈、抽样调查等形式收集到的第一手资料。

一般是先进行案头调研，即收集二手资料。这些资料来源一般有：

① 政府机关公布的统计资料、国民经济发展计划、政策法令等。如《中国汽车工业年鉴》、《中国工业经济统计年鉴》等。

② 公开出版的有关报刊、杂志等。如《中国汽车报》、《汽车工业研究》等行业性的报刊、杂志等。

③ 情报咨询机构提供的市场情报、信息。如中国汽车技术研究中心、机械委的科技情报所、交通报的科技情报所以及有关研究所提供的国内外行业及国民经济发展的情报。

④ 汽车企业本身积累的资料。如汽车企业的销售额、利润、竞争对手的情况及有关市场的数据等。

二手资料由于存在可获性、时效性和准确性等方面的问题，决策者要能够得到足够的、及时的、准确的信息，就必须进行原始资料的收集。

原始资料的收集由于成本较高、时间较长，因此，应由专业调研人员设计出原始资料的收集方案，与管理人员一道确定调研方案。一般调研方案应作出四个方面的决策，即调研方法、联系方法、抽样方法设计以及应用的调研工具。调研方法和联系方法应根据实际需要应认真选择。对于抽样方法设计应注意以下几点：

① 抽样对象。这一点要慎重考虑。如要调研家庭购买汽车的决策过程，是应调查丈夫、妻子还是全体家庭成员；调研客车用户对所采购汽车的意见，是应调查采购者、使用者还是领导等。

② 样本大小。大样本当然比小样本提供的结果更可靠，但成本高，往往也没有必要。只要抽样程序正确，小样本也同样能提供可靠的调查结果。

③ 抽样程序。抽样程序主要有两类：一是随机抽样；二是非随机抽样。

④ 调研工具。对原始数据收集时，有两种供选择的工具：一是调研问卷；二是调研器具。

调研问卷是最常用的工具，灵活、方便，并可应用多种方法提出较多的问题。然而，拟定一份既可信又有效的问卷并不容易。拟定调研问题要注意：尽可能减轻调查者的负担；问题要具体，用语要确切且符合调研目标；避免提出诱导性、倾向性的问题；问题要注意趣味性；注意题目间的逻辑关系。初步拟定后，应对一组被调查者进行试用，对发现不妥之处改正后，方可正式使用。

除问卷外，根据实际需要也可选用有关器具，如录音机、摄像机等。

(3) 提交调研计划　调研人员应写出书面调研计划。书面调研计划应摘要列出营销中的问题、调研目标、需收集的有关信息及方法，和调研结果对营销决策有何帮助等，最后还应列出此次调研的大致费用。

2.2.3.3　实施调研计划

这一阶段包括收集、整理和分析信息资料等工作。调研中的数据收集阶段是花费时间最多且又最容易失误的阶段。因此，调研人员在计划实施过程中，要尽量按计划去进行，使获得的数据尽可能反映事实。这就要求调研人员应具备一定的素质，在整个信息搜集过程中能排除干扰，获得理想的信息资料。

2.2.3.4 解释并报告调研结果

要对调研结果做出解释，得出结论，并向决策部门提交调研报告。一般调研报告的编写原则是：回答调研计划中所提出的问题；用调查的数据来说明问题，应力求准确；文字应扼要、有重点；分析问题力求客观，避免主观臆断和片面性；能提出解决问题的具体意见，避免空谈。

调研报告包括：调研的目的和范围；采用的调研方法；调研的结果；提出的建议；必要的附件。

2.2.4 汽车市场调研的方式和方法

2.2.4.1 汽车市场调研的方式

汽车市场调研的方式可分为全面调研、重点调研、典型调研和抽样调研等几种。

(1) 全面调研　是指在一定的时间间隔内，对调研区域内所有的调研对象进行全部调研的一种调研方式。全面调研可以获得完善的调研资料，便于剖析事物变化的实质，但涉及面广，工作量大，人力、物力、财力和时间消耗多，应慎重选用。

(2) 重点调研　是指在所有调研对象中，选择一部分对整体影响较大的重点调研对象进行调研的方式。如通过对我国主要几个汽车生产集团年产量增长情况的调研，可以推测出我国汽车工业的发展趋势等。

(3) 典型调研　是指在全体被调研对象中，选出一部分具有代表性的个体进行调研的方式。如通过对世界轿车市场变化规律的调研，可以推断出整个世界汽车市场的变化规律等。

(4) 抽样调研　是指按照一定的方法，从被调研的总体对象中抽出一部分个体样本进行调研，然后通过对个体样本调研的结果，运用一定的处理方法推测出总体的变化情况。

2.2.4.2 汽车市场调研方法

常用的市场调研方法有观察法、采访法和实践调研法等几种。

(1) 观察法　是指调研者在调研现场利用一定的方法对被调查对象进行实地观察再获取调研资料的方法。如对公路上各路段交通流量调查；道路交通事故现场调研等。这种方法的调研结果比较准确，但工作量大，时间耗费较多，调查面也受到一定的限制。

(2) 采访法　是指调研者根据既定的调研事项和目的，用当面采访或书面调研等方法获取调研资料，具体有个人面谈、座谈会、电话交谈、问卷调研和信函调研等多种方法。

(3) 实践调研法　是指调研者直接进入市场通过试验而获取资料的方法。汽车企业在开发新车型时，一般都是先少量投入，生产出部分样品对市场进行试探，然后根据试探的结果再进行预测和决策，如新车型汽车展销、试销、价格试探等。

2.3 汽车营销市场预测

市场预测是汽车企业经营管理的重要组成部分，能为每个汽车企业更好地确定经营战略、经营方针、经营思想、目标、计划等提供可靠的依据，是增强企业活力、提高经营管理水平和市场竞争能力的重要手段，是汽车企业经营决策的基础。

2.3.1 汽车市场预测的含义和作用

2.3.1.1 市场预测的含义

根据事物过去和现在的资料，运用一定的科学方法和逻辑推理，对其未来发展趋势进行预计和推测，定性或定量地估计出事物的发展规律，并对此作出评价，以指导或调节人们未来的行动和方向。

2.3.1.2 市场预测的作用

市场预测的作用主要有：

① 市场预测是汽车企业进行经营决策的重要前提条件。

② 市场预测是汽车企业制订经营计划的重要依据。

③ 市场预测可使汽车企业更好地适应市场的变化，提高企业的竞争能力。

通过市场预测，揭示和描述市场变化趋势，从而为汽车企业市场经营提供依据，帮助汽车企业在经营中克服盲目性，使汽车企业增强竞争能力、应变能力，取得良好的经济效益。

2.3.2 汽车市场预测的分类

市场是一个大系统，内容丰富，种类繁多，因此市场预测的范围宽广，分类标准也很多。一般汽车企业生产经营活动所涉及的市场预测主要有以下几种分类方法：

(1) 按市场预测的规模分类　可分为宏观市场预测、微观市场预测。

(2) 按市场预测的期限分类　可分为长期预测(也称战略预测)、中期预测(也称战术预测)和短期预测。

(3) 按预测方法分类　可分为定性预测、定量预测和综合预测。

2.3.3 汽车市场预测的内容

汽车企业进行市场预测的内容很多，既包括对市场发展趋势的预测，又包括对具体汽车产品供求数量、质量及各种影响因素和影响程度的预测。

2.3.3.1 市场需求预测

根据有关资料对汽车产品未来的需求变化进行细致的分析研究，掌握需求的内在规律，对其发展趋势作出比较正确的估计和判断。市场需求预测主要有以下内容：

(1) 产销趋势的中长期预测　这是把重点放在汽车企业的长期经营方向上，侧重于根据科学技术的发展，深入研究影响产销的技术因素并结合市场竞争、资源条件等的变化，制订汽车企业的产品发展计划。

(2) 产销趋势的短期预测　要求以企业汽车产品的部件来源、成本、价格等为依据，与同行业同类产品比较，作出近期内市场需求对企业产销影响的预报，以指导本企业作出相应的对策。

(3) 单品种专题预测　这主要是对企业新产品投入市场后的销售状况和产品在价格、质量、造型、装饰等方面的反应进行研究和分析，提出改进和扩大新产品产销的建议。

由于有关因素会直接或间接地影响需求变化，所以对引起需求变化的一些因素也应进行预测。例如，国民购买力、企业及事业单位购买力、社会发展、产品销路及经济发展等。

2.3.3.2　市场占有率预测

市场占有率是指在一定的市场范围内，汽车企业某种汽车的销售量或销售额与该市场上同类汽车的总销量或销售额之间的比率，即

$$\text{企业某种或某类汽车市场占有率}=\frac{\text{销售量(销售额)}}{\text{市场上同类汽车销售量(销售额)}}\times 100\%$$

2.3.3.3　生产情况的预测

在了解市场需求和市场占有率的同时，必须深入了解生产情况，了解某种汽车的生产能力和布局，资源、能源等条件的情况，以及它的数量、质量和性能等，并且预测其发展变化趋势。

2.3.4　汽车市场预测的要求

市场预测的要求主要有：

(1) 准确性　不管是汽车生产部门还是销售部门，在进行市场预测时，首先必须准确地选择和确定预测对象，这是至关重要的。在正确选择预测对象的基础上，还必须选择适合的预测方法和手段，进行准确的分析和预测，才能达到预期效果。

(2) 可靠性　这是对预测结果的精确要求，即预测结果和实际发生的结果要尽可能一致。可靠性是对预测的根本要求。

(3) 系统性　汽车工业作为支柱产业本身是国民经济系统的一部分，因此在进行预测时，必须考虑到各个相关子系统的影响，以系统的观点进行预测。

(4) 整体性　企业的任何一项预测工作往往要以其他方面的预测作为基础。例如，其汽车配件厂决定是否生产某种汽车总成，其经济效益预测就必须建立在技术预测、需求预测、生命周期预测以及原材料预测的基础之上。

2.3.5　汽车市场预测的程序

汽车市场预测的程序是：

(1) 提出问题和设想　在市场经济条件下，汽车企业在生产经营过程中常会遇到许多问题，也会在新车型汽车开发等问题上产生有关设想，这些问题和设想均可作为预测的初步前提。

(2) 确定目标　在提出问题和产生设想后，就要从中选择、确定一个理想的、切合实际的目标。

(3) 搜集整理资料　通过各种调查形式，搜集、整理、筛选、分析与主题有关的各种资料。如汽车行业及有关行业的统计资料；国内外有关汽车工业经济情报和反映市场动态的资料等。

(4) 建立预测模型　在获得有关所需数据资料的基础上，依据有关市场理论、预测目标、预测要求及实际情况，选择适当的预测和评估方法，确定有关参数，分析变量间的关系，建立反映实际的预测模型。

(5) 进行分析评价　一般通过模型预测得到的结果往往与实际情况存在着差异，因而必须进行分析评价。

(6) 修正预测结果和模型，并写出预测总结报告　在对预测对象以及各种影响因素应用预测模型进行计算机模拟分析研究时，由于建立的模型本身具有假设性和概括性，因而模拟出的预测结果不可能是十分准确和全面的，因此要对预测结果和模型进行修正，并在修正的基础上写出总结报告。

2.3.6　汽车市场预测方法

现在汽车市场的预测一般都以定量分析为主，定量与定性分析相结合的综合预测分析方法。无论是对汽车市场的整体运行，还是对各车型分市场的变化监测，都是在定量分析的基础上结合定性分析而得出的结论。由于汽车产品品种多，需求范围广，品种间的替代效应强，各种影响因素复杂，因而用单一的方法预测难以取得较理想的预测结果。一般先采用几种方法进行分析研究，最后进行综合比较，进而得出最终预测结论。几种常用的市场预测方法有：

2.3.6.1　定性预测

(1) 专家座谈法　邀请专家以开调研会的方式，向与会专家获取有关预测对象的信息，经归纳、分析、判断和推算，预测某种市场现象未来发展变化的趋势。这种方法可以在较短的时间里，充分利用专家群体的创造性思维和专业特长，对预测对象进行评估和推算，及时掌握第一手的预测信息。专家座谈法的缺点是：由于参加的人数及人的认识有限，不易全面地收集到各种意见；大多数人的意见被采纳，而少数人的正确意见被忽视或压抑；还可能受到权威的影响，与会者不能畅所欲言。因此，使用专家座谈法应注意以下几方面的问题：

① 参加座谈的专家应当对预测目标有长期的研究，或者熟悉汽车市场领域的情况，或者具有丰富的汽车市场营销实践经验；与会者代表面要广且代表性强，既包括专家学者，也包括营销部门或行业管理者和一线的营销管理者。

② 根据预测对象范围的大小和难易程度确定座谈会规模。一般会议规模不宜过大，以不超过 10 人为宜，可使每位与会者充分阐述自己的意见。

③ 为确保座谈质量，要根据预测目标的要求事先准备调查提纲。调查提纲要简单明确、重点突出、针对性强，并提前发给各与会者，以使他们有备而来。

④ 要精心选择会议主持人，认真组织好座谈会。主持者要谦虚谨慎、虚心求教、少说多听、善于引导、善于启发，要抓住会议的中心。主持者应对重要内容让双方的观点和论据说清、讲透，防止“一言堂”，使每位代表都有发言机会；不要首先拿出倾向性意见，或听个别领导、权威谈意见，这易产生主观片面性。对座谈内容要做好记录，及时归纳整理，并提出带有倾向性的预测方案。

(2) 专家调查法（也称德尔菲法，Delphi Method） 德尔菲法大量采用匿名调查表的方法，通过函询征求专家意见，对各种意见汇总整理，将其作为参考资料，再匿名函寄给各位专家，不断征询、修改、补充和完善，如此反复多次，直至多数专家看法一致，或不再修改自己的意见时，最终得出一套完整的预测方案。

由于专家调查法不是将预测意见一锤定音，而是多次轮番征询意见，每次征询都将经过整理的上轮意见全面反馈给各专家以便相互启发，补充完善，提出新见解及其依据，使预测主持人全面把握大多数专家的意见倾向；又由于采用统计方法处理每一轮专家的意见，经过几轮定量化的统计归纳，预测结果趋向收敛和集中，预测方案的分散程度就会缩小，最终形成定性分析和定量分析相结合的、大多数专家趋向于一致的预测结果，使其更可靠，更具说服力。

2.3.6.2 定量预测

([illegible]间序列法 是指把已经掌握的资料，按照时间先后顺序排列成数列，并运用一定的数[illegible]出事物未来变化情况的一种方法。这种方法是以事物发展具有一定连续性的[illegible]的，从事物过去、现在的变化规律去推断其未来。时间序列法有移动平均法、指[illegible]和直线趋势法三种。

① 移动平均法。是假定某预测事件的预测值，仅与该事件预测期内相邻的实际数值的变化有关，把近期几个周期内发生的实际数据进行平均，并取其平均数作为预测期的预测值，当预测期向后移动时，所选用的实际周期也随之后移。平均移动法的公式为：

$$y_{n+1}=\frac{\sum_{i=1}^{n}y_i}{n}=\frac{y_1+y_2+\Lambda+y_n}{n}$$

式中：y_{n+1}——预测期的预测值；

y_i——第 i 期的实际值（$i=1,2,3,\cdots,n$）；

n——期数。

运用移动平均法进行预测时，要注意期数的合理选择，使其既能消除近期个别随机因素变化过于激烈的影响，又能避开过去太远期因素对近期因素的过大影响。

② 加权平均法。为了避免远期的影响过大，用提高近期权数的方法，增大近期对预测值的影响程度，采用加权平均法。加权平均法的模型为：

$$y_{t+1}=\sum_{t=1}^{n}c_t\cdot y_t$$

式中：y_{t+1}——下期预测值；

y_t——各期实际值（$t=1,2,\cdots,n$）；

C_t——各期权数。

加权平均法权数的选择可以由实际值对预测值的影响大小进行判断决定，一般距离预测期越近，实际值对预测值的影响也越大，其权数也越大。

③ 指数平滑法。是由加权移动平均法发展而来的，其特点是进一步强调近期实际值对预测值的影响和作用。指数平滑法有一次指数平滑法、二次指数平滑法和三次指数平滑法三种形式。二次指数平滑法是在一次指数平滑法的基础上再作一次平滑。同样，三次指数平滑法是在二次指数平滑基础上再作一次平滑。对于预测值要求不是过于精细的情况下，通常多采用一次指数平滑法就够了。一次指数平滑法的基本模型为：

$$y_{t+1} = \alpha B_t + (1-\alpha) y_t$$

式中：y_{t+1}——本期预测值；

B_t——上期实际值；

y_t——上期预测值；

α——平滑系数 （$0\leqslant\alpha\leqslant1$）。

平滑系数 α 值的大小取决于上期实际值在预测值中所占比重的大小，当预测值同实际值的差距较小时，α 值应取得小一些；相反，则 α 值应取得大一些；通常 α 的取值范围一般在 0.1～0.3。

④ 直线趋势法。多用于事物发展较稳定、变化幅度不大的长期发展趋势预测分析中，是从过去若干期资料中找到一条带有一定倾向性的趋势线，称为回归线，将这条回归线延长，用来预测事物的发展趋势。回归线的数学模型由最小二乘法确定为：

$$y = a + bx$$

式中：y——预测值；

a、b——回归系数（a 为回归线的截距，b 为回归线的斜率）；

x——时序周期（简捷式：令 $\sum x=0$）。

其中：

$$a = \frac{\sum y_i}{n}; b = \frac{\sum x \cdot y_i}{\sum x^2}$$

y_i—实际值；

n—期数。

(2) 因果分析法　是利用事物发展变化各因素之间的因果关系进行预测的方法，包括回归分析法和交叉影响分析法等。

回归分析法根据预测模型函数关系的不同可分为一元线性回归、多元线性回归、一元非线性回归和多元非线性回归四种。这里只介绍一元线性回归。

一元线性回归预测是假定某种市场对象，只受一种因素的影响（即解释变量只有一个），而且随着这种因素的变化呈直线（或线性）变化关系。一元线性回归数学模型为：

$$Y = a + bX$$

式中：Y—— 一元线性回归预测值；

a 、b —— 回归系数；

X —— 解释变量。

运用最小二乘法，可求得回归系数 a，b 的计算式为：

$$a=\frac{\sum y_i-\sum x_i}{n}$$

$$b=\frac{n\sum x_iy_i-\sum x_i\sum y_i}{n\sum x_i^2-\left(\sum x_i\right)^2}$$

式中：x_i，y_i——已知的实际值($i=1,2,\cdots,n$)；

n——期数。

2.4 汽车营销市场的信息技术

汽车生产企业只有掌握市场信息和做好市场调查研究，并建立自己的营销信息系统，才能掌握市场变化规律，做好企业的经营决策。

2.4.1 市场信息

信息是指知识、学问以及从客观世界提炼出来的各种数据和消息的总和，包括数据、资料、消息、情报、指令等多方面的内容。情报与信息有密切关系。情报是根据一定对象的需要所提供的可作借鉴、参考用的特定信息。

由于市场是联系生产和消费的纽带，任何汽车企业经营离不开市场，只有掌握汽车市场信息，才能适应市场变化，发掘潜在汽车市场，抓住有利时机，开拓新的市场。

市场需求信息主要是指国内外用户、城乡用户、生产和消费用户等的需求信息。汽车工业作为我国支柱产业，产品必将走向世界，汽车生产企业需全面了解、掌握国内外汽车工业中的有关信息。

竞争信息是促使企业改善经营、搞活经济的重要关键之一。竞争信息包含现有和潜在竞争者的基本情况、竞争能力、发展动向等有关信息。

2.4.1.1 市场信息的分类

根据不同标准和不同需要，市场信息有多种类型，以下简介两种：

(1) 按信息的内容分类　市场信息按内容分类见图 2.1。

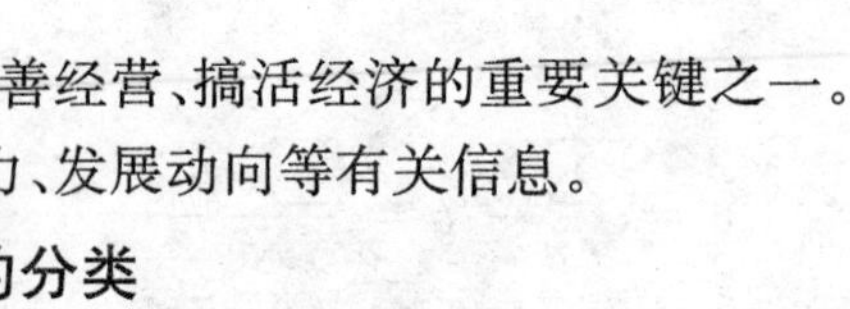

图 2.1　市场信息按内容分类

(2) 按信息的来源分类　市场信息按来源分类见图 2.2。

- 市场信息
  - 外部环境信息
    - 重点用户信息
    - 同行竞争信息
    - 技术发展信息
    - 政治法律信息
    - 新能源、新材料开发信息
  - 内部管理信息
    - 自然方面的信息
    - 生产成果信息
    - 物资利用信息
    - 财务状况信息

图 2.2 市场信息按来源分类

2.4.1.2 市场信息资料的来源

从来源渠道看，市场信息的来源大体有两个大方面：

(1) 汽车企业内部信息 指反映企业物质资料、工作情况以及生产经营历史和现状的数据、资料。内部信息可通过下列部门获得：企业的业务部门（生产供应、销售部门等）；企业生产活动的组织部门（社会、技术、质量等）；管理部门（财务、劳资等）；其他部门（情报、档案等）。

(2) 汽车企业外部信息 是指直接或间接影响本企业经营的外部环境诸因素的数据、资料、文件、情报等。外部信息可通过下列渠道获得：国家、政府等有关部门的政策、决定、报告、发展计划、财政预算、法令等；广播、电视、报纸、杂志、书籍等，如《中国汽车报》、《汽车与配件》、《汽车工业研究》等；社会各专业信息机构，如图书馆、汽车情报中心、档案馆、博物馆等；各专业学会、研究会等，如汽车工程学会、中国公路学会等；全国或地方不定期举办的展览会、交易会等；有关咨询公司；高等学校、研究单位、培训中心以及有关学术研讨会、专题讲习班等；从计算机网络上获取；从汽车用户的信息反馈表中获取对不同品牌、型号的汽车需求信息；从各销售网点销售的汽车型号和数量了解社会上不同居民对不同型号汽车喜好，从汽车各维修网点了解用户对不同型号汽车的质量和性能要求。

2.4.1.3 市场信息搜集的要求

汽车企业在搜集市场信息时，为了确保信息的有效性，必须遵循以下要求：

(1) 目的性 根据汽车企业的经营目标收集有关信息，目标不同，搜集信息资料的范围不同。所以，汽车企业在搜集情报信息时，要求有使用价值。

(2) 可靠性 要求所掌握的信息必须有科学的依据。否则，信息失实，汽车企业以此作出的预测、决策和所制定的企业经营方针、市场策略，就会造成企业被动，甚至失败。当然获取绝对可靠的信息资料是不容易的，但必须是基本可靠的，或至少能判断其可靠的程度。

(3) 实效性 由于市场经常变化，汽车企业为了及时掌握市场动态以及变化规律，所以取得的市场信息要及时、迅速。

(4) 全面性　汽车企业为了研究市场变化规律在精心决策时,要求获取的市场信息要有系统性和完整性,决不能片面地搜集一些信息,尤其是重要的信息。

(5) 经济性　要力争用少的代价而获取尽可能多的有用信息,当然这是相对的。

现代社会提供的信息量与过去是无法比拟的。西方发达国家目前正处在从工业社会向信息社会的过渡时期,各行各业的信息量日益增多。但是虽然拥有了大量的信息,企业的营销管理者们还是不能快速、准确地获得所需要的信息。因此,美国许多公司在认真研究了营销管理对市场的需要后,设计了一套实用的信息系统,以适应这种需要。

2.4.2　市场营销信息系统

2.4.2.1　市场营销信息系统及其组成

市场营销信息系统也称营销信息系统(Marketing Information System,MIS),是指由人、设备和程序组成的一个持续的,彼此关联的结构。其任务是准确及时地对有关的信息进行收集、分类、分析、评估和分发,供给营销决策者运用,以使营销计划、实施和控制具有科学性和准确性。市场营销信息系统组成见图 2.3。

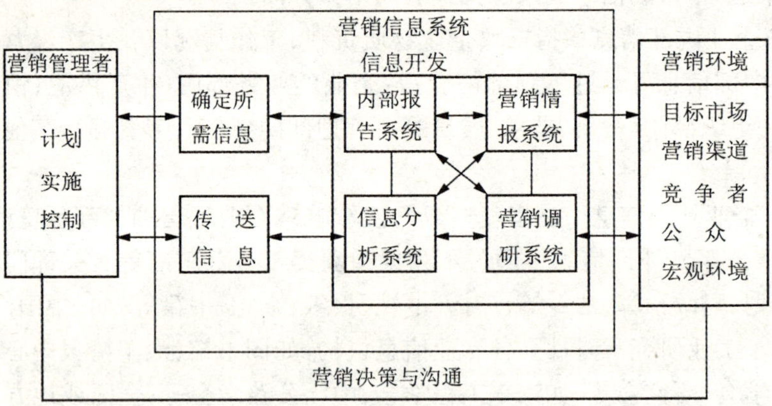

图 2.3　营销信息系统的组成

这个系统开始和结束于信息使用者。首先由营销管理者确定所需要信息的范围;接着根据需要建立企业内部报告系统、营销情报系统和营销调研系统,由营销分析评估系统对所得到的信息进行处理,使其更具有实用价值;最后由系统按适当形式,在适当时间将信息送至管理人员手中。

2.4.2.2　系统各部分的功能

(1) 确定所需要信息　一个设计合理的汽车营销信息系统,应使这三个方面互相协调,即汽车营销管理者希望得到的信息、真正对他有用的信息及可能提供的信息。

(2) 内部报告系统　大多数营销管理者都利用报告系统定期获取各种数据,用于日常的计划、管理和营销控制。有关数据一般有以下几方面:汽车企业的财务部门提供财务状况和销售额、订单、成本、现金流动等详细数据;制造部门提供生产进度、发货、存货数据等;

营销部门提供中间商的反映、竞争对手的活动和市场营销的情况等。

(3) 营销情报系统　营销情报是每日发生的、与重要的环境因素有关的信息，如新的法规、技术创新、竞争者状况等。

企业获得情报的途径一般有以下几个方面：

① 一般途径获取：阅读报刊、杂志等；训练、激励推销人员，随时搜集市场情况；与企业内部其他管理人员和职工交换信息，与用户、经销商等交谈，并鼓励经销商和零售商等外部合作者向企业传递重要的营销情报；向国家、上级主管机关获取发布的各种政策、法规等信息资料。

② 获取竞争者的情报：购买竞争者的情报；参加汽车展销会；阅读竞争者发布的经营报告，参加其股东大会；向竞争者过去或现在的职工、经销商、供应商和运输代理进行了解；搜集竞争者的公告；阅读汽车行业报刊、杂志等。

③ 有偿征集情报：聘请业余信息员；向汽车信息中心统计部门购买；向市场调研公司、咨询公司、广告公司购买。

国外的公司建立有专门的小组和办公室，负责情报的搜集工作，并进行整理、集中，帮助决策人员进行分析和评论。

(4) 营销调研系统　汽车营销管理者不能总是被动地等待来自营销情报系统的或多或少的信息，在汽车企业的营销管理过程中还需要通过经常性或专门性的调查研究搜集有关信息。例如，某企业准备生产一种新型汽车，在作出决策之前，有必要对该产品的市场潜力进行较准确的预测。

(5) 信息分析系统　营销情报系统和调研系统收集到的信息，通常还需要进一步分析。信息分析系统是由一个统计库和一个模型库组成，见图 2.4。

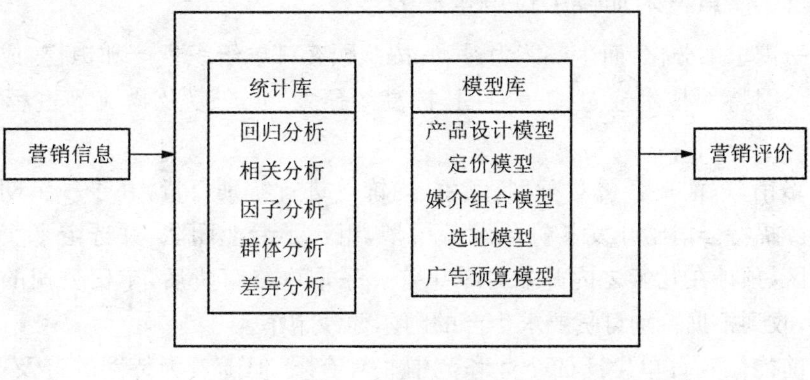

图 2.4　信息分析系统

统计库存包括一系列统计程序，这些程序可帮助分析者了解一组数据中彼此之间的关系及其统计上的可靠性。

模型库内包括一系列数学模型，用于各种营销决策，如确定最佳销售区域、设计销售网点的配置、选择最佳营销媒介组合等，这些模型有助于营销管理者作出更科学的决策。

(6) 传送营销信息　市场信息只有被管理者利用，并制订更完善的营销决策后，其价值才得以实现。因此，由营销情报和调研系统获得的信息，需在适当的时间，送到真正需要它的管理人员手中。

由于计算机网络技术发展迅速，管理人员可直接从信息系统中提取所需的数据资料，并利用终端与全公司或集团的信息系统连接起来，既可从内部的各种数据库，也可从外部的各种信息服务机构(包括国内和国外)获取所需的信息，使经营决策更加科学。

2.4.3 信息技术在汽车工业中的应用

信息革命以迅猛之势，影响着世界汽车企业，以信息技术为手段的经营管理方式，正从世界汽车产业诞生，它将进一步提高世界汽车企业的竞争力。

2.4.3.1 信息技术缩短了研制开发时间

汽车研制开发时间的长短，是决定企业竞争力的重要因素。

1997年，福特公司将三维计算机辅助设计系统引进研制开发中，从计算机上对设计细节、组装动作以及设备运行进行检查并修改，使新车研发时间从37个月缩短为20个月。

2000年2月，丰田公司首次使用虚拟空间技术开发新型车B6，仅用了13个月，比以往的时间缩短3个月，创造了至今为止最短的研制开发纪录。

通用公司引进网络技术，使新车开发从原来的4年缩短为2年。

日本电装公司开发零部件，利用三维计算机辅助设计技术，将时间缩短为1.5月。

信息技术比较容易模拟新车以及零部件运作时的各种情况，并对设计进行多次修改，简化甚至取消了一部分研制开发工作。此外，利用电视会议、企业内部网等网络手段，可以加强数据、设计图的信息沟通，减少时间与资源上的浪费。福特公司1999年模型试制成本比1998年下降25%。

2.4.3.2 信息技术加快了订单生产的步伐

当今消费需求细分化，而生产能力过剩，按照顾客订单组织生产和销售，成为汽车企业的必然选择。因特网技术通过缩短时间，提高了研发、生产以及物流等过程的快速反应能力。

通过网络销售，消费者可对车型、颜色、内饰等进行特别订货，并于一星期内收到自己想要的汽车。福特公司已开发了机器设备模型，组建了专业团队，并选定了实行订单生产的工厂与地区，预计在几年之内开始订单生产。采取网络订货后，丰田公司的顾客能够在相同的时间，收到根据特别订货要求生产的阿尔德沙跑车。

尽管目前能做到订单生产的企业和范围非常有限，但随着因特网的普及，大多数跨国公司有望在5年之内实现订单生产。

2.4.3.3 信息技术节约采购成本和时间

汽车企业用于零部件采购的资金及时间，不仅超过了石油、电器制造、零售等企业，甚至与飞机制造企业相仿。因此，以网络技术为手段的全球采购，可降低零部件的采购成本，缩短零部件的采购时间，减少了库存管理费用。这对汽车企业意义重大。

2000年2月，通用、福特和戴-克公司宣布，终止各自的零部件网络采购计划，转向共同建立零部件采购的电子商务市场科比新特。同年4月，雷诺-日产公司决定加盟。丰田也在商讨加入科比新特之中。目前，已有 12 家零部件大企业与科比新特签订了合同。

科比新特 2000 年 10 月开始在美国试运作，2001 年春天在欧洲开始运行，6 月在日本开始运行，成为世界上最大的电子商务市场；它的销售额 2002 年达到 69 亿美元。

除科比新特外，其他地区也开始出现汽车零部件采购的电子商务市场。如日本汽车高速通信网 JNX，宝马、大众也有类似计划。

通用与福特公司认为，通过电子商务市场采购，原材料及非组装部件的年采购成本可以降低2 500亿美元，每辆车可节约1 200～3 000美元的成本。

目前在科比新特进行交易的零部件，还只限于办公用品等间接生产资料，90%以上的汽车零部件还没有进入交易网络。但可以肯定，以网络技术为手段的全球采购，将对汽车企业间的交易产生重大影响。

2.4.3.4 信息技术促进利润链战略性延伸

据统计，在世界 40 家大的汽车企业中，目前只有 10 家赚钱。世界汽车生产能力过剩 30%。汽车企业认识到，仅仅依靠生产和销售汽车，已不可能为自己带来更多的利润，只有将业务延伸到金融、保险、租赁、维修等其他领域，向汽车消费者提供与此相关的服务，才有可能获取更大的利润。这就导致了当今世界汽车企业的业务向服务行业的延伸，汽车产业与服务产业之间的界限开始变得模糊。

目前，金融、汽车租赁、电子商务等业务，已成为汽车巨头们的主要业务。1998 年，在福特公司主要业务的销售额和净利润总额中，前两项业务已分别占到 14.4%、20.3%。1999 年，福特又收购了英国的汽车修理连锁店和汽车用品连锁店，与微软公司合资建立了网络销售公司，以销售汽车和保险。此外，他们还计划向福特汽车购买者及其家属提供与汽车相关的所有服务，并有意将服务范围扩展至生活的所有方面。这样做的目的很明确，就是想通过金融、保险、租赁、维修、网络销售等一系列业务，重新构建一条为其带来利润的产品及服务链。

丰田汽车公司近几年在电子商务和金融业务两方面加大了投资。目前，丰田汽车公司拥有自己的网络销售公司、保险公司、信用公司和证券公司，同时还是日本三大信息通信公司合并组成的信息通信公司的第二大股东。尽管金融业务的营业利润在丰田营业利润总额中还只占到 6%，但预计很快会成倍增长。丰田通过网络销售公司，不仅向汽车消费者提供诸如新车及二手车的信息、价格估算、库存查询、手续代办等与汽车相关的所有服务，而且还提供礼品及书籍销售、音乐播卖和旅游预约等服务。丰田还为汽车消费者在指定的证券公司设立可结算的账户，以及提供购买股票的优惠。

福特、丰田公司之所以加紧向服务产业渗透，在很大程度上是希望利用其下属的保险、信用以及网络销售公司所提供的信息，建立强大的顾客信息库。以往，消费者的信息都掌握在各销售店手中，汽车企业很难了解到消费者购车后的消费动向。拥有自己的保险公司和信用公司，就能够掌握一部分消费者的购物信息。但这还不够，拥有网络销售公司，利用因特网技术，汽车企业就更能够及时地掌握顾客的购物信息。因此，从这个意义讲，信息技术促进了世界汽车企业利润链的战略性延伸。

思考题

1. 简述汽车营销的含义和核心技能。
2. 简述汽车营销市场调研的步骤。
3. 汽车营销市场调研的作用是什么?
4. 简述信息技术在汽车企业中的应用。
5. 市场信息资料收集的要求有哪些?
6. 常用的汽车市场的预测方法有哪些?

3 汽车营销方式和市场策略

市场经济的不断发展,促进了市场营销理论与实践的发展。新的营销理论与营销方式对活跃、繁荣市场,满足消费者日益增长的各种新需求起到了极为重要的作用,同时也给企业竞争增添了新的活力。

3.1 批发与零售

3.1.1 汽车产品的批发

现代市场营销将中间商分为两种类型:一是批发商,二是零售商。批发商指那些以进一步转卖为目的,成批买卖货物的商业组织和个人。就批发商而言,它们通常有三种类型:

3.1.1.1 商人批发商

商人批发商系指独立经营、对所经营商品取得商品所有权的批发商,他们是批发商的主要类型。商人批发商又有仅以批发为业务的完全服务型批发商和批零兼营的有限服务型批发商两种类型。

3.1.1.2 经纪人和代理商

经纪人和代理商系指没有取得商品所有权,只是在买卖双方间撮合交易,获取佣金和代理费的中间商人。他们一般是较专业化的,即通过经纪人和代理商促成交易和市场开拓,这是西方国家市场营销的一种惯用而重要的手段,是十分普遍的现象。

3.1.1.3 汽车制造商分销部(分公司)和办事处

分销部(分公司)一般有商品储备,其形式类同商人批发商,不同的是它直属于制造企业,没有独立性。

办事处一般没有存货,是企业驻外地的业务代办机构。企业设立分销部(分公司)和办事处,有利于在当地开展市场营销活动。

目前,我国汽车产品的批发商,主要有有限服务型批发商和企业的销售分公司(经理部)。此外,经纪人和代理商制我国正在推行之中,汽车企业应重视这类中间商的选择和使用,以进一步改进市场营销工作。

3.1.2 我国汽车产品的主要经销企业(中间商)

我国汽车产品主要经销企业的销售渠道大多都是批零兼营的,其中以原物资部门(现属商务部)的中国汽车贸易总公司规模最大,其次是中国汽车工业销售总公司,还有东风汽车公司、上海汽车工业(集团)总公司等。

3.1.2.1 中国汽车贸易总公司

中国汽车贸易总公司是在原物资部所属的华北、华东、东北、中南、西南和西北等六个汽车贸易中心基础上,经国务院批准,于1988年成立的,总部设在北京。原六个贸易中心改为该公司的直属子公司,并在天津、广州等四个中心城市相继组建了四个直属子公司。到目前为止,该公司拥有十大直属公司和上千个经销网点。该公司的经营业务目前以经销国内外各种整车产品为主。

目前,该贸易公司及各地汽车贸易公司、机电公司承担了国产载货汽车50%以上、国产轿车60%以上、进口轿车90%以上的经销业务。需说明的是,机电设备公司原有的一部分汽车经销力量由于划入中汽贸易总公司或独立组建了汽车贸易公司,汽车经销实力有所下降,不少机电公司的汽车贸易力量是在20世纪90年代重新发展起来的。机电公司目前的汽车贸易力量虽然不强,但他们与中汽贸易总公司、各地汽车贸易公司均属于物资部门,历史关系较长,仍然是一股重要的汽车经销力量。总之,以中汽贸易总公司为代表的原国家物资系统是目前中国最大的汽车中间商,他们目前正在由单纯的整车销售向全方位经营发展。

3.1.2.2 中国汽车工业销售总公司

中国汽车工业销售总公司前身是汽车行业向全国供应汽车配件的企业,成立于1992年,总部设在北京,隶属中国汽车工业总公司。公司集汽车销售、配件供应、技术服务、信息反馈于一体,经营国产和进口汽车及配件、国产和进口摩托车及配件,以及与汽车、摩托车相关的产品。该公司现在全国设有11个直属子公司,并松散联合了一些地方汽车工业公司所属的汽车销售(或配件)公司,网络遍及全国各地。由于该公司成立不久,与各地方汽车销售公司不是紧密联营,因而汽车购销能力相对弱一些,但该公司在配件经营方面更有特色,网络更完善,经营能力属"中国最大的配件销售网"。由于国家对汽车、摩托车的配件经营已经基本放开,该公司在配件经销上的垄断程度已大大下降,因而该公司在立足作为全国配件流通主渠道基础上,正大力发展整车经销能力,加之其原有的技术服务基础,公司在"三位一体"或"四位一体"建设方面,走在了各个汽车中间商的前列。总之,以中汽销售总公司为代表的汽车行业销售系统(含配件系统),在中国汽车产品流通中占有十分重要的地位。

3.1.2.3 东风汽车公司

东风汽车公司始建于1969年,是中国汽车行业的骨干企业。经过30多年的建设,已陆续建成了十堰(主要以中重型商用车、零部件、汽车装备事业为主)、襄樊(以轻型商用车、乘用车为主)、武汉(以乘用车为主)、广州(以乘用车为主)等主要生产基地。公司运营中心于2003年9月28日由十堰迁至武汉,主营业务包括全系列商用车、乘用车、汽车零部件和汽车装备。目前,东风汽车公司整车业务产品结构基本形成商用车、乘用车各占一半的格局。截至2004年底,公司总资产768.9亿元(RMB),净资产339亿元(RMB),在册员工10.6万人。

进入21世纪，东风公司着眼参与国际竞争，按照“融入发展，合作竞争，做强做大，优先做强”的发展方略，积极推进与跨国公司的战略合作，先后扩大和提升与法国标致-雪铁龙集团的合作；与日产进行全面合资重组；与本田拓展合作领域；整合重组了悦达起亚等。全面合资重组后，公司的体制和机制再次发生深刻变革，按照现代企业制度和国际惯例，构建起较为规范的母子公司体制框架，东风公司成为投资与经营管控型的国际化汽车集团。

东风公司构建了完整的研发体系，在研发领域开展广泛的对外合作，搭建起全系列商用车、乘用车研发平台及其支撑系统，进一步完善了商品计划和研发流程。东风公司将在消化、吸收国内外先进技术的基础上不断强化自身研发能力，提升核心竞争力。

东风公司已经确立了“建设一个永续发展的百年东风，一个面向世界的国际化东风，一个在开放中自主发展的东风”的发展定位，将紧紧抓住我国全面建设小康社会和国内汽车市场持续走强的历史性机遇，力争通过五年的奋斗，实现产销规模、经营效益和员工收入三个翻番，企业综合实力稳居行业领先，东风品牌跻身国际，建设成为自主、开放、可持续发展，并具有国际竞争力的汽车集团。

东风汽车股份有限公司改制后经营势头良好，公司总股本20亿股。现主要由汽车、铸造两个分公司，皮卡、工程车、海外等三个事业部，东风康明斯发动机有限公司、郑州日产汽车有限公司、东风裕隆汽车销售有限公司、东风襄樊旅行车有限公司等控股公司组成。

公司主营业务是设计、制造和销售东风系列轻型商用车、东风康明斯发动机及相关零部件。东风轻型商用车已形成东风小霸王、东风金霸、东风多利卡、东风之星、东风金刚、东风皮卡、东方快车等多系列上千个品种。产品结构覆盖轻型卡车、轻客、客车底盘、皮卡、SUV等车型，是中国最大的轻型商用车生产基地。

公司持有50%股份的东风康明斯发动机有限公司，产品覆盖B、C和L系列4～9升机械式和全电控柴油机，能够满足欧洲Ⅲ号和Ⅳ号汽车排放标准以及欧美非公路用机动设备第二阶段和第三阶段排放标准，技术上与欧美市场同步，是中国目前最大的中重型动力生产基地。

公司持有51%股份的东风裕隆汽车销售有限公司为中国第一家汽车行销领域的合资公司。

公司持有51%股份的郑州日产汽车有限公司为目前中国最大的高端皮卡生产基地。公司自创立起，秉承“关怀每一个人，关爱每一部车”的企业理念，不断整合和优化研发、制造、销售的价值链，连续荣获各种荣誉。公司先后被评为国家科学技术部认定的国家火炬计划重点高新技术企业；通过了GB/T24001环境管理体系和GB/T28001职业健康安全管理体系第三方认证；被中国机械工业企业管理协会评为“机械工业企业管理先进示范企业”；被中国科学院评为“全国百家最有竞争力的企业”之一；被美国《财富》杂志旗下的贝恩公司评为中国持续盈利增长型的8家上市公司之一；被评为“中国十大诚信企业”。

3.1.2.4 上海汽车工业(集团)总公司

上海汽车工业(集团)总公司(简称“上汽集团”)是中国三大汽车集团之一，主要从事乘用车、商用车和汽车零部件的生产、销售、开发、投资及相关的汽车服务贸易和金融业务。上汽集团2006年整车销售超过134万辆，其中乘用车销售91.5万辆，商用车销售42.9万辆，位居全国汽车大集团销量第一位。2006 年，上汽集团以 143.65 亿美元的销售收入，进入《财富》杂志世界 500 强企业排名。

上汽集团坚持自主开发与对外合作并举，一方面通过加强与德国大众、美国通用等全球著名汽车公司的战略合作，形成上海通用、上海大众、上汽双龙、上汽通用五菱、上海申沃等系列产品；另一方面集成全球资源，加快技术创新，推进自主品牌建设，相继推出了荣威品牌和 750 产品，逐步形成了合资品牌和自主品牌共同发展的格局。

上汽集团除在上海当地发展外，还在柳州、烟台、沈阳、青岛、仪征等地建立了自己的生产基地；直接管理持股 51.16%的韩国双龙汽车公司，拥有韩国通用大宇 10%的股份；在美国、欧洲、香港、日本和韩国设有海外公司。上汽集团除直接经营管理汽车零部件、服务贸易等业务外，其核心的整车业务已于 2006 年 10 月注入持股 83.83%的上海汽车股份有限公司(简称“上海汽车”)。目前上海汽车已成为国内 A 股市场规模最大的汽车公司。

上汽集团的核心价值观是：满足用户需求、提高创新能力、集成全球资源、崇尚人本管理。面对中国汽车市场快速发展的机遇，上汽集团将致力于成为一家集先进制造业和现代服务业为一体的综合性产业投资和运营公司，上海汽车将努力成为一家具有核心竞争能力和国际经营能力的蓝筹汽车公司。

3.1.3　汽车产品的零售形式

汽车产品的零售形式虽然不像一般日用品那样繁多，但也可谓多样。其中整车与零配件的零售形式差别很大。

3.1.3.1　整车零售形式

汽车整车的零售大体有三种形式：

(1) 经销部销售　这是我国最普遍的一种整车销售形式。一般由用户(购买者)向汽车销售点(企业或中间商的经销网点)了解供应信息、订购和交易。

(2) 登门拜访销售　这是世界各汽车公司普遍采用的零售形式。据研究，日本的汽车销售通常都不是在汽车贸易公司(或网点)的店堂里，而是在用户家里做成的。销售商首先不是考虑做成一笔生意能赚多少，而是考虑如何方便用户买车、用车和维修保养。每一责任区的推销员与区内的居民都建立较好的关系，对本区各个家庭的收入及其变化状况、用车住处及其喜好均了如指掌，并把信息归类入档。推销员一旦发现哪个用户有购车意图，便立即有针对性地把用户想要的车型送到用户家里，向其详细介绍汽车性能及使用方法，任其挑选，并可以试开。用户对于这样周到的服务，深感满意，这种愉快的心情往往弥补了双方在价格上的差异，并愉快成交。

法国雪铁龙公司推销员，每天早晨 8：30～9：30 集中开会，汇报昨天工作，准备拜访新客户的材料，消除已售出的车号，追加新订出去的新车，以及商讨有关问题，然后，经理根据各个推销员拜访用户的情况，分配各个推销员今天开什么车出去。第二天早晨 8：30 再进公司汇报。推销员的工作是根据经理分配的用户卡来进行的，每天检查、执行，工作目标十分明确。一个推销员一般一年要销新车 180 辆，旧车 20 辆，共计 200 辆左右。

(3) 展厅销售　这是 20 世纪 80 年代外国汽车公司发明的销售汽车的方法。这种销售形式将公司的各种型号和式样的汽车摆在展厅里，顾客光临展厅犹如参观一个小型汽车展览会。如丰田公司每个周末都要租用被日本人称为“吞吐商品巨龙”的大荣公司超级市场，以进一步扩大销售能力。

3.1.3.2 汽车配件的零售形式

(1) 按产品品种数目分类　相对整车而言，汽车配件的零售形式要丰富得多。从零售店经营的产品品种数目看，有三种零售形式：

① 专业店。专业店也称专卖店。这种配件销售店专门经营某一个汽车公司或某一种车型的汽车配件，国外多数汽车公司的配件都实行专卖。专卖店一般属于汽车公司或与汽车公司具有合同关系的经销站、代理商。

② 混合店。这种配件销售店一般直接从各生产厂家或汽车公司进货，经营品种涉及各个汽车厂家各种车型的配件。

③ 超级市场。这种市场不仅规模大、品种全、价格合理、知名度高，而且还从事批发业务。这类市场的辐射力很强，往往形成以超级市场为中心的经营网络。

从零售店的经营权看，一般都是独立的，但有一类称为“连锁店”。这类汽车配件经销店一般与汽车配件主渠道——汽车配件公司连锁，由汽车配件公司对其进行规划、管理、技术指导、提供信息，并优惠供应配件。连锁店可以挂汽车配件公司牌子，但必须由汽车配件公司进货。

(2) 按集中程度分类　从零售店的集中程度看，有两种零售形式：

① 分散零售。这类汽车配件零售店一般分散在社会各个地方，某区域可能只此一家汽车配件经销店。

② 汽车配件一条街。这在我国许多城市都存在，一般位于较有影响的配件批发商附近，或在汽车贸易公司、汽车企业销售机构附近的地区。

从零售店的综合程度来看，多数零售店只是经营汽车或摩托车配件以及相关五金工业品，但也有综合性很强的大型零售店，有些类似于超级市场。这类大型店提供的服务不仅是经营各类汽车配件，还向客户提供加油、娱乐等服务。

此外，还有代购代销、快件服务、邮购、调剂余缺等多种汽车配件零售形式。

3.2 经纪人与代理商

汽车销售经纪人、代理商在我国尚不普遍，但随着我国加入 WTO，汽车市场逐步与国际市场接轨，汽车销售代理商和经纪人的行业必将会有飞速的发展。

3.2.1 经纪人与代理商

3.2.1.1 经纪人与代理商的内涵

在我国社会主义市场经济建设过程中，经纪活动和代理活动越来越多。概括地讲，经纪人活动是在市场经济条件下，介绍买卖双方进行商品交易的一种活动；代理活动是代表被代理人（法人或自然人）所从事的活动。两者都是一种中间人业务活动，是遵循市场经济规律和法制的商业性服务活动，都属于第三产业的范畴。

所以，经纪人是从事经纪活动的主体（具有民事责任能力的个人或法人），即是受买方或卖方委托撮合交易而获取佣金的中间商，在我国，俗称“掮客”。代理人是从事代理活动的主体。

经纪人、代理商的主要特征是：

(1) 受托性　经纪人和代理商所从事的活动都是接受委托人（法人或自然人）委托的活动，是一种服务性活动。当然，接受委托的方式，既可以是委托人找上门来要求经纪人或代理商接受委托，也可以是经纪人或代理商主动找委托人请求受托业务。后一种方式，在当今市场竞争日渐激烈的情况下变得更为普及。

(2) 中间性　经纪人和代理商是中间商人，他们本身并不占有商品，不具备商品生产者或者自主经销商（即商业者）的身份。

(3) 有偿性　就是说经纪活动和代理活动不是一种义务活动，经纪人和代理商是要获得报酬的，这种报酬的专业名词叫佣金。佣金是经纪人、代理商的唯一报酬来源。同时，也是经纪活动及经纪业务、代理活动及代理业繁荣的强大驱动因素。

(4) 法律关系　经纪人是民事法律关系的主体，以自己的名义从事活动；而代理商自己不是民事法律关系的主体，其代理行为不能违背委托人的意愿和授权范围，在授权范围内代理商是不承担法律责任的，代理商在商业活动中以委托人名义进行。在这一点上，经纪人与代理商是有区别的。在现实生活中，经纪人和代理商所从事的商业性活动，一般不仅仅限于经纪活动、代理活动、中介活动、咨询活动等，甚至还利用自己的资金从事买卖活动，即从事正当的买卖活动。只是在从事这类活动时，他们的身份已不再是原身份，而是变化了的角色。在这一点上，经纪人、代理商及其他的委托人都必须要认识清楚。由于在商业性活动中身份不同的人，其权利、义务及法律责任是不一样的，对此混淆不分，容易引发一些法律纠纷。

解放初期，代理商尤其是经纪人曾一度被作为投机倒把对象受到批判，被视为违法行为而遭取缔，此类活动在中国几乎绝迹。随着改革开放的深入和社会主义市场经济的发展，如今经纪人和代理商从“地下”走到了“地上”，出现在经济活动舞台上，成为一种新的专门职业。

现代经纪人和代理商在新中国出现的时间还很短，正处于发育阶段，还存在不少有待解决的问题，但经纪活动和代理活动并没有因此而停止，正在向着规范化方向发展。

3.2.1.2　经纪人和代理商的权利与义务

一般来说，经纪人或代理商与委托人签订合同后，双方的权利与义务关系就开始了，而且双方的权利与义务是相对的，即一方的权利应当是另一方的义务，一方的义务也应当是另一方的权利。一方面，权利的实现有赖于义务的履行；另一方面，权利的大小也与义务的多少相联系。因此，全面细致地规定双方的权利与义务，是经纪活动和代理活动实行法治的核心内容。

(1) 经纪人和代理商的权利　经纪人和代理商的权利通常包括：

① 有请求给付佣金的权利。经纪人或代理商按合同成功地完成经纪活动或代理活动

后，便有权要求委托人按合同规定给付佣金。

② 有请求支付开展经纪活动或代理活动必须经费的权利。经纪人或代理商在开展经纪活动或代理活动过程中，必须有一些开支，如差旅费、邮电费等，这部分开支称为经纪成本或代理成本。一般地说，这些成本的支付与经纪人或代理商活动的成功与否无关。但成本支付方式与佣金支付方式有关，如以包干形式，将佣金与成本合在一起，则委托人就没有另外给付成本的义务了。

(2) 经纪人和代理商的义务　经纪人和代理商的义务通常包括：

① 积极热情，以娴熟的服务技能勤勉地工作，在委托人授权范围内，与第三者实施法律行为，完成委托事项。

② 诚信忠实，其行为必须为善意的。包括不隐瞒和谎报实情，不另谋佣金以外的好处，不收买方行贿，不与第三方串通损害委托人的利益。

③ 保守秘密，履行委托人要求的其他合理义务。

3.2.1.3　佣金

佣金是经纪人或代理商为委托人提供经纪服务或代理服务后获得的劳动报酬，是经纪人或代理商劳动报酬的唯一来源，也是此类活动再进行和再发展的源泉。可见，佣金对经纪人或代理商来讲具有重要的意义。

现实生活中，许多人，甚至包括舆论宣传和某些经济政策，都不能够将佣金与“回扣”、“提成费”、“好处费”、“酬金”、“红包”、“馈赠”、“交际费”、“劳务费”等区别开来，常常把它们相提并论，混为一谈，这在经纪活动中表现得比较明显。其实，佣金是一种劳动报酬，正如薪水是劳动报酬一样，本不应该有争议。既然经纪人是合法的，那么其报酬自然也应是合法的，而前面列举的其他收入，虽然形式多样，但其内容均有收买或行贿的性质，都是应当禁止的。

关于佣金的计算，现实生活中大致有以下四种情况：

(1) 按百分比提成　这是一种应用最广泛的方法。采用此种方法时，佣金的多少取决于合同中约定的佣金提成率与约定的某个指标值(如成交额)两者的乘积。此外，佣金百分率有时也可以随着成交额递增而递增，或者随着成交额递减而递减。

(2) 按件或按“笔”来提取佣金　即经纪人或代理商的佣金是按每经纪或代理一件或做成一笔生意来计算，而不计算每笔生意业务量的多少。

(3) 按总额承包的方法提取佣金　委托人将商品价款同经纪人或代理商的佣金以及经纪或代理活动的成本合一起，确定一个总额承包给经纪人或代理商。

(4) 采取长期挂名按月收佣金　此方式比较适于那些时间长、业务经常化的经纪活动或代理活动。这种做法在经纪人中颇为多见。

3.2.1.4　经纪人或代理商的选择

为了保证委托给经纪人或代理商的业务能够取得尽可能大的成功，委托人首先必须认真地选择适合自己委托业务的最佳经纪人或代理商。对一般汽车企业而言，请代理商更为多见一些。

(1) 是否需要委托代理商　代理商可以对企业的销售业务带来好处，企业可从中获得一定的利益;但同时,企业又必须向代理商支付佣金。企业决定是否雇请代理商的依据就是企业通过委托代理商后所获利益必须大于支付给代理商的费用。

一般来讲,委托代理商有许多好处,如:

① 代理商一般是业务的专家,企业可以获得许多专业帮助,如了解市场特点、市场行情等。

② 代理商一般具有广泛的交往和销售渠道,可以在较广的范围内销售汽车商品,可与更多的潜在买主磋商,从而找到更多更好的买主。

因此,一般来讲,企业委托代理业务所获收益都会超过支付给代理商的佣金。但这并不是说所有的委托代理都一定会给委托人带来更多的收益。有些业务可能由委托人自己亲自处理比委托他人代理更能获利。故委托人必须对自己的业务在委托他人代理前作好成本效益分析,以确定是否真正需要代理商。若需要,一般选择长期代理为宜。

(2) 代理商的选择方法　委托人在把自己的业务委托给某一代理商之前,必须对该代理商的基本情况有一个概括的了解。选择代理商应重点从以下几个方面进行:

① 代理商的身份及其经营范围是否合法。

② 代理商的优势。不同的代理商,尽管其服务领域是相同的,但每个代理商拥有的用户群、渠道能力、当地影响力、顾客反应、经济实力、经营规模是不同的。

③ 合作态度和工作作风。合作态度与诚意是影响代理商和委托人合作好坏的重要因素。工作作风是影响代理商业务发展和企业形象的主要因素。委托人如委托了那些合作态度和工作作风差的代理商,肯定会影响到双方今后的合作。

④ 令委托人满意的业务纪录,如代理商的销售额、当地的市场占有率发展趋势等。

在进行了上述有关调查之后,委托人才能作出合理选择。选定代理商后,企业应同代理商签订合同,明确双方的权利和义务,并对代理商进行指导、管理、考核、监督和服务。

3.2.2　我国汽车产品销售代理制分析

与汽车生产需要专业化分工协作一样,汽车的销售也要走专业化协作的道路。从前面对世界各大汽车公司销售渠道的剖析,可以看出世界上许多国家都建立了汽车代理商制。不少国家还成立了汽车代理商协会。由代理商组成的销售网,成了各大汽车公司的重要销售渠道。

3.2.2.1　推行销售代理制的意义

从整车销售方面看,代理商制的优点有:

① 可实现工商分工,调动生产厂家和代理商两方面的积极性。

② 销售网点可以更多,更贴近用户,使销售活动更灵活主动。

③ 代销商一头是用户,另一头是企业销售部门或其分支机构,这样有利于减少汽车销售渠道的环节,可以降低企业的销售经营成本。

④ 工商分离,销售专业化,有利于提高销售效率,更符合市场机制的要求。

⑤ 企业可以加强对代销商的管理和控制,促使其努力工作,有利于为企业分担经营风险,这与目前一些中间商不愿分担风险相比,企业的销售局面显然要活跃得多。

3.2.2.2 推行销售代理制是必然趋势

随着改革的深化和市场机制作用的加强，以及与国际汽车市场接轨，代理制必将被用于中国汽车产品的销售。一些有经营实力、有一定规模销售网络的主渠道为将来的批发代理也奠定了基础，私人经营汽车的产生与发展，也将会为零售代理创造条件。目前，一些企业和一些汽车经销单位都已经或正在开展汽车销售的代理制实践。

我国汽车生产企业推行代理制可采用如下方式：

① 在原有渠道上，产销双方经协商签订特约经销性质的代理协议。

② 由代理商全权代理一个地区的销售业务，在市场变化中固定承担一定的销售量。

③ 由联营(销)体全权代理一个地区的销售业务。

④ 将企业的部分经销站改造成代理商等。

随着今后形势的发展，代理制的形式和内容也将不断进一步完善和丰富。

3.3 租赁与回购

汽车租赁服务是由汽车租赁公司向那些长期或短期需要用车，但又没有必要自备车的单位和个人有偿提供车辆使用权，并限期收回的一种服务方式。汽车租赁作为一种全新的消费形式，不仅可以有效地缓解汽车生产与销售之间的"瓶颈"，而且对汽车消费市场的拓展也有不可低估的功效。国外汽车租赁业的发展早已证明了这一点。资料显示，日本的汽车租赁业从20世纪60年代发展到今天，约有40%的企业选择了这种贸易方式，租赁规模以每年20%的速度递增；德国奔驰公司平均每4辆车就有1辆是用来租赁的；美国主要汽车生产企业的总产量中就有30%以上的订单来自租赁市场。

我国汽车租赁业在市场需求下，正如火如荼地展开。

1999年8月26日，全国17家租赁公司在北京召开了"汽车租赁业发展及对我国汽车工业影响的研讨会"。会议邀请了国务院发展研究中心、国家计委、国家经贸委等国家政府部门有关领导参加。参加会议的还有中国第一汽车集团等汽车厂家，此次会议主要讨论了汽车租赁业的发展、国家经济政策、汽车厂商政策等议题，参加者一致认为汽车租赁业的良好发展有利于中国汽车工业的发展，有利于中国的经济发展。

3.3.1 汽车租赁业与生产商

汽车租赁业在中国已不是什么新鲜的行业，全国已有几百家汽车租赁公司运营，而且这一行业已广泛地得到了市场的认可，得到了广大消费者的强大支持，可以说，汽车租赁业的发展空间是非常大的。在国外，人们的消费观念是能租就租，不轻易买东西。这就注定租赁业能有序地发展下去，而这个市场的发展，更需要国家的扶持及汽车厂商的鼎力相助。

自本世纪汽车租赁行业诞生以来，汽车租赁业一直与汽车生产厂商保持密切联系，在汽车租赁行业发展的各个阶段都可以看到汽车生产厂家的参与。处于国际汽车租赁行业领导地位的Hertz公司，在1908年创建之初，专门使用福特汽车公司的T型汽车，并命名为"租用福特汽车公司"。1926年，Hertz公司被美国通用汽车公司购买，后来，通用汽车公司又将 Hertz 公司出售，美国福特汽车公司和瑞典的 VOLVO 汽车公司共同拥有了一段时间。直到最后 Hertz 公司成为福特汽车公司全资子公司。由于有福特公司做后盾，Hertz 公司有能力保持一支精良的车队，其一半以上投入运营的车辆车龄都在半年之内。另一方面，Hertz 公司是全球最大的汽车购买者，其全球车队车辆的拥有量超过 50 万辆，主要由福特、马自达、尼桑及丰田汽车组成，而福特汽车公司是 Hertz 公司的最大的汽车供应商。Hertz 公司的租赁网络覆盖全球 140 多个国家的5 000多个租赁点，为租赁客户提供车辆，而这些车辆使汽车生产厂家保持着其在市场上的占有率。

在国际上，汽车生产厂商意识到汽车租赁行业存在着显著的市场效应，因此都积极地与汽车租赁公司合作，力求通过对汽车租赁市场的介入和占领，增加品牌的认知度及扩大市场占有率。以在国际汽车租赁行业中处于领导地位的另一家公司 AVIS 公司为例，有 30 家汽车生产厂商与其保持着供应关系。AVIS 欧洲公司在受季节影响车辆总数不断变化的情况下，1996 年仍购进新车近140 000辆，成为欧洲最大的汽车购买者之一。

通用汽车公司一直是 AVIS 公司最大的汽车供应商，AVIS 欧洲公司 1996 年购入车辆的 30%由通用汽车公司供应。通用汽车公司成功地保持着与 AVIS 公司全球汽车租赁网络紧密的商业关系。通用汽车公司在 20 世纪 70 年代与 AVIS 汽车租赁公司达成了一项合作广告计划，AVIS 公司在其广告中宣传推荐使用通用公司的汽车系列，通用汽车公司每年为 AVIS 公司承担预先协商的限度内的一定比例的广告费用。AVIS 公司在其全球范围内的广告宣传中使用“AVIS 公司以通用汽车作为特色车型”语句，而 AVIS 欧洲公司在其广告中也使用“AVIS 推荐 Vauxhalll 及 Opel 汽车”的短语。1997 年 2 月，通用汽车公司与 AVIS 欧洲公司签订了新的车辆购买及广告宣传协议，保证 AVIS 欧洲公司在未来的两年内，在双方议定的融资条款的基础上购进一定数量的通用汽车公司的产品，通用汽车公司以优惠的条件向 AVIS 欧洲公司提供车辆；同时，在这一段时间内，通用汽车公司将为 AVIS 欧洲公司所有使用通用汽车形象的以及推荐通用汽车品牌的广告承担 50%的费用，直至达到双方议定的累计金额为止。通用汽车公司于 1989 年成为 AVIS 欧洲公司的股东，拥有 AVIS 公司 26.5%的股权。

世界知名的汽车生产厂商都将开发占领汽车租赁市场看作他们市场战略的重点，事实已证明这一战略的正确性。汽车租赁业在中国是一个新兴的行业，目前正处在即将迅速发展成长的阶段。中国的汽车生产厂商应该抓住这一机遇，借鉴世界著名汽车生产厂商占有市场的成功模式，参与中国汽车租赁业的发展，通过租赁业的发展，提高自己产品的市场占有率。

3.3.2 国内汽车租赁业的现状

据调查显示，除个别偏远省市，汽车租赁业已遍及全国各地，已注册的公司在 400 家左右，现有租赁车辆 4 万余辆。车型主要以一汽、上汽、神龙国产中、高档轿车为主，汽车租赁行业的发展和竞争最具代表性的城市是北京。

1989 年，筹办亚运会的北京市出现了第一家汽车租赁公司，随后汽车租赁公司如雨后春笋般在北京市出现。目前，北京市注册的租赁公司就有 200 余家，正式开展租赁业务的有

80余家，投入租赁的汽车数量在9 000～10 000辆之间，从几家租赁公司的几百辆租赁车发展到全市规模只是短短的三年时间，并从北京市蔓延到全国，多地的租赁公司悄然出现并蓬勃发展。预计租赁车辆将增加到10万余辆，且仍以国产中档轿车为主力车型。

无论在全国还是北京市，汽车租赁都有巨大的发展潜力，因为汽车租赁业的兴起与发展，与社会经济发展水平紧密联系。汽车租赁行业不但成为城市必备的服务行业之一，而且是城市现代化的标志。这一行业提供的车辆与私家轿车一起发展，将成为城市交通工具的主导。

汽车租赁业的主要优势如下：

① 租赁车辆价格低廉，车型选择随意，已成为人们乐于接受的一种服务形式，给人们的工作、生活、旅游提供了便利。

② 从社会角度看，租赁车辆属于公共用车的范畴，它既缓解了现阶段汽车控购与企业单位用车之间的矛盾，提高了宝贵的国家资金的利用率，同时，也符合社会车辆总量控购制原则，在一定程度上缓解交通拥挤的状况。

③ 汽车租赁是汽车生产厂家向社会提供产品，实现使用价值便捷的途径之一，可在很大程度上带动新车销售，促进汽车产业发展。

④ 从发展的角度看，汽车租赁业的发展不仅可以带动我国新车销售，还可以推动我国二手车的经营，为旧车交易注入新的内容。

⑤ 汽车租赁的特殊作用，可以带动多种相关行业的发展。

3.3.3 国内汽车租赁业的未来发展趋势及问题

汽车租赁公司在未来的发展过程中，必然要经历四个竞争阶段：价格竞争、服务竞争、网络竞争、企业文化竞争。价格竞争是行业竞争的初级阶段，服务竞争逐渐使服务成为行业标志，我国的汽车租赁行业目前已经进入了网络竞争阶段。

网络竞争是指各地区的租赁公司走出区域性限制，在全国建立汽车租赁网络，不以一家单位的实力和经营竞争，而是以一个整体网络进行竞争，网络的建设实际就是一个资源共享的建设。这里说的资源指客源、车源、管理资源。

建立大规模的汽车租赁网络是国外企业的模式，进入网络的各租赁点可享受客户资源，可使风险降低，可解决车源供应等问题。因此，发展汽车租赁全国网络是我国汽车租赁业的未来发展趋势。

现今的汽车租赁业存在两个问题：建立相应的汽车租赁法规；建立健全行业管理规范及服务标准。

以上两点直接导致客户及租赁公司的合法权益均得不到保证。有的不法分子蓄意骗租，钻政策法律的空子，发现问题，有关部门往往不能及时立案，只能以经济纠纷查处；有的租赁公司还存在欺客宰客现象，这些现象最终都影响到租赁公司健康稳定的发展。另外，政府主管部门对汽车租赁企业上车牌照的限制问题，直接影响到租赁公司及时更新淘汰车况不良的车，也制约了租赁公司尽快上规模、上档次。

汽车租赁市场上出现大量“黑车”现象，干扰租赁公司正常经营，也使国家税收大量流失。这一现象的出现，也说明了目前租赁市场比较红火，总量上供不应求，市场容量还有较大的发展空间。

除此之外，保险法规的滞后也严重影响了租赁公司健康稳定的发展。针对租赁用车特殊的使用权与所有权分离现象，按现有保险条款，一旦出险，特别是重大伤亡事故，由于驾驶员肇事逃逸而无法理赔时，即将全部或部分责任转嫁给了租赁公司。有些实力不强的租赁公司因为一两起恶性交通事故就可能导致公司经营困难，甚至倒闭。

另外，汽车租赁用车作为厂家销售新车的一种有效途径，只有租赁车淘汰周期越短，才越有利于新车进入市场，这一方面需要汽车生产企业大力扶持，另一方面也需要政府相关税法的有力支持。

汽车租赁业需要政府的扶植，因为我国的汽车租赁刚进入发展阶段，需要对这一行业予以政策倾斜。国外财团屡次调研中国市场是希望进入这个市场。一旦有可能，他们将会以令人以难以相信的速度迅速抢占市场，影响国内汽车企业的发展。

我国汽车租赁业虽然起步时间并不长，但由于适应我国汽车市场的现状和居民的消费水平，发展的速度还是相当快的。在我国的汽车租赁业取得长足发展的同时，也不能否认在汽车租赁业不断升温的背后仍潜伏着种种危机。由于汽车租赁业缺乏有效的行业规范和行业管理，汽车租赁市场的过度膨胀和无序发展，使得汽车租赁业基本上处于一种无序竞争的状态。尤其是近年来，出于对汽车租赁市场前景看好的预期，一些不正规的汽车租赁公司以较低的价格进入租赁市场，使汽车租赁市场很快呈现出买方市场格局，对正规企业造成了很大的冲击。据权威机构统计，汽车租赁公司的平均出租率由过去的 80%以下降到目前的 60%～70%左右，部分经营不善的企业甚至已跌破了 50%。据统计，现在买一辆车加上全部手续费用大致要花 10 万元以上，随报废年限的不同要按期提取折旧；每辆车都必须缴纳4 000元以上的保险；车场是承租的，每年缴数额不菲的租金；公司经营要按时按量纳税；再加上平时的保养、维修、人员开支等等，每出租一天车，纯利仅为 2 元人民币左右。这还不包括车辆被骗租、不缴租金带来的损失。如此算来，汽车租赁盈利十分有限。上海近几年汽车租赁业的发展十分缓慢，目前仅有十几家汽车租赁公司，可租车辆不到1 700辆。天津市前几年还有 7 家较有规模的汽车租赁公司，但由于经营困难，最近已有 3 家退出了汽车租赁市场，同时还有个别公司开始大幅削减租赁车辆。广州是全国汽车租赁业起步最早的四大城市之一，自 1993 年以来，广州市注册登记的汽车租赁企业不断增加，至今已有 27 家。除个别大企业靠节假日的需求和一些长期客户的支持，出车率保持在四五成外，不少小企业的出租率低于 40%。目前汽车租赁企业各自为战的现象仍比较普遍，与当前国际上汽车租赁跨地域、网络化、集团化的规模经营还有很大的差距。同时，由于我国汽车租赁业发展较晚，在法制建设和其他配套政策等方面还相当滞后，特别是我国还未制定出一套完整的租赁法，严重影响和制约了租赁业的发展。一旦发生纠纷，法院只能从现有法规中选择不能完全符合租赁特性的条款进行调解，结果是租赁公司的合法权益得不到保障。此外，由于对用户资信情况不清楚，又没有足够的人力和手段对用户进行资信调查，租赁公司承担的风险就更大了。

在我国，汽车租赁业作为一种新生事物，它的发展不仅需要政府尽快出台相应的扶持政策，还需要冲破传统观念上的束缚，需要相关行业的密切配合和整个社会的大力支持。汽车租赁业必须走规模化经营的道路，形成高效率、跨地区的服务网络，否则就不能保证统一的服务程序和服务质量，不能有效地降低经营成本，获取最佳的经济效益。汽车租赁业不仅要得到国内汽车生产企业的支援和协作，而且还需要交通、信息、金融、保险等行业和部门的紧密合作，才能最大限度地为消费者提供高质量、全方位、立体化的连锁服务。

3.3.4 汽车回购模式

现今汽车已经不再是一种单纯的交通工具，而是提升家庭生活品质的一项必需品。而随着汽车产品的多元化，客户购买车辆时的消费理念已经有了转变。车辆"保值回购"模式作为新型的营销模式使消费者在购买车辆过程中，即可在享受市场优惠价格的同时，还可享受车辆"保值回购"方案。这种新的销售模式将客户的利益与经销商的利益结合在一起，最大限度地保证客户所购买车辆的保存价值，使客户放心使用车辆。

例如，在深圳参加"保值回购"活动的消费者，只要在 2007 年 8 月 31 日前购买天籁轿车，自购买天籁轿车之日起(以发票日期计算)，一年内深圳经销商可按该车发票价格的 80%进行回购。而目前市场上，一般新车上牌落地后价格即为 80%，一般二手车一年内的折旧率为 68%。

上海汇众曾在上海地区推出高级商务车优惠购买新政策包括：用户只需首付 8 万元人民币就可轻松购买一辆汇众伊思坦纳的商务车；在随后的两年驾乘期间，与中国工商银行上海分行合作提供零利率免息按揭还款；两年后，消费者还有回购的选择——对于两年行驶 10 万公里以内、无重大事故、车况正常的车辆，上海汇众将授权上海汽车工业销售总公司以 8 万元人民币执行保值回购。

"回购模式"引进我国汽车租赁业更是我国汽车租赁业引进国际先进租赁方式的一大尝试。所谓"租赁车辆回购"，即租赁期间由汽车供货商提供车辆的回购担保，一旦承租方违约拒付租金，由租赁公司会同供货商启动车辆回购程序，收回租赁车辆(租赁公司、承租人与汽车供货商签订买卖合同和车辆回购担保合同；租赁公司与承租人签订融资租赁合同)。

3.4 期货交易与汽车交易市场

随着我国社会主义市场经济体制的建立，我国的汽车市场优胜劣汰的竞争在加剧，汽车企业经营的风险较以前大大增加了。企业除了要正确地预测市场和运用营销组合策略外，还必须利用期货市场这一商品交易形式，转移汽车生产与经销企业的经营风险，根据商品价格走势，增加企业抵抗市场风险的能力。

3.4.1 期货交易的基本概念

3.4.1.1 期货交易的基本知识

对于商品市场上的买卖者双方而言，由于商品价格存在着波动，都面临着因价格的不利变化而遭受损失的问题，如卖出商品的卖方担心价格下跌；买进商品的买方担心价格上涨。经过长期的实践探索，产生了避免或减少交易风险的方法，即期货交易。

(1) 现货交易与期货交易的含义　自从期货交易方式诞生，商品交易就可分为现货交易和期货交易两种交易方式。现货交易，买卖双方可以任何方式，在任何地点成交，只要能确保商品交割。其特点是：出售商品，收取货款，并及时交货。进行现货交易的市场即为现货市场，它由拥有商品并准备马上交割的卖者和希望及时得到商品的买者为基本成员。如果交易是通过买卖双方谈判签约进行的，合约中规定了在未来的某个时间，在指定地点以何种价格，交易何种数量的何种商品，仍属现货交易，也可称为现货远期交易。如买卖双方希望变更交易，则必须在相互协商、双方同意后才能修改或取消合同，否则双方均应执行合同。

期货交易则迥然不同。从交易形式看，期货交易属于远期交货合同的一种交易，但买卖双方交易的只是一纸统一的"标准合同"，即"期货合约"。在"标准合同"中虽写明某一数目的商品必须在未来月份中交货，但期货交易成交后并没有真正移交商品的所有权，而且这种合同无需任何人同意，就可以自由买卖。因而，无论是否拥有某种商品，任何人都可以进行这种商品的期货交易，而现货交易却必须要拥有该种商品。专门进行期货交易的场所称为期货市场。

(2) 期货合约　期货合约是商品交易所为进行交易而制定的合同。为便于交易，期货合约都是交易所按标准化制定的，每种商品的期货合约对该商品的等级、数量、交货期、交货地点都有统一规定，只有价格是买卖时通过市场行情竞价得到的。从理论上讲，一切成交的合约均要求合约卖出(买入)者在将来某个时间(以合约载明时间为准)必须出售(买入)合约中规定数量、种类和品质的商品。但在实践中，大多数合约均在期满立即对冲而了结履约义务。真正需要履约进行现货交割的合约只占期货合约的1%～2%(国外统计数字)。

(3) 汽车商品交易所　汽车商品交易所是买卖汽车商品的场所，但汽车期货交易所买卖双方不必把汽车实物带到交易所去，交易所内买卖的只是期货合约。

商品交易所一般采用股份公司的组织形式，其机构一般由三大部分组成：理事会、会员委员会和票据交换(清算)所。理事会受政府主管部门统辖，行使制定政策、执行法规的权责。理事会下设各种职能部门，如核算调查部、统计部、报价部、研究部等各部，由总裁、副总裁领导，负责处理交易所的日常事务。

会员委员会由交易所的全体股东组成，下设仲裁、合约规范、交易厅经纪人资格、票据交换等委员会。交易所的会员(股东)与普通股份公司的股东不同，其权利不是领取股息，而是在交易所的交易大厅内为自己或为非会员单位或个人进行期货交易，这与证券(股票)交易所相同。也就是说，只有会员才能进入交易所交易大厅内从事交易活动，而非会员单位或个人只能雇请会员代理期货交易业务。接受交易所严格的审查，能按时缴纳巨额保证金和会员费的企业才能获得会员资格。

票据交换所是商品交易所的清算机构，由票据交换会员组成。其日常业务是：在每个交易日结束时，对计算机记录下来的每笔交易业务进行清算，将账目从会员保证金账户上划入或划出。关于票据交换会员各国要求不一，有的国家要求只有合乎规定的交易所会员才有资格成为票据交换会员，有的国家则不严格。

为了维护交易的公正进行，商品交易所自身不允许参与买卖和价格决定，只能为会员提供便利的交易条件(设施)，制定规章制度等，以便更好地为客户(买者或卖者)服务。对商品交易所来说，为确保交易的顺利进行，合理科学地制定规章制度是最重要的责任。商品交易所最重要的制度一般有以下三种制度：

① 保证金制度。凡要在商品交易所内买卖期货合约者，都必须取得交易所会员资格，按规定交付保证金(存款保证金)。保证金的作用既不是支付部分贷款，也与商品交易总值无关，而是一种“诺言支付”或“履约信用”，除具有防止会员或经纪人违约的作用外，同时还是票据交换所每日结算的基础。

② 无负债结算制度。这一制度就是根据每种期货在交易日的结算价格(一般按交易日最后 10 秒内的最高和最低价的平均价格计算)与每笔交易达成的成交价格之差额，每天计算出各会员的“盈亏”，“亏损”的会员必须在下一个交易日之前补交保证金(差额保证金)，从而作为“无负债”交易。这种“盈亏”并不是会员实际意义上的货币盈利或亏损，而只是表明每一会员对自己所买卖的期货合约期满后而又未对冲掉时的履约能力。由于实行了这一制度和拥有雄厚的资金，票据交易所才能成为每笔期货交易的“对方”，为每笔交易负责。如果客户希望退出期货市场，只需对冲掉手中的期货合约，提取自己的账面盈利和交付的保证金就行了。

③ 价格限额制度。各交易所对每种期货的价格涨落幅度都规定有“价限”，否则即停止交易(术语叫“停板”)。这一制度的实行，使市场在受到某种力量推动而价格狂涨或暴跌时，交易者不至于蒙受过大的经济损失。

3.4.1.2 期货市场的经济功能

期货市场之所以能够产生、存在和发展，并不是为大部分人提供“冒险乐园”，而是因为它具有转移价格风险和价格发现的经济功能。

(1) 套期保值　指利用期货合约作为将来在现货市场上买卖商品的临时替代物，对其现在拥有或将来商品的价格进行保险，即套期保值者通过在现货市场和期货市场上同时实施相反的买卖行动达到商品价格保险。套期保值者一般都是生产、经销企业或消费者，这些人的共同特点是，都面临着因商品价格的不利变动可能要蒙受损失，存在着风险。但这些人之所以参与期货交易后，能够转移价格风险，那是因为在期货市场上还存在着大量的投机者，他们参与期货交易的目的不是在于套期保值，而是相信自己可以正确地预测商品价格的未来走势，甘愿拿自己的资金冒险，依靠不断地买进卖出期货合约，希望从价格的经常变动中获取利益。他们一般不是真正的商品生产和经销者，多是“职业抄家”。投机者们有的赢、有的输，输者则承担赢者的利润和套期保值者转移风险的责任。由此可见，期市上的套期保值者和投机者犹如一对孪生兄弟，谁也离不开谁。期货市场上如果没有套期保值者，就不需要投机者来分担价格风险，期货市场也就失去了套期保值功能，甚至连其存在的基础也没有了；反之，如果没有大量的投资者，那么就无人承担价格风险。此外，套期保值者的一项大宗买卖合约常常需要众多的投机者买进和卖出。正因为如此，我们不可对投机行为嗤之以鼻。

(2) 价格发现　指期货市场上供需双方通过公开讨价还价，通过激烈竞争，使商品价格水平不断更新，并且不断地向全世界传播，从而使该商品价格成为世界价格的过程。简单地说，价格发现就是发现竞争性价格、世界性价格的过程。

期货市场之所以具有价格发现这一经济功能，就是由于它把包括商品生产经营者和投机者在内的千百万买家和卖家联系在一起，让他们根据各自的生产成本、预期利润、供需信息和价格走势的预测，公开报出他们的理想价格，并随时加以广泛传播。这样，所有的商品生产经营者就可以根据期货市场，改善管理、降低成本、提高效益，更好地安排生产或经营计划。同时期货价格也是各国国际贸易的重要价格依据，是世界市场行情研究的重要对象。

3.4.2　套期保值的类型与风险转移

期货市场的交易者对某种期货商品的价格走势总是有的看涨，有的看跌；看涨者买进期货、在期货市场上占据“多头”位置；看跌者则卖出期货、占据“空头”位置。套期保值者同样有这两种类型，例如对于某种期货商品，看跌时则卖出期货，看涨时则买入期货，在期货市场期货交易者分别占据了空头和多头位置。按他们所占据的位置不同，套期保值者就可分为多头套期保值和空头套期保值两种类型。这两类套期保值者在期货市场的操作是完全相反的。

(1) 空头套期保值　某汽车生产企业担心的价格风险是未来(如三个月后)本企业的汽车价格下跌。该企业为了避免这一价格风险便决定参与期货交易。于是该企业在期货市场上便以现行汽车价格(假设 10 万元/辆)卖出一份1 000辆(假设是未来第三个月的产量)的汽车期货合约，占据空头位置。此时该企业可以得到一笔 10 万元/辆×1 000辆＝1 亿元的收入。三个月过去后，在汽车市场上该企业生产的汽车，价格真的跌至9 万元/辆，这个企业原期货合约到期前，又以当时 9 万元的价格买进一份1 000辆汽车的期货合约，此时企业应付出 9 万元/辆×1 000辆＝9 000万元的货币。这个企业期货市场上的这一对冲行为使得他赢得了1 000万元的理论利润，但在汽车现货市场上这个企业却蒙受了经济损失，因为未来第三个月的汽车不可能在三个月前的那个月生产出来，更不可能以 10 万元/辆的价格卖出，而只能在第三个月汽车生产出来后以 9 万元/辆的价格卖出，这样第三个月内所生产的1 000辆汽车，与三个月前的汽车价格相比，便损失了(10－9)万元/辆×1 000辆＝1 000万元。该企业在期货市场所赢得的 1 千万元与在现货市场上蒙受的 1 千万元的经济损失，在理论上正好抵消，没有任何经济损失，相当于第三个月生产的汽车仍卖到了三个月前的汽车价格，从而实现了转移价格风险的初衷。

此例仅仅作为阐述空头套期保值概念之用。现实生活中参与期货交易必须有一定的费用支出，损失为零是不存在的。果真出现类似情形，期货交易只能为企业做到减轻损失之用，而且交易过程也不会像上述案例那么简单，必须履行规定程序。

(2) 多头套期保值　由于汽车生产要消耗大量金属材料(如钢铁)，企业担心未来钢材涨价造成成本上升，而企业流动资金数量以及资金占用的利息支出也不可能使企业现在就立即买进钢材囤积起来，同时也无此必要。此时，企业便可以进入期货市场上套期保值，以现行钢材价格2 500元/吨买入一份 1 万吨(假设为未来第三个月的生产需要量)的期货合约，占据多头位置，此时也支付了2 500元/吨×1 万吨＝2 500万元的货币。三个月后，假设果真上涨到3 000元/吨，企业便在当月又卖出一份当时价格同等数目的期货合约，此时获得的收入是3 000元/吨×1 万吨＝3 000万元，那么该企业在期货市场通过对冲就赢得了3 000万元－2 500万元＝500 万元的利润。但在现货市场上，企业蒙受的涨价损失为(3 000－2 500)元/吨×1 万吨＝500 万元。

这个企业通过参与期货交易，在期货市场上的 500 万盈利在理论上正好抵消现货市场上 500 万元的经济损失，从而也转移了钢材涨价的风险。

生产经销企业参与期货交易具有以下优势：可预先确定商品的成本与价格，有利于生产销售计划工作；避免或减轻价格风险，稳定企业利润，提高企业的资信地位；可降低存货成本，减少资金占用，加速资金周转；在购买和销售时机上为企业提供了更大的选择性和灵活性。

企业只要通过预算，判断价格风险损失大于利用期货市场所付费用时，就完全可以利用期货市场为企业的生产经营服务。企业希望进行价格保险的商品或物资，如果不是期货商品，则可以通过与需要价格保险商品相关联(价格波动规律相似)的期货商品的操作，同样可以达到套期保值和发现价格的双重目的。

思考题

1. 经纪人和代理商的主要特征和义务是什么？
2. 整车和汽车配件的零售形式有哪些？
3. 推行汽车销售代理制的意义是什么？
4. 简述我国汽车租赁业的发展趋势。

4 汽车营销技巧

汽车营销是一项挑战性、实践性极强的工作，汽车销售员仅凭掌握一些汽车营销的基础理论是难以在优胜劣汰的竞争市场中取得主动的。“销售有法，销无定法”。根据不同的国情和环境，掌握汽车营销的方式和方法，了解汽车营销的流程和法规，研讨一些汽车营销的案例和技巧，无疑对提高汽车营销员独立分析问题、解决问题的能力有积极的作用。

4.1 汽车营销流程

4.1.1 汽车营销流程

汽车营销这个过程不是单纯地销售汽车，而是复杂的，包含寻找客户、接近客户、了解客户需求、车辆展示、异议处理、与客户达成交易、售后服务等多项程序。汽车营销过程见图 4.1，汽车营销业务洽谈流程见图 4.2。

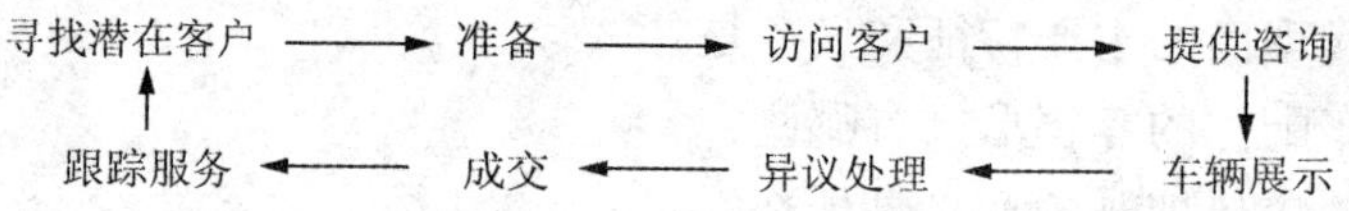

图 4.1　汽车营销过程图

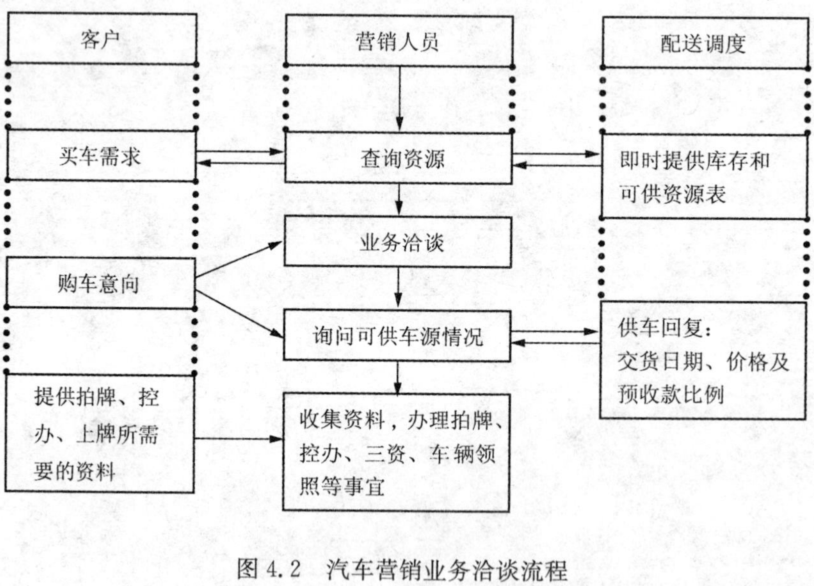

图 4.2　汽车营销业务洽谈流程

4.1.2 汽车营销人员在营销过程中的工作

汽车营销人员在汽车营销过程中的工作主要有:开拓客户;填写访问报告;接待客户;展示车辆;参加会议;解决客户的问题;签约;培养新销售人员;管理信息;与客户建立长期的友好关系。

4.2 汽车营销准备

汽车营销准备是至关重要的,汽车营销准备是否充分,直接关系到汽车营销活动的成败。一般来说,汽车营销准备主要包括三个方面:第一是汽车营销人员的自我准备;第二是汽车营销人员充分认识自己营销的产品;第三是对顾客做好应有的准备。每一位汽车营销人员都应该在营销前做好这三方面的准备工作,以便做到心中有数,稳操胜券。

4.2.1 汽车销售人员的自我准备

汽车营销人员的自我准备主要是自我心理准备、形象准备和销售工具方面的准备。

4.2.1.1 汽车销售人员的自我心理准备

从某种意义上讲,大多数的人都是天生的推销员。从每个人很小的时候起,就在不断地把自己推销给周围的人,让别人喜欢自己,接纳自己;说服别人借给自己某种东西;和别人达成某个交换物品的协议等等。我们需要推销自己的才能,推销自己是每个人都具有的才能,但真正需要我们有意识地去运用自己的这种推销才能时,许多人就会感到无所适从了。是的,有意识地推销商品与无意识地推销自己是有差距的,我们怎样才能使自己的推销才能充分发挥出来呢?

(1) 相信自己　相信自己会成功,这一点至关重要。并不是每个人都明确地认识到自己的推销能力。但它确实存在,所以要信任自己。人们最大的敌人之一就是自己,而超越自我则是成功的必要因素。推销人员尤其要正视自己,鼓起勇气面对自己的顾客。

(2) 树立目标　树立一个适当的目标,是推销员在准备期中必要的心理准备之一。没有目标,是永远不可能达到胜利的彼岸的。一位成功的推销员介绍经验时说:我的秘诀是把目标数表贴在床头,每天起床、就寝时,都把今天的完成量和明天的目标额记录下来,提醒自己朝目标奋斗。

(3) 把握原则　现代推销术与传统的推销术已有很大的差别,推销员已不再只是简单地兜售商品。一名优秀的推销员在树立了信心、明确了目标后,还应该把握住作为一名推销员应遵循的原则:

① 满足需要原则。现代的营销观念是汽车营销员要协助顾客,使他们的需要得到满足。推销员在营销过程中应做好准备去发现顾客的需要,极力避免"强迫"推销。最好的办法是利用你的推销使顾客发现自己的需要,而你的产品正好能够满足这种需要。

② 诱导原则。营销就是使根本不了解或根本不想买这种商品的顾客产生兴趣和欲望,使有了这种兴趣和欲望的顾客采取实际行动,使已经使用了该商品的顾客再次购买,当然

能够让顾客成为我们产品的义务宣传员则更是成功之举。这每一阶段的实现都需要推销员把握诱导原则,使顾客一步步跟上汽车营销的思路。

③ 照顾顾客利益原则。现代营销术与传统推销术的一个根本区别在于,传统推销带有很强的欺骗性,而现代营销则是以"诚信"为中心,从顾客利益出发考虑问题。在以市场为中心的今天,顾客已成为各企业争夺的对象,只有让顾客感到企业是真正站在消费者的角度来考虑问题,自己的利益在整个购买过程中得到了满足和保护,这样汽车营销企业才可能从顾客那里获利。

④ 保本原则。一般来说,汽车营销员在与顾客面谈时可以根据情况与时机适当调整价格,给顾客适当的折扣或优惠。这里有一个限度问题,各企业对此要求不同,但一般来说不能降到成本线以下。这就要求推销员不仅要详细了解产品的功能、特征,还应该了解产品的成本核算。

(4) 创造魅力　一位汽车营销员在营销产品之前,实际上是在自我推销。一个蓬头垢面的推销员不论他所介绍的商品多么诱人,顾客也会说:"对不起,我现在没有购买这些东西的计划。"汽车营销员的外形不一定要美丽迷人或英俊潇洒,但却一定要让人感觉舒服。那么在准备阶段你能做到的就是预备一套干净得体的服装,把任何破坏形象、惹人厌恶的东西排除,充分休息,准备以充沛的体力、最佳的精神面貌出现在顾客的面前。

语言是汽车营销员的有力武器,汽车营销员应该仔细审视自己平日的语言习惯:是否有一些令人不快的口头禅,是否容易言语过激,有没有打断别人讲话的习惯等。汽车营销员还应视自己的顾客群来选择着装,一般说来,你的顾客是西装革履的白领阶层,那么你也应着西装;而当你的顾客是机械零件的买主,那么你最好穿上工作服。日本著名推销专家二见道夫曾让推销员穿上蓝色工作服,效果很好。他的建议是基于作出购买决策的决策者在工作现场是穿蓝色工作服而非往常的西服。由此可见,避免不协调应该是着装的一个原则。

4.2.1.2　汽车营销人员的形象准备

汽车营销人员是公司和产品的代言人,在顾客心目中甚至比公司负责人更具有代表性。所以,为了给顾客留下良好的第一印象,汽车营销人员的仪容仪表非常重要。

(1) 着装原则　切记要以身体为主,服装为辅。如果让服装反客为主,汽车营销人员本身就会变得无足轻重,在顾客的印象里也只有服装而没有销售人员。正如著名的时装设计大师夏奈儿所说:"一个女人如果打扮不当,您会注意她的衣着。要是她穿得无懈可击,您就注意这个女人本身。"因此要按 T(时间)、P(场合)、O(事件)的不同,来分别穿戴不同的服装。要根据顾客来选择与他们同一档次的服装,不能过高或过低。

无论怎样着装,着装目的要清楚,就是要让顾客喜欢而不是反感。

(2) 男性汽车营销人员的衣着规范及仪表

西装:深色,如有经济能力最好能选购高档一些的西装。

衬衫:一色。白色、浅色或中色,注重领子、袖口清洁,并熨烫平整。一定要每天更换。

领带:以中色为主,不要太花或太暗,注意和衬衣或西装的反搭配协调。

长裤:选用与上衣色彩质地相衬的面料,裤长以盖住鞋面为准。

便装:中性色彩,干净整齐,无油污。

皮鞋：黑色或深色，注意和衣服的搭配。如有经济能力最好选购一双名牌皮鞋。且要把鞋面擦亮，皮鞋底边擦干净。

短袜：黑色或深色，穿时不要露出里裤。

身体：要求无异味，可适当选用好一些的男士香水，但切忌香水过于浓烈。

头发：头发要梳理整齐，不要挡住额头，更不要有头皮屑。

眼睛：检查有没有眼屎、眼袋、黑眼圈和红血丝。

嘴：不要有烟气、异味、口臭，出门前可多吃口香糖。

胡子：胡须必须刮干净，最好别留胡子。

手：不留长指甲，指甲无污泥，手心干爽洁净。

(3) 女性销售人员的衣着规范及仪表

头发：干净整洁，不留怪发，无头皮屑。

眼睛：不要有渗出的眼线、睫毛液，无眼袋、黑眼圈。

嘴唇：可以涂些口红，并且保持口气清香。

服装：西装套裙或套装，色泽以中性为好。不可穿着过于男性化或过于性感的服装，款式以简洁大方为好。

鞋子：黑色中跟淑女鞋，保持鞋面的光亮和鞋边的干净。

袜子：连裤丝袜，色泽以肉色最好。

首饰：不可太过醒目和珠光宝气，最好不要佩戴三件以上的首饰。

身体：不可有异味，选择淡雅的香水。

化妆：一定要化妆，否则是对客户的不尊敬。但以淡妆为好，不可浓妆艳抹。

4.2.1.3 汽车营销工具准备

对销售工具的准备，我们可遵循丰田公司的基本方针：推销工具不应该是别人提供的，而应是销售人员自己去创造的，这才会体现自己的独具的魅力。

(1) 汽车营销工具准备的好处　容易引起顾客的注意和兴趣；使销售说明更直观、简洁和专业；预防介绍时的遗漏；缩短拜访时间；提高效率。

(2) 汽车营销员必备的销售工具　公司介绍；汽车目录；地图；名片夹；通信录；计算器；笔记用具；最新价格表；空白“合同申请表”、“拜访记录表”等专业销售表格。

4.2.2 了解所销售的汽车产品

汽车营销员在作好了充分的心理准备之后，应该对自己所销售的汽车产品进行分析和研究。

4.2.2.1 了解产品

顾客不是商品专家，但推销员一定要成为所推销的商品的专家。了解所要销售的产品应做到如下几点：

(1) 了解所营销的汽车产品的特点与功能　事实证明，一个仅仅推销具体产品的推销员与推销产品功能的推销员的销售差别是非常大的。人们购买商品的最根本目的是为满足其某种需要，而商品正是使需要得以满足的东西。根据美国心理学家马斯洛的需要层次理论，人的需要层次分为生理需要、安全需要、社会需要、获得尊重的需要和自我实现的需要。因此，一位优秀的推销员应该能够正确地认识自己的产品，了解它最能满足顾客哪一个层次的需要。如有可能应该开发出产品的多层次性特征，以便面对顾客的各种不同需要而可以应对自如。例如，一辆小汽车不仅可以满足人们交通方便上的需要，还会成为社会地位的象征，当然一辆小汽车是否能给人们以安全感自然至关重要。那么你所推销的汽车究竟是以满足何种需要为中心的呢？根据顾客的需求是推销小型轻便的家庭用车还是大型的豪华轿车？

(2) 对所营销的汽车产品的方方面面了如指掌　对于各种汽车产品的专业数据不仅要心中有数，而且要能对答如流。这一点对于面向生产企业工作的推销员来说尤为重要，一定要让客户感觉到他面前的人不仅是一名推销员，更是一位这类产品的专家。汽车作为高档耐用品，不仅要掌握各种专业数据，而且对于产品的一些并不具体、并非显而易见的特点的了解也是至关重要的。一些感觉上的模糊可能导致顾客认识上的错误，进而导致对产品的误解。作为一名推销员一定要有能力解决顾客的任何一个疑虑。

(3) 判断商品是理性商品还是感性商品　一般说来，汽车、房屋、钢琴、空调等高档耐用品以及生产资料均为理性产品，对于这一类产品人们购买时多持谨慎态度，购买时决策前所花的时间也较长，购买时要充分考虑商品的特性、效用、价格、付款方式以及售后服务。理性商品的价格一般来说比较高，人们购买的次数也较少。而大多数日常用品如食品则为感性商品，这些商品价格比较低，人们购买的频率高，对于商品的合理性、效用性、付款方式不会过多考虑，购买前考虑所用的时间较少，有时会在冲动心理下购买。当然还有一类产品是介于其间的，我们称之为中性商品，如皮箱、手提包等价格中档、购买次数不太多的商品。

对于不同类型的商品，汽车营销员所采用的推销技巧也应是不同的。具体说来，对于汽车等理性商品，汽车营销员还应该是技术员和咨询员，你所掌握的专业数据会显示出它的威力。而对于感性商品，营销员最好是用感情来推销，这时营销员个人的魅力就显得尤为重要了。对于中性商品，可以采用一个最简单的办法，中性商品中价格较高的，可以采用偏向于理性产品的推销方法；价格较低的，不妨试试感性产品的推销法。

(4) 知道这种汽车产品所构成的形象　产品整体概念包括核心产品、有形产品和延伸产品等三个层次。核心产品是满足购买者真正的购买意图，例如购买口红的妇女决不只是买到涂嘴唇的颜色，而更多是购买一种希望；钻头使用者其实是在购买相应尺寸的孔。这些核心利益与服务通过有形产品的五个特征，即质量水平、特色、式样、品牌、包装反映出来。延伸产品则是产品设计者提供的附加服务和附加利益。推销员应善于综合把握一个多层次的产品，深入体会，力图理解产品所形成的形象。例如，计算机虽然能节省时间并且简化日常工作，但它似乎复杂且难以使用，当家用计算机树立起了“好伙伴”的形象时，它不再被拒绝了，人们接受它则意味着销量大增。可见正确把握产品，深入了解产品，最后开发出它带给顾客的最核心的利益，抽象出一种最有利的产品形象，那么这种产品将是所向披靡的。

4.2.2.2　相信所推销的产品

汽车销售员要对自己的销售才能有信心，同时还要对自己的产品有信心。由两位水平相当的教师分别给随机抽取的两组学生教授完全相同的课程。所不同的是，其中一位老师被告知他所教的学生天资聪慧、思维敏捷，如果你对他们倾注所有的关注和爱并帮助他们树立信心，他们能解决任何棘手的问题；而另一位老师则被告他的学生资质一般，所以我们只是期待一般的结果。一年后，所谓"聪明"组的学生比"一般"组学生在学习成绩上整体领先。我们可以看到造成这样结果的原因只是教师对学生的认知不同，从而期望不同。那么，如果你对自己的产品充满信心，这样你的行动一定会无形中影响到你的顾客。我们相信，你的顾客一定会像"聪明"组的学生一样表现非凡。当然，详细地了解产品是你增强信心的基础，同时充分准备资料也是增强信心的有效途径之一。准备资料的秘诀则在于让公司的死的资料经过加工整理，赋予生命，成为活生生的资料，只有活泼、新鲜、充满热情的资料才能感动顾客。往往推销员随便分发给顾客的宣传材料，顾客可能看都不看就扔进废纸篓。如果你花心思，利用自己的智慧，手工制作出宣传品，你会对它珍惜备至，而这种情绪自然会感染顾客；同时，顾客也会被你付出的心血所打动，从而愿意挤出时间来让你展示资料，倾听你的介绍。

4.3 访问客户

4.3.1 访问前的准备

4.3.1.1 熟悉企业

汽车营销员对所属企业的历史、规模、组织、人事、财务及营业政策等必须熟悉，以便能回答顾客询问的有关问题，消除顾客疑虑，使顾客对汽车企业产生信任感。

4.3.1.2 认识商品

汽车营销员对所销售汽车的构造原理、制造过程、操作方式、保养修理及交易条件必须了解，以便能够解答顾客提出的一切问题。

4.3.1.3 了解客户

了解客户情况：

客户方面接洽者的职务、权限、毕业学校、毕业时间、出生地、经历与信用程度等；该公司的资本系统，是否属于某一财团；该公司的大股东、掌实权者，有决定权与影响力的人；该公司的资本额、财务状况、信用程度；调查竞争对手与该公司的关系，知己知彼才能百战不殆。

公司均订有管理规章，在规章之中均详细载明有关人员的权限。因此，一定要知道购买决定权在谁手里。要找到有决定权的人，对症下药，才能成功。

除了有决定权的人之外，也不可忽略了有影响力的人。例如有些公司的采购必须由技术部门确认之后才下订单，在此种情形下，技术部门虽没有决定权，却有影响力。此外，像秘书、办公室主任等都是有影响力的人。

4.3.1.4 认识客户心理

客户不仅购买产品，而且购买产品所带来的利益，这是认识客户心理的第一课。即汽车营销员要时时刻刻站在客户的立场,设身处地为他们着想,找出他们困难点,并提供良好的产品去解决他们的困难,这才是专业的汽车营销员。

通常以为汽车营销员卖出商品、收回货款就算完成任务。销售与收款固然是汽车营销员的任务,但仅有这两项还不够,汽车营销员还要从事售后服务与搜集情报的工作。汽车营销员必须经常搜集的情报有:客户购买计划与购买时间;有决定权的人;竞争对手的状况;客户需要的条件;客户对本公司的看法;预算。

4.3.1.5 审视自我

在访问客户之前要审视仪表服饰是否得体、精神是否饱满,假设销售过程中存在的各种问题及处理方法,充满自信,以积极乐观的态度对待工作中的每一天。

4.3.2 激发客户的兴趣

人们总是对自己的事情最关心、最注意,对别人的事情放在次要的位置。如果营销人员无法引起准客户的注意,就无法引导、带动准客户的思考方向,也就不能激起准客户的购买欲望。要吸引客户的注意力,不局限于商品,更重要的是营销人员本人如何引起客户对拜访过程的全心注意。

引起注意、产生兴趣、产生联想、激起欲望、比较产品、下决心购买,是客户购买心理的六个阶段,引起准客户的注意是处于第一个阶段。常有五种方法可引起准客户的注意。

4.3.2.1 别出心裁的名片

别出心裁的名片能吸引准客户的注意。名片代表递出名片的人,名片若与一般人使用的大同小异,就无法传达特殊的信息引起准客户的注意。相反,若是你的名片设计独特,能传达一些特殊信息,必也能引起准客户的注意。

在一个多元化、信息化的社会,由于科技的进步,能以极低的成本,迅速制作出不同形式、图文并茂的名片。因此,可针对不同的拜访对象,设计使用不同形态的名片,以立即吸引初次见面的准客户。

4.3.2.2 请教客户的意见

请教意见是吸引准客户注意的一个很好的做法,特别是你能找出与业务相关的一些问题。当客户表达看法时,你不但能引起客户的注意,同时也了解客户的想法,另一方面你也满足了准客户被人请教的优越感。

4.3.2.3 迅速提出客户能获得的重大利益

急功近利是现代人的通性,因此,迅速地告诉准客户去购买汽车后他能立即获得哪些重大利益,是引起客户注意的一个好方法。

4.3.2.4 告诉准客户一些有用的信息

每个人对身边发生了什么事情,都非常关心、非常注意,这就是为什么新闻节目一直维持最高的收视率。因此,你可收集一些与汽车有关的业界、人物或事物等最新的信息,在拜访客户时以引起准客户的注意。

4.3.2.5 指出能协助解决准客户面临的问题

要告诉客户所能提供的其他服务，帮助他解决一些问题：客户买车会担心上牌的烦琐手续；客户的旧车需要帮助处理；客户需要对汽车进行装饰装潢，但不知道哪些品牌好。

4.3.3 把握顾客类型

在自我心理准备成熟、充分研究产品之后，还要做好对顾客的准备工作，即把握顾客类型。心理学家帮助我们将顾客从心理上划分为9种类型，熟悉了解每一类顾客的性格与心理特征，可以使我们在销售过程中因人施计。

4.3.3.1 内向型

内向型顾客生活比较封闭，对外界事物表现冷淡，与陌生人保持相当距离，对自己的小天地之中的变化异常敏感，在对待推销上他们的反应是不强烈的。说服此类顾客对汽车营销员来说难度是相当大的。这类顾客对产品挑剔，对推销员的态度、言行、举止异常敏感，他们大多讨厌推销员过分热情，因为这与他们的性格格格不人。对于这一类顾客，汽车营销员给予他们的第一印象将直接影响他们的购买决策。对这一类顾客要注意投其所好，否则会难以接近。

4.3.3.2 随和型

随和型顾客总体来看性格开朗，容易相处，内心防线较弱，对陌生人的戒备心理不如第一类顾客强。他们在面对汽车营销员时容易被说服，不令推销员难堪。这一类顾客表面上不喜欢当面拒绝别人，所以要有耐心地和他们周旋，而这也并不会引起他们的太多反感。对于性格随和的顾客，汽车营销员的幽默、风趣会起到意想不到的作用。如果他们赏识你，他们会主动帮助营销员推销产品。但这一类顾客有容易忘记自己的诺言的缺点。

4.3.3.3 刚强型

刚强型顾客性格坚毅，严肃，正直，对待工作认真，思维缜密，决策谨慎。这类顾客不喜欢推销员随意行动，因此在他们面前应守纪律，显示出严谨的工作作风，时间观念尤其要强。这一类顾客初次见面往往难以接近，如果在出访前获知某人是这一类型顾客最好经第三者介绍，这样会有利得多。

4.3.3.4 神经质型

神经质型顾客对外界事物、人物反应异常敏感，且耿耿于怀；他们对自己所作的决策容易反悔；情绪不稳定，易激动。对待这一类顾客一定要有耐心，不能急躁，同时记住要言语谨慎，一定要避免汽车营销员之间或汽车营销员与其他顾客之间私下议论，这样极易引起神经质型顾客的反感。如果在营销过程中把握住对方的情绪变动，顺其自然，并且能在合适的时机提出自己的观点，那么就会成功。

4.3.3.5 虚荣型

虚荣型顾客在与人交往时喜欢表现自己，突出自己，不喜欢听别人劝说，任性且嫉妒心较重。对待这类顾客要寻找对方熟悉并且感兴趣的话题，为他提供发表高见的机会，不要轻易反驳或打断其谈话。在整个营销过程中汽车营销员不能表现太突出，不要给对方造成对他极力劝说的印象。如果在营销过程中能使第三者开口附和他，那么他会在心情愉快的情况下作出令你满意的决策。记住不要轻易托出你的底盘。

4.3.3.6 好斗型

好斗型顾客好胜、顽固，同时对事物的判断比较专横，又喜欢将自己的想法强加于别人，征服欲强。他们有事必躬亲的习惯，尤其喜欢在细节上与人争个明白。对待这种顾客一定要做好心理准备，准备好被他步步紧逼，必要时丢点面子也许会使事情好办得多。要记住"争论的胜利者往往是谈判的失败者"，千万不可意气用事，贪图一时痛快。准备足够的数据资料、证明材料将会助你取得成功。再有就是要防止对方提出额外要求，不要给对方突破口。

4.3.3.7 顽固型

顽固型顾客多为老年顾客或者是在消费上具有特别偏好的顾客。他们往往不乐意接受新产品，不愿意轻易改变原有的消费模式与结构，对汽车营销员的态度多半不友好。汽车营销员不要试图在短时间内改变这类顾客，否则容易引起对方强烈的抵触情绪和逆反心理，还是让资料、数据来说服对方比较有把握一些。对这类顾客应该先发制人，不要给他表示拒绝的机会，因为对方一旦明确表态再让他改变就有些难度了。

4.3.3.8 怀疑型

怀疑型顾客对产品和汽车营销员的人格都会提出质疑。面对怀疑型顾客，汽车营销员的自信心显得更为重要，你一定不要受顾客的影响，一定要对产品充满信心。但不要企图以你的口才取胜，因为顾客对你所言同样持怀疑态度，这时专业数据、专家评论会对你有帮助。切记不要轻易在价格上让步，因为你的让步也许会使对方对你的产品产生疑虑，从而使交易破裂。建立起顾客对你的信任至关重要，端庄严肃的外表与谨慎的态度会有助于成功。

4.3.3.9 沉默型

沉默型顾客在整个销售过程中表现消极，对推销冷淡。顾客陷入沉默的原因是多方面的。销售员可以提出一些简单的问题刺激顾客的谈话欲。顾客对面前的产品缺乏专业知识并且兴趣不高，销售员一定要避免提出技术性问题来讨论，而应该就其功能进行解说，打破沉默。顾客由于考虑问题过多而陷入沉默，这时不妨给对方一定的时间去思考，然后提一些诱导性的问题试着让对方将疑虑讲出来供大家讨论。顾客由于讨厌销售员而沉默，销售员这时最好反省一下自己，找出问题的根源，如能当时解决则迅速调整；如果问题不易解决则先告退，以备再访成功。

以上是对顾客的总体分析，以及对待每一类顾客的一些简单的原则和态度，在汽车营销过程中还需要灵活对待，切记不可教条化。一位顾客也许是几类的综合，也许是介于两类之间，这时汽车营销员的判断力与机智就将要受到考验。

4.4 提供咨询

4.4.1 客户的需求

人们购买汽车是因为有需求，提供咨询的目的就是了解客户需求。因此销售员如何掌握住这种需求，使需求明确化，是最重要的，也是最困难的一件事。

4.4.2 询问

挖掘客户需要最有效的方式就是询问。汽车营销员通过询问可以获得一些信息，包括顾客是否了解你的谈话内容，顾客对你的公司和你销售的产品有什么意见和要求，以及顾客是否有购买欲望。

怎样询问，才能获得最多、最准确的信息呢？这需要把握询问的技巧和方法。

汽车营销员在汽车销售过程中常用的询问方法有以下几种：

4.4.2.1 开放式问法

开放式问法是指发问者提出一个问题后，回答者围绕这个问题告诉发问者许多信息，不能简单地以“是”或者“不是”来回答发问者的问题。

汽车营销员要想从顾客那里获得较多的信息，就需要采取开放式问法，使顾客对你的问题有所思考，然后告诉你相关的信息。例如，销售员可以询问顾客“你从事什么行业”、“你以前开什么车”、“你什么时候要用车”，以开放式问法询问顾客并且耐心地等待，在顾客说话之前不要插嘴，或者说出鼓励顾客的语言，使顾客大胆地告诉你有关信息，收效会很好。

顾客对于开放式问法也是乐于接受的。他们能认真思考你的问题，告诉你一些有价值的信息，甚至顾客还会对你的销售工作提出一些建议，这将有利于你更好地进行销售工作。

4.4.2.2 封闭式问法

封闭式问法是指回答者回答“是”或者“不是”，就能使发问者了解回答者的看法。

汽车营销员以封闭式问法可以控制谈话的主动权。如果提出的问题都使顾客以“是”或者“否”来回答，就可以控制谈话的主题，将主题转移到与销售产品有关的范围里，而不至于把话题扯远。同时销售员为了节约时间，使顾客做出简短而直截了当的回答，也可以采用封闭式问法。

一般说来，销售员在进行推销工作时，不宜采用封闭式问法。采用封闭式问法的销售员虽然掌握了谈话的主动权，但是并不了解顾客是否对你谈话的主题感兴趣，因而也不可能从顾客那里得到太多的信息。如果你确实已经了解顾客的需要以及他的兴趣，那么就可能采用封闭式的问法获得直截了当的答案，提高推销效率。

4.4.3 积极地聆听

通常，人们误以为只有在讲话的时候才会有积极的沟通，而聆听则是消极的。然而，如果沟通是一个双向的过程，那么聆听应当是其中的一个积极的组成部分。

积极地聆听就是聆听者有责任地获得对说话者想要传达信息的完备和正确的理解。如果接受者希望有效的沟通，积极地聆听应该是他的目标。因为这是唯一促进良好沟通的听的形式，他试图理解全面的信息，而不仅仅是正在讲的这些。

为什么人们没能做到更好地聆听？首先，听是一项很难的工作。研究表明，当一个人积极地聆听时，他的新陈代谢过程会有轻度加快，体温会轻度上升，瞳孔轻微放大。这说明真正的听绝不是消极的。一个真正听的人对正在传递的信息给予密切关注，并且向讲话者表示他或她正在关注当前的谈话。

通常人们利用不说话的时间“休息”或只是假装他们在听。他们会看着别人，点头，甚至会发出一些他们听懂了的暗示语，但实际上他们的思维却在考虑下面说的话，想别的问题，或者正在走神。积极地聆听意味着集中注意力，而这是一项很难的工作。

汽车营销员未能很好地聆听的第二个原因——当他们不说话时会感到不舒服。他们通常借口说他们不想“失去对谈话的控制”，他们需要向买主提供尽可能多的信息。他们经常感到如果不讲话就不是在销售。

销售人员未能好好聆听的第三个原因，是因为他们对自己的信息比对目标客户要说的话更感兴趣。这一现象称为“说话紧张状态”。每个人都有一种表达自己想说什么的愿望，这一愿望干扰了我们听的能力。

积极地聆听是给销售人员带来变化的一种重要方式。销售员工作的很大一部分，是改变顾客对产品的观念或发现如何能更好地为顾客提供服务，公司的产品或服务需要作哪些变化，这些都需要积极地聆听。

4.4.3.1　积极地聆听有三原则

(1) 站在对方的立场仔细地聆听　每个人都有自己的立场及价值观，因此必须站在对方的立场仔细地聆听他所说的每一句话，不要用自己的价值观去指责或评判对方的想法，要与对方保持共同理解的态度。

(2) 要确认自己所理解的是否就是对方所说的　你必须重点复述对方所讲过的内容，以确认自己所理解的意思和对方一致，如“你刚才所讲的意思是不是指……”、“我不知道我听得对不对，你的意思是……”。

(3) 要以诚恳、专注的态度聆听对方的话语　汽车营销员聆听客户谈话时，最常出现的情况是他只摆出聆听客户谈话的样子，内心却迫不及待地等待机会，想要讲他自己的话，完全将“聆听”这个重要的武器舍弃不用。你听不出客户的意图、听不出客户的期望，你的营销有如失去方向的箭。

4.4.3.2　聆听的技巧

汽车营销员面对客户进行谈话时，如何才能积极地聆听呢？这就要掌握聆听的技巧。

(1) 适时确认顾客的想法　站在客户的立场专注聆听客户的需求、目标，适时地向客户确认你了解的就是他想表达的，这种诚挚专注的态度能激发客户讲出他更多内心的想法。

(2) 让客户把话说完，并记下重点　记住你是来满足客户需求的，你是来带给客户利益的，让你的客户充分表达他的意愿以后，你才能正确地满足他的需求，就如医生要听了病人述说自己的病情后，才开始诊断。

(3) 秉持客观、开阔的胸怀　不要心存偏见,只听自己想听的,或以自己的价值观判断客户的想法。

(4) 对客户所说的话,不要采取防卫的态度　当客户所说的事情,可能对你的推销造成不利时,不要立刻驳斥,你可先请客户针对事情做更详细的解释。例如,客户说"你公司的上牌服务太慢",你可请客户详细地说明是什么事情让他有种想法,如果客户证据确凿,应向客户致歉,并答应他了解此事的原委。记住,在还没有听完客户的想法前,不要和客户讨论或争辩一些细节的问题。

(5) 了解客户真正的想法　客户有客户的立场,他也许不会把真正的想法告诉你,用借口来搪塞,或为了达到别的目的而声东击西,或另有隐情,不便言明,因此必须尽可能听出客户真正的想法。

掌握客户内心真正的想法,不是一件容易的事情,最好在与客户谈话时,带着下列的问题聆听:

客户说的是什么?它代表什么意思?他说的是一件事实?还是一个意见?他为什么要这样说?他说的我能相信吗?他这样说的目的是什么?从他的谈话中,我能知道他的需求是什么吗?

4.5 车辆展示

4.5.1 车辆展示的目的

展示车辆的目的是为了让消费者更详细地了解产品,相信产品的性能及其所带来的利益能满足顾客的需求。

4.5.2 汽车环绕介绍

环绕产品对汽车的六个部位进行介绍(见图 4.3),有助于汽车营销员有条理地记住汽

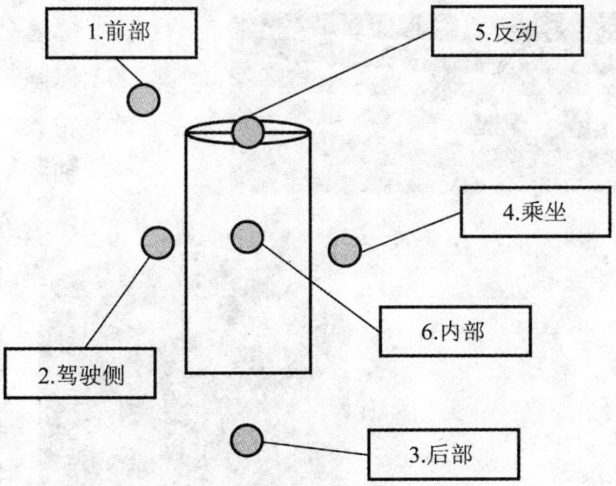

图 4.3　六方位环绕介绍

车介绍的具体内容，并且更容易向潜在客户介绍最主要的汽车特征和优点。在进行环绕介绍时，销售人员应确定客户的主要需求，并针对这些需要进行讲解。

以大众帕萨特为例，六方位环绕介绍如下：

图 4.4　车辆外形

4.5.2.1　前部

(1) 车外形　大众全新一代 U 型前脸，车头线条动感流畅；前大灯采用最新的双圆造型，简洁醒目；2.8 车型前散热隔栅左下角处新增加 V6 标志；保险杠下部进气隔栅改为横条状（原网状）。

(2) 风阻系数

(3) 大灯　双氙气前车灯。前灯还包括了随速动态转向灯和静态转向灯以保证前方道路有最佳亮度。HID 灯是采用高压电流激活氙气，形成一束电弧光，在两电极之间持续放电发光。它仅需 35W 电流。激活氙气形成电弧光，需要把 12V 的电压瞬间增到 23 000V，这就需要一组启动器和变压器相配合，自然价格要贵一些；但它不用钨丝，没有被氧化和烧断的顾虑，其寿命是普通灯泡的 5 倍。HID 灯的色温在 4 000～6 000K，光色白里透蓝，亮度远远高于普通灯泡。

图 4.5　车辆大灯

(4) 车身尺寸　新帕萨特的车身尺码有所放大，新车在长、宽、高等方面分别增加了 62、74、10mm，成为 4 720×1 820×1 470mm，轴距也增加 10mm 而为 2 710mm；不过，虽然车身尺码增加，但是由于造型的关系，C 柱显得较为低斜，而车身刚性强度亦比前代车型增加 57% 之多。

图 4.6　车辆标志

(5) 标志（详见图 4.6）

(6) 保险杠

(7) 轮毂

(8) 轴距后视镜

(9) 制造工艺

(10)车身颜色

4.5.2.2　驾驶座侧

(1) 方向盘

(2) 电动窗

(3) 中控门锁

图 4.7　车辆方向盘和操控按钮

(4) 安全带

(5) 座椅

(6)仪表盘

4.5.2.3 后方

(1) 天线

(2) 刹车灯

(3) 尾灯

(4) 行李厢

图 4.8 车辆尾灯和行李厢

图 4.9 车辆轮胎和刹车系统

4.5.2.4 乘客侧

(1) 车身结构

(2) 车身材质

(3) 车门

(4) 刹车系统

(5) 悬挂系统

(6) 轮胎

(7) 油箱

4.5.2.5 发动机室

(1) 排量、形式、结构

① 汽油发动机。入门级四汽缸 FSI 发动机，输出功率达到 85kW、110kW 或 147kW。另外一款 3.2 升 V6 FSI 发动机的最大输出达到 184kW/250PS。

② 柴油发动机。输出功率达到 77kw/105PS、103kW/140PS 或 125kW/170PS。微粒过滤装置将逐渐引入柴油发动机车型。

图 4.10 车辆发动机

(2) 变速箱

(3) 发动机底座

(4) 碰撞吸能区

(5) 前保险杠

(6) 发动机管理系统

(7) ABS

4.5.2.6 汽车内部

(1) 空调 车内双区自动温度控制系统，前座和后座乘客可分别利用分区空调对车内温度进行调节，同时新款帕萨特还有显示车外温度的功能。

(2) 内饰

(3) 音响 HIFI 音响专家为新款帕萨特提供了 600W 的高档音响系统。十声道扬声器给驾乘者提供了出众的音响享受。

(4) 内后视镜

(5) 头枕　新增后排中间座椅头枕。

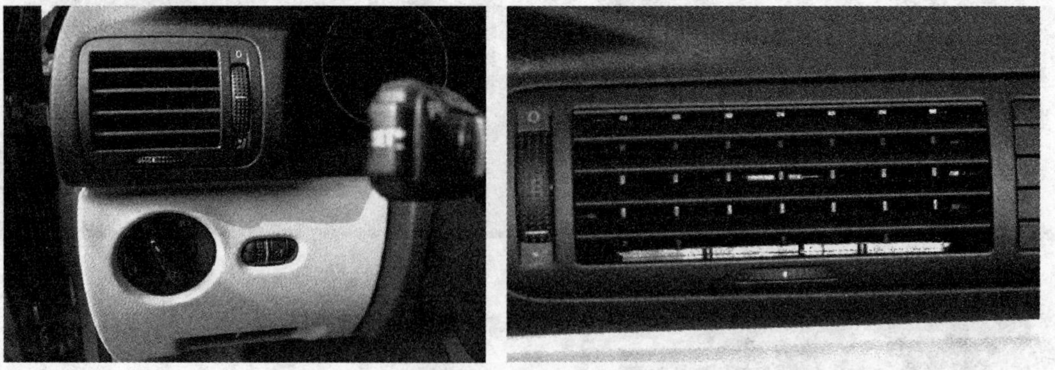

图 4.11　车辆空调

4.5.3　特征利益法

结合出色的环绕介绍来展示车辆是营销过程中的一个重要环节。研究表明对客户进行环绕介绍会带来更多的销售量。良好的环绕介绍应集中提出汽车产品的关键特征及其功能和利益。例如：

特征:6 向可调驾驶座椅。

功能:可前后、上下调节,倾斜至可躺式驾驶座椅。

利益:可调节到自己的舒适位置,使长途驾驶更舒适。

4.5.4　客户的购买动机

4.5.4.1　质量

买新车的初始投资是很高的,所以,客户趋向于选择他们认为使用寿命长、性能可靠、质量好的车,也就是维修要求最低、故障少的车。

4.5.4.2　价格

客户对价格的期望与质量直接相关。人们一般认为,产品质量好,值得多花一些钱,另外,维修间隔时间和维修成本、备件成本以及再次出售时的价值也是考虑因素中较为重要的。

4.5.4.3　舒适性和造型

空调、音响、宽敞的空间、座椅宽度和坐垫都属于车子舒适性的范围。现代化车身、流线型造型以及新颖的外观也是客户考虑较多的因素。

4.5.4.4　安全

一辆具有优秀的制动系统、耐久性好、操作可靠的汽车,对使用客户提供安全保障,同时对潜在客户也具有较大的吸引力。

4.5.4.5　售后服务和零部件供应

客户购买的不仅是新车,而且他们还要知道如何得到售后服务和零部件。售后服务和部件供应是否及时和成本高低对于客户尤其重要。

4.6 顾客异议处理

顾客在销售人员介绍产品过程中，或在要他们订购时，几乎都会表现出抵触情绪。这些抵触有些是心理上的，有些是逻辑上的原因。心理抵触包括：对外来干预的抵制；喜欢自己已经养成的习惯；生性对事物漠不关心；不愿意放弃某些东西；对别人不愉快的联想；反对让别人摆布的倾向；预定的构想；不喜欢作决定。出于逻辑原因的抵触可能包括对价格、交货期，或是对某些产品或某个公司的抵制。要应付这些抵触情绪，销售人员应采取积极的方法，请顾客说明他反对的理由，设法找出隐瞒的反对原因，使拒绝成为提供信息的机会，将对方的异议转变成购买的理由。因此，正确对待和妥善处理顾客异议，是销售人员必备的基本功。

4.6.1 顾客异议的概念

所谓顾客异议，是顾客对汽车营销员或其营销活动所做出的一种在形式上表现为怀疑或否定或反对意见的一种反应。简单地说，被顾客用来作为拒绝购买理由的意见、问题、看法就是顾客异议。

对顾客异议应该怎么看？是欢迎还是反感，是积极对待还是消极回避，这是每个销售人员都必须作出的选择。

4.6.2 产生异议的原因

客户提出异议，主要有以下原因：

4.6.2.1 习惯

大部分人在面对汽车营销员时，总会存有抗拒心理，他们把销售员当成对手，想尽各种办法来推托拒绝，久而久之，成了一种习惯。当每一个新的汽车营销员出现在他面前时，他很习惯地立刻把自己武装起来，并且很快地提出异议。对销售员来说，只要应付得当，客户的这种习惯并不构成任何威胁。

4.6.2.2 排斥汽车营销员

客户如果不愿意接纳特定的汽车营销员或他所代表的企业，他就会用异议来让对方打退堂鼓。不过，有些时候，他们排斥汽车营销员是因为他没有时间、没有兴趣或是情绪不好，甚至只是单纯地讨厌眼前的这名销售员。

4.6.2.3 需要更多资料

一个客户提出异议，是为了得到更多保证或是对现在的情况并不十分了解。

其实，他心中差不多已经决定要买你的产品，他提出异议，只是希望你能提出更多资料，证明他这样做是正确的。

客户心里常会有两种以上不同的意见在起冲突。当他们内心在交战，不知该买或是不该买，甚至不知是该买哪一种时，销售员就要帮他解决，提出更多资料或证明，引导他作出一项正确的决定。

4.6.2.4 没有充分了解产品的利益

这是客户有异议的主要原因。一旦客户了解产品能给他带来的利益，他就没有理由提出异议了。销售人员应该了解，在大部分情况下，产品并不在客户的需要清单上，如果他买了你的产品，他就没办法买清单上的其他产品。这就是说，他为了买你的产品，必须牺牲购买其他品牌汽车，因此，他一定要确定你的产品的利益能补偿他的牺牲，他才会购买你的产品。

4.6.2.5 经济因素

购买能力是交易行为中一个重要的因素，如果客户没有经济能力购买你推销的产品，他就会提出许多异议。

销售人员在进行推销前，最好先调查清楚客户的经济情况，判断他的能力是否足以购买你推销的产品，以免浪费时间和口舌。

如果在谈话过程中，销售人员发现客户因为经济原因而故意提出一些异议，就要赶紧设法结束推销，安排时间去做其他更有价值的事。

4.6.2.6 客户根本不需要的产品和服务

如果客户根本不需要你的产品和服务，销售人员就是说破了嘴，跑断了腿也没用。

4.6.3 异议的种类

4.6.3.1 对价格的异议

"这辆车价格太贵了……"，"这种价格，我负担不起……"，"你们有价格低一点的汽车吗……"。

对价格有异议，是所有异议中最常见的一种，汽车营销员如果无法处理这种异议，十之八九，他的推销工作都要遭到失败。

4.6.3.2 对产品的异议

"听说这车很耗油……"，"我不喜欢这车的外形……"，"发动机不是原装进口的……"。

这也是常见的一种异议。汽车营销员一定要先对产品有充分认识，然后才能用"性价比"等适当的、有利的理由消除客户的异议。

4.6.3.3 对服务的异议

顾客常抱怨提车方式和时间不能跟他们配合，也常抱怨定期保养工作不够理想，这些都是他们对公司提供的服务不满意。

汽车营销员如果能了解公司的政策和售后服务程序，就能以恰当的方式取得顾客的谅解。

4.6.3.4 对公司的异议

客户的异议有时不只是针对产品，他们对公司的财务情况和经营方式，有时也会提出异议，因此，销售员要推销的，往往不只是产品，还要推销汽车制造商和销售商良好的口碑和信誉等。

4.6.3.5 对订购时间的异议

有些客户会说:"我还要仔细想想……"或"下个星期再作决定吧!"

他们不肯立刻采取行动或用拖延的方式,无非是要拒绝你的销售。他们不买的真正理由可能是价钱、产品或是其他问题。遇到这种客户,销售员要找出真正的原因,只要还未到绝望的程度,就不要放松和放弃。如果他想改时间再谈,你就要当场约定下次见面的时间,千万不要等到他要作决定时再谈。

4.6.3.6 对销售员个人的异议

有些客户不肯达成交易,只是对销售员个人有异议,他不喜欢这个销售员的推销方式等,不愿意让销售员接近,同时也排斥销售员带来的构想和建议。

为了不惹人厌,销售员一定要穿着整洁,善于察言观色,还要设法让客户觉得你是诚心诚意想帮他的忙,尤其重要的是不能欺骗客户,你如果让他上一次当,他就永远不会再相信你。

4.6.3.7 因为竞争者而产生的异议

一些客户常常会说:"我们现在对某品牌的汽车非常满意。"对许多有经验的销售员来说,有竞争对手并不是一个严重的问题,只要你能向客户证明你的东西比别人的东西更好(或不比别人差),你的服务却远远好于别人,你的对手就会被你击败。

4.6.3.8 因为不需要而产生异议

有些客户会说:"我根本不需要……""我觉得坐地铁更方便……"

对于这样的客户,也应该以热情的态度表示理解,欢迎以后光临。

4.6.4 正确认识顾客的异议

要处理好顾客异议,首先汽车营销员要对异议有正确的看法与态度。有了正确的态度,才有处理好顾客异议的技巧。

4.6.4.1 异议是顾客的必然反应

汽车营销员与顾客各是一个利益主体,当顾客用自己的利益选择标准去衡量销售人员的推销意向时,必然会产生赞同或否定的反应。一些成功的汽车营销人员甚至认为,顾客提出异议,正是推销洽谈的目的与追求的效果。因为,只有当顾客开口说话,提出意见与反对购买的理由时,汽车营销员才有可能了解异议。因此,汽车营销人员不能以为顾客一提反对意见,就是对自己所营销的产品或服务不感兴趣,害怕顾客提反对意见;相反,应对顾客提出的反对意见表示欢迎,并把顾客所提的反对意见作为检验自己、自己企业和所推销的产品的一个参考依据。

4.6.4.2 顾客异议既是营销的障碍,也是成交的前奏与信号

顾客对汽车营销人员与销售产品等提出异议,当然是为进一步营销设立了障碍。但是,如果没有这些障碍的出现,汽车营销人员始终只能唱独角戏。顾客一旦发表了异议,销售便进入了双向沟通阶段。因为顾客提出的异议可能是在告诉你,我对你的产品或服务已经发生了兴趣,但我还需要更进一步地了解商品的功能与价值,才能作出最后的决定。销

售人员可以抓住这个机会，进行更详细的说明，把产品的功能、特征及商品的使用价值解释得更清楚。所以说，顾客提出异议是表明销售已向成交跨进了一步，使销售有了进一步发展的基础。因此，销售人员既要看到顾客的异议为销售工作提出了障碍，亦应看到解决顾客异议就可成交的前景。

4.6.4.3　认真分析顾客异议

顾客异议是多种多样的，不同的顾客会有不同的异议。对同一内容的异议又会有不同的异议根源。因此，汽车营销人员必须仔细深入和善于观察判断顾客的言谈举止，洞察顾客的动作表情，把握顾客的心理活动状态，正确理解顾客异议的内容，区别与判断不同的异议根源才能有的放矢地处理好顾客异议。

总之，在销售过程中，顾客异议是汽车营销人员经常遇到的，只有正确地认识，妥善地处理，才能有效地促成交易。顾客异议是一种自然现象，汽车营销人员要做的工作，就是充分利用顾客提出异议这一契机，及时给顾客以满意的答复，策略地使顾客加深对产品的认识，改变顾客原来的看法。

4.6.5　处理异议的态度

异议不能限制或阻止，而只能设法去加以引导和控制。在处理异议时应注意以下几点：

4.6.5.1　情绪轻松，不可紧张

汽车营销员要认识到异议是必然存在的，在心理上不能有异常的反应，听到顾客提出异议后，应保持冷静，不可动怒，而必须继续以笑脸相迎，并了解反对意见的内容或要点及重点。一般可先用下列语句作为开场白："我很高兴你能提出此意见"；"你的意见非常合理"；"你的观察很敏锐" 等。当然，要轻松地应付异议，必须对商品、公司政策、市场及竞争者都要有深刻的认识，这些是控制异议的必备条件。

4.6.5.2　认真倾听、真诚欢迎

汽车营销员在听到顾客所提出的异议后，应表示对顾客的意见真诚欢迎，并聚精会神地倾听，千万不可加以阻挠。另外，汽车营销员必须承认顾客的意见，以示尊重。那么，当你提出解决异议的提议时，准顾客自然也较易接纳你的提议。

4.6.5.3　重述问题，证明了解

汽车营销员要向准顾客重述其所提出的反对意见，表示已了解。必要时可询问准顾客，其重述是否完整，并选择反对意见中的若干部分予以诚恳的赞同。

4.6.5.4　审慎回答，保持友善

汽车营销员对准顾客所提的异议，必须审慎回答。一般情况下，应以沉着、坦白及真诚的态度将有关事实、数据、资料、证明，以口述或书面方式送交准顾客。措辞必须恰当，语调必须温和，并在和谐友好的气氛下进行洽商，以解决问题。假如不能解答，也不可乱说。

4.6.5.5　尊重顾客，圆滑应付

汽车营销员切记不可忽略或轻视准顾客的异议，以避免准顾客的不满或怀疑，使交易

谈判无法继续下去。汽车营销员也不可赤裸裸地直接反驳准顾客。如果粗鲁地反对其意见，甚至指出其愚昧无知，则你与准顾客之间的关系将永远无法弥补。

4.6.5.6 准备撤退，保留后路

顾客的异议不是轻而易举就能解决的。不过，汽车营销员与他面谈时所采取的方法，对于你与他将来的关系都有很大的影响。如果根据洽谈的结果，认为一时不能成交，那就应设法使日后重新洽谈的大门敞开，以期再有机会去讨论这些分歧。因此，要时时做好遭遇挫折的准备。如果你最后还想得到“胜利”的话，那么在这个时候便应“光荣地撤退”。

4.6.6 处理“异议”的八项步骤

4.6.6.1 注意与关怀

顾客在发表他的意见时，要注意倾听，并且不要打断他的话。同时，要仔细听完他的全部意见，不要妄下断言，否则，你的顾客会认为既然你不了解他，那就不必再谈其他的了。请注意，在倾听对方谈话时，要表现出你了解并重视他观点的样子，即使他的“异议”是荒谬无知的，让他觉得你诚恳、关怀、热心或友善。

让对方感觉你的体贴，是销售工作中重要的一环。你在倾听对方的“异议”后，不妨告诉他：“你的意见的确与众不同，我确实了解你的感受。”“大部分人刚一开始都会有这种感觉，当然了，我想你一定想知道更多有关这种产品的一切，是不是?”关怀并不是同情，你一定要把握尺度，才能克服“异议”。

4.6.6.2 评估“异议”

汽车营销员在倾听对方述说他的“异议”时，要立即在心中作一番评估并且想好以什么态度以及何种方式来处理对方的“异议”。对方的“异议”说得越多越详细，你就越知道该怎么处理这些“异议”；同时，你对“异议”的评估越正确，你就越能肯定自己该采取什么样的态度。

如果你在评估对方的“异议”时，发现他只是在拖时间、找借口或是习惯性的抱怨，那你只需要点头，然后开始告诉对方本公司产品的优点以及可能为他带来的利益。

4.6.6.3 点头效益

对方在述说他的“异议”时，如果这些“异议”并没有实质内容，你大可不必浪费时间去跟他争论。因为唇枪舌剑的结果，不但于事无补，反而可能把对方惹火了。

对付这类“异议”最聪明的办法，就是先点头或是用简单的“我懂”、“很好”或“我了解”来赢得他的信任，然后再把他不知道或是没有提到的优点告诉他，让他对你推介的产品印象整个改变。

顾客述说他的“异议”，就是告诉你“到现在为止，你还没有把我想要的利益卖给我”。如果你明白了这一点，那么，对那些无关紧要的“异议”，你只需点头而不必多辩，你真正该做的就是“满足他的需要，把产品的利益卖给他”；换言之，就是要告诉对方他所不知道的产品的真正好处。

4.6.6.4 将“异议”转换成问话

顾客的“异议”，代表了他的观点、意见和臆断，他既然述说了他的“异议”，很自然地，一

定会为他的“异议”辩护。汽车营销人员的任务，是消除顾客的“异议”。

例如，当客户说“这款车，价钱太贵了”时，你不要直来直往回答“不贵，不贵”，因为这种答案是任何人都听不进去的。因此，如何顺着他的话把他的“异议”，转换成一种问话式的答辩，是销售人员应该注意到的技巧。你如果技巧地改成问话式的答案，效果就好多了。你可以说：“我明白，您的意思是担心我们产品的品质不够好，售后服务是不是完善，对吗?”这种把“异议”转换成问话的方式，有几点好处：

① 改变敌对的立场。让对方觉得，你是能替他设想的“参谋”而不是“敌人”。

② 博取对方的好感。你让对方觉得你了解他的感觉，重视他的意见，因而产生了“与我心有戚戚焉”的感觉。

③ 把对方嫌汽车价钱太贵的简单意念，变成对“花钱的价值”的探讨。

④ 技巧地把价钱问题，转成“品质”和“服务”的问题。如果顾客认为你说得有道理，那么，他就不会再把重点放在价格上了。

⑤ 在问话中，强调汽车产品的好处能满足对方的需要，可以使原来有“异议”的对方，接受你的建议，成为你真正的顾客。

4.6.6.5 答案清晰有力，并具说服力

当你把顾客的“异议”转换成问话后，你还得给这个问话一个清晰有力的答案，满足对方的需要，让对方确信购买公司产品是一种正确的决定，否则，顾客的“异议”还是一项无法解决的问题。

当顾客的某些“异议”变成“同意”后，你还要考虑到对方是否还有其他“异议”，怎么样才能知道顾客还有没有“异议”?

最简单、最直接的方法就是请他签订单。

如果他签了订单，你的推销工作便成功了。

如果他不肯签，你就要再接再厉，问出原因，了解他的其他“异议”，然后再照着前面的方法，克服“异议”。

签订单来了解顾客的“异议”是一种有效的方法，不要担心这样做会使你失去一位可能的顾客，不去追根究底才真的会失去顾客。如果对方的“异议”都已经消除，而他仍犹豫不决，不知道要不要订购本公司产品时，你不妨以别人为例(当然，这个“别人”，最好是对方认识并尊重的)。例如，你可以说：“牛津公司张经理，最早的感觉和看法也跟你一样，不过，他后来还是改变主意，订购了本公司的产品。”这样的说法，让对方觉得：第一，他并不是唯一先有“异议”，后来转成“同意”的人；第二，他所尊重的人也都买了，那他就更应该买了。

适当地运用“第三者的例子”，对销售工作有很大的帮助，不过，用这个方法时，要注意下列几点：

① 这个第三者，确实是对方所尊重的。

② 你所述说的第三者的经历是确有其事而不是凭空捏造的。

③ 让对方觉得，如果他不像他尊崇的第三者那样改变看法，别人知道后，可能会笑他。

4.6.6.6 问明对方是否满意你的答案

当你觉得你已经给对方清晰而强有力的答案后，你还要问明对方是否满意你的答案。

如果他说“不满意”，那表示你还有某些地方做得不够好，必须再努力。如果他的答案是“满意”，那表示你的做法正确，努力也没有白费，这个时候，你就应该采取进一步行动。

4.6.6.7 采取进一步行动

当顾客对汽车营销员的答复表示满意时，汽车营销员就要抓住机会，采取进一步行动，请他购买本公司产品。

4.6.7 处理异议的策略

4.6.7.1 转折处理法

这种方法是汽车营销工作的常用方法。汽车营销员根据有关事实和理由来间接否定顾客的意见。应用这种方法是首先承认顾客的看法有一定道理，也就是向顾客做出一定让步才讲出自己的看法，一旦使用不当可能会使顾客提出更多的意见。在使用过程中要尽量少用“但是”一词，而实际谈话中却包含着“但是”的意思，这样效果会更好。只要你灵活掌握了这种方法就会保持良好的洽谈气氛，为自己的谈话留有余地。

4.6.7.2 转化处理法

这种方法是利用顾客的反对意见本身来处理。顾客的反对意见具有双重属性，它是交易的障碍，同时又是很好的交易机会。汽车营销员要是能利用其积极因素去抵消其消极因素，未尝不是一件好事。比如你推销的产品是办公自动化用品，当汽车营销员敲开顾客办公室的门时，他说：“对不起，我很忙，没有时间和你谈话。”这时你不妨说：“正因为您忙，您一定想过要设法节省时间吧，我们的产品一定会帮助您节省时间，为您提供闲暇。”这样一来，顾客就会对你的产品留意并产生兴趣。我们可以看出这种方法是直接利用顾客的反对意见。转化反对意见时应讲究礼仪，绝对不能伤害顾客的感情，一般不适用于与成交有关的或敏感性强的反对意见。

4.6.7.3 以优补劣法

如果顾客的反对意见确实切中了你的产品或你的公司所提供的服务中的缺陷，你千万不可以回避或直接否定。明智的方法是肯定有关缺点，然后淡化处理，利用产品的优点来补偿甚至抵消这些缺点。这样有利于使顾客的心理达到一定程度的平衡，有利于使顾客作出购买决策。比如你推销的产品质量有些问题，而顾客恰恰提出：“这东西质量不好。”你可以从容地告诉他：“这种产品的质量的确有问题，所以我公司削价处理，价格优惠很多，而且公司还要确保这种产品的质量不会影响到您的使用效果。”这样一来既打消了顾客的疑虑，又以价格优势激励顾客购买。

4.6.7.4 委婉处理法

推销员在没有考虑好如何答复顾客的反对意见时不妨先用委婉的语气，把对方的反对意见重复一遍，或用自己的话复述一遍，这样可以削弱对方的气势。有时转换一种说法会使问题容易回答得多。但要注意你只能减弱而不能改变顾客的看法，否则顾客会认为你歪曲他的意思而对你产生不满。你可以在复述之后问一下：“您认为这种说法确切吗？”然后再说下文，求得顾客的认可。比如顾客抱怨：“价格比去年高多了，怎么涨幅这么高！”推销员可以这样说："是啊，价格比起前一年确实高了一些。"然后再等顾客的下文。

4.6.7.5 合并意见法

这种方法是将顾客的几种意见汇总成一个意见，或者把顾客的反对意见集中在一个时间讨论。总之是要起到削弱反对意见对顾客所产生的影响。注意不要在一个反对意见上纠缠不清，因为人们的思维有连带性，往往会由一个意见派生出许多反对意见。回答了顾客的反对意见后马上把话题转移开。

4.6.7.6 反驳处理法

从理论上讲，这种方法应该尽量避免使用。直接反驳对方容易使气氛僵化而不友好，使顾客产生敌对心理，不利于顾客接纳推销员的意见。但如果顾客的反对意见是产生于对产品的误解而你手头上的资料能帮助你说明问题时，你不妨直言不讳，但要注意态度一定要友好而温和，最好是引经据典，这样才最有说服力，同时又可以让顾客感到你的信心，从而也就增强了他对产品的信心。比如顾客提出你的售价比别人贵，如果你的公司实行了推销标准化，产品价格有统一的标准，你就可以拿出目录表，坦白地指出对方的错误之处。

4.6.7.7 冷处理法

对于顾客的一些不影响成交的反对意见最好不要反驳，采用不理睬的方法往往是最佳的。千万不能顾客一有反对意见，你就反驳或以其他方法处理，那样就会给顾客造成你总在挑他的毛病的印象。当顾客抱怨你的公司或你的同行这样一类无碍成交的问题，你都不要予以理睬，转而谈你要说的问题。比如顾客说："啊，你原来是××公司的汽车营销员，你们公司周围的环境可真差，交通也不方便呀！"尽管事实并非如此，你也不要争辩，你可以说："先生，请您看看产品。"国外的汽车营销专家认为，在实际推销过程中，80%的反对意见都应该冷处理。

4.7 缔约成交

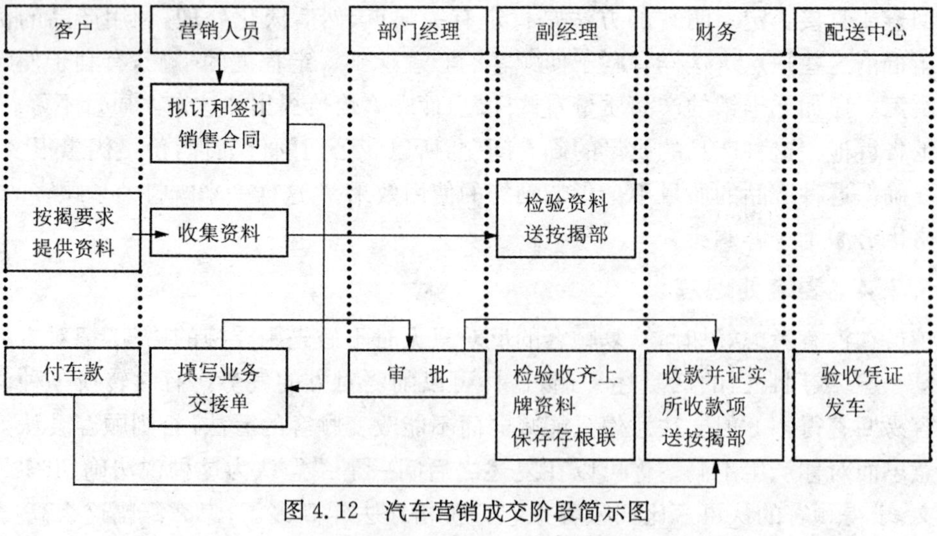

图4.12　汽车营销成交阶段简示图

4.7.1 建议购买

建议购买是整个汽车销售过程中的关键时刻。掌握提出购买建议的时机可以说是一种艺术，应当掌握。

大部分客户在成交时会表现出犹豫不决，所以销售员应主动提出成交，这样做的好处是：第一可以确认客户的要求；第二，帮助客户作决定。但是如果太早就建议购买，很可能激起客户的抗拒心态，一旦被客户拒绝后，你与客户的关系便出现某种程度的倒退。

4.7.2 购买时机

当客户出现购买意愿时，客户的身体语言、语言语调会随之有所改变，并且会提出一系列的问题，这种情形我们把它称为是客户的购买信号。

4.7.2.1 身体语言

客户出现购买意愿时，身体语言会有以下表现：

客户身体向前倾，或是向你的方向前倾；点头对你的看法表示同意；出现放松或愉悦的表情和动作；不断审视产品；用心与仔细观看目录，合同，或是订货单；详细地阅读说明书，并且逐条检视；眼睛闪闪发光，表现出很感兴趣的样子。

4.7.2.2 提出的问题

当客户出现购买意愿时，会提出下列问题：

询问合同规定、订金金额；询问指定颜色的车何时交车；询问办牌相关准备事宜；询问贷款、缴款手续；询问交车事项、交车地点；询问售后服务和保修期。

4.7.3 成交技巧

一个优秀的汽车营销人员知道，若想成功地完成销售，关键是全面地了解目标顾客的态度，以及他对于产品说明和成交试探的反应。这就要求汽车营销人员选择使用最恰当的成交技巧，而不是直接询问目标顾客是否愿意购买产品。

4.7.3.1 假设型成交

汽车营销人员假设目标顾客将要购买，通过语言或无声的行动来表示这种感觉："假如你买车，你会选择蓝色还是灰色？"或"是用现金还是信用卡？"

4.7.3.2 二选一法

把最后决定集中到两点上，然后迫使顾客从两者中挑选一种办法。

销售员："以车身的颜色来说，你喜欢灰色的还是绿色的？"

顾客："嗯！如果从颜色上来看，我倒是喜欢绿色的！"

销售员："你真有眼光！现在最流行的就是绿色的！那么，汽车是在明天还是后天送来呢？"

顾客："既然要买，就越快越好吧！"

如果顾客给你上述答复，的确就是表示他要购买你的产品了。如果他迟疑片刻而向销售人员表示他尚未作最后决定时，销售人员也没有半点损失，仍然可以继续采取新的方式进行销售工作。

4.7.3.3 小点促进型成交

从无足轻重的小的方面开始，逐步使目标顾客在更大的决定上点头。对有些目标顾客来说，作出一个大的购买决定十分困难，而获得目标顾客对一些较小问题的同意或允许则比较容易。这个技巧同样适用于没有购买意图的目标顾客。在征求订单之前，销售人员就产品特性、外型、颜色、品质保修期、付款方式等方面向目标顾客提出问题。

小点促进型成交也常在第一次成交失败后，作为第二次尝试成交而应用。在这种情况下，销售人员可首先让目标顾客同意一些无关紧要的问题，然后再同意购买。

4.7.3.4 利益总结型成交

这是最常用的成交方式，汽车营销人员以总结产品特点的主要优势及其给目标顾客带来的利益来结束对产品的介绍。

4.7.3.5 供应压力型成交

给目标顾客施加了一定的压力，让其马上购买而不拖延。销售人员暗示说很多人在购买这款汽车，以至于再晚一些，可能就买不到了，或者即使有库存，也不一定能满足目标顾客的需求量。销售人员必须非常小心，只有当确信库存问题就要发生时，才能使用这种方法。尽管这种方法能够反映销售的真实情况，但它也会引起目标顾客的猜疑。

4.7.3.6 赞扬型成交

赞扬型成交特别适合那些自诩为专家、十分自负或情绪不佳的目标顾客。这类顾客比较乐于接受赞美的话，恭维可以使目标顾客作出反应。

所有的目标顾客都很重视别人对自己过人之处的真心的欣赏。作为一个销售人员，需要了解对目标顾客来说重要的是什么，并在准备成交时寻找能够在哪个方面恭维对方的方法。绝大多数人能辨别出虚伪或不恰当的赞美，因此，必须注意，真诚的赞美才能起作用。

4.8 售后服务

一般的汽车营销人员常以为把汽车卖出，销售就告完成，至于出售以后的事，便漠不关心了。像这样的销售，实际上已犯了最严重的错误，那就是忽略了售后服务。没有售后服务的销售，在客户的眼里，是没有信用的销售；没有售后服务的商品，是一种最没有保障的商品；而不能提供售后服务的销售员，也是最不能得到信任的。

售后服务是销售的一部分，有远见的企业家和销售员，对于具有延续性销售作用的售后服务，更是重视。

4.8.1 商品的售后服务

商品的售后服务涵义很广，凡与所销售商品有连带关系且有益于购买者的服务，均属于商品的售后服务，这包括商品信誉的维护和商品资料的提供两方面。

4.8.1.1 商品信誉的维护

售后服务最主要的目的是维护商品的信誉。一项优良的商品，在销售时总是强调售后服务的，在类似或相同商品的竞争中，售后服务也是客户取舍的重要因素。因此，商品的售后服务也就代表了商品的信誉。一般商品信誉的维护工作有两种：

(1) 商品品质的保证　汽车营销员在出售商品之后，为了使客户充分获得购买的利益，必须常常做些售后服务，这不只是对客户道义上的责任，也是维护本身商誉的必要行动。如专卖点出售了一辆汽车后，为了使这辆汽车能发挥正常的功能，就应该定期进行检查维护和保养的工作。

(2) 服务中承诺的履行　任何汽车营销员在说服客户购买的当时，必先强调与商品有关，甚至没有直接关联的服务，这些服务的承诺，对交易能否成交是极重要的因素。而如何切实地履行汽车营销员所做的承诺则更重要。往往有些销售人员在说服成交时，漫不经心地向客户提出售后的某种服务，结果后来却忽略掉了，因此很容易与客户发生误会或不愉快，客户就不会再度光临了。

4.8.1.2 商品资料的提供

使客户了解商品的变动情况，是汽车营销员的义务。在说服一位客户之前，销售员通常将有关商品的简介、使用说明及各项文件资料交给客户参考；而在客户购买之后，却疏于提供最新资料，这是不妥的。

销售员要有个基本的认识，那就是开拓一位客户远不如维持一位客户来得重要。开拓客户在功能上是属于“治标”，而真正能维持客户才算“治本”。维持客户的方法，除了使其产生对商品的信心之外，销售员能继续供给客户有关商品的最新资料，也是一项有力的售后服务。

有许多商品，其销售资料常以报道性的文件记载，销售员把它作为赠送客户、联络感情的工具，是最好不过的。每上市一款新车，按时寄给客户，一方面可以给客户参考，一方面借以通报商情。这样可以让客户对商品有持续的好感，同时在商品资料的间接宣传下，往往又可以发掘出更多的客户。

4.8.2 汽车客户的维系

对客户所做的售后服务就是做好维系客户的工作。优良的售后服务，无论是对销售员个人或是其销售商都是极为有益的。当然，客户的维系是汽车制造商、销售商及销售人员共同做的。

4.8.2.1 感情联络

售后服务的绝大部分工作就是与客户感情联络的工作。由交易而发生的人际关系，是一种很自然而融洽的关系。人常常因为买东西而与卖方交上朋友。汽车营销员及销售商同样因为与客户的交易促成了深厚的友谊，于是客户不但成为商品的受用者，而且也变成销售商的拥护者与销售员的好朋友。与客户感情联络的一般方法有：

(1) 拜访　经常去拜访客户是很重要的事。拜访不一定非要推销，主要是让客户觉得汽车营销员关心他，也愿意对所销售的商品负责。销售员的拜访不一定有任何目的，也许只是问好，也许是顺道而访，在行动上有一个原则，那就是尽可能把拜访做得自然些，不要使客户觉得汽车营销员的出现是有意讨好，更不要因拜访，对客户的生活造成干扰。

(2) 书信电话联络　书信、电话都是联络感情的工具，在日常生活上用得很多。销售员利用书信的机会亦不少，譬如有些新的资料要送给客户时，可以附上便笺；客户个人、家庭及工作上有喜事出现时，致函祝贺，还有贺年、贺节、贺生日等等。通常客户对销售员的函件会感到意外和喜悦。以电话与客户联络所发挥的效果是不可忽视的，偶尔打个简短的问候电话，会使客户觉得很高兴。交谊性的电话用词要适当，问话要得体，不能显得太陌生，也不能表现得太肉麻离谱。

(3) 赠送纪念品　赠送纪念品是一种常见的招徕手法。有些销售商对其客户一直有周到的服务，比如有纪念品立刻会赠给老客户。赠送纪念品可产生两种功能：一是满足人们的心理需求；二是可以借着它作为再次访问的借口。

4.8.2.2　情报搜集

情报搜集是售后服务的另一不明显的目的。许多精明的汽车营销员利用售后服务与客户联系接触的机会，以达到搜集情报的目的。因此也可以说，汽车营销员应该把握任何一次售后服务的时机，尽量去发掘有价值的客户，或有益于销售的情报。售后服务中情报搜集的要点有：

(1) 了解客户背景　在与客户联络感情时，无论何种场合，或当面拜访，或电话洽谈，或于办公室，或在任何其他场所碰面时，销售员都该技巧地询问或观察客户的背景，这包括他的家庭背景、职业背景以及社会关系。关于客户这些背景资料，销售员应该花工夫整理，很可能找到有益于推销的线索。

(2) 连锁销售　老客户可以成为销售员的义务“宣传员”。一位以真诚热情打动客户的销售员，碰见一些热心而乐于助人的客户，就可以进行连锁销售，让老客户介绍新客户。

思考题

1. 汽车营销过程中，客户的购买动机有哪些？
2. 汽车营销中，成交的主要方法有哪几种？
3. 简述汽车营销过程中处理异议的态度和策略。
4. 维护汽车商品信誉的主要工作有哪些？
5. 汽车营销员与客户联络感情的方法主要有哪些？

5 汽车销售实务

5.1 新车销售的一般过程与事项

5.1.1 车辆的类型

5.1.1.1 客车

(1) 大型客车　座位大于20座(含)，或总长大于6米(含)。号牌是黄底黑字黑线框，要求驾驶员具有A1驾驶证。规定报废期限为10年。准驾车型代号规定见表5.1。

表5.1 准驾车型代号规定

A1	大型客车和A3、B1、B2	C4	三轮汽车
A2	牵引车和B1、B2、M	D	普通三轮摩托车和E
A3	城市公交车和C1	E	普通二轮摩托车和F
B1	中型客车和C1、M	F	轻便摩托车
B2	大型货车和C1、M	M	轮式自行机械车
C1	小型汽车和C2、C3	N	无轨电车
C2	小型自动挡汽车	P	有轨电车
C3	低速载货汽车和C4		

(2) 中型客车　座位9～20座。号牌是黄底黑字黑线框，要求驾驶员具有B1驾驶证。规定报废期限为10年。

(3) 小型客车　座位小于9座(含轿车)。号牌是蓝底白字白线框，要求驾驶员具有C1驾驶证。规定报废期限为15年。

(4) 轿车

5.1.1.2 货车

(1) 大型货车　总质量大于4.5t(含)。号牌是黄底黑字黑线框，要求驾驶员具有B1驾驶证。规定报废期限为8年。

（2）小型货车　总质量小于4.5t。号牌是蓝底白字白线框，要求驾驶员具有C1驾驶证。规定报废期限为8年。

5.1.2　购置新车的费用

购置新车时需要支付的费用包括以下几项：

① 汽车售价，包括车辆的车价与增值税两项。

② 汽车上牌时必须支付的金额。

③ 车辆购置附加税。

④ 车辆保险费（一年）和车辆交强险保费。

⑤ 上牌杂费（含出库费）。

⑥ 上牌服务费。

5.1.3　购置新车的有关手续和证件（仅适合上海地区）

5.1.3.1　专控类（仅适合国有企业与事业、机关、学校及医院等单位）

（1）新增车　必须具有"上海市新增机动车额度证明"，见图5.1。注意证明上是"专控客车"的一种（俗称领照单）。原来通过申请控办直接取得牌照额度的政策已有变化。现在改为首先向市财政局控购办公室申请准许购买新车的证明，而后参加专控类牌照额度拍卖会，如中标即获得额度证明。

二〇〇五年度

上海市新增机动车额度证明

有效期二〇〇五年一月三十一日至二〇〇五年四月三十日

专控客车

13223712-2　　ⅡV05000214

车主：＿＿＿＿＿＿　发证单位：＿＿＿＿＿（盖章）

80169664

上海市城市交通管理局

图5.1　上海市新增机动车额度证明

（2）旧车更新　必须具有"上海市机动车转籍或退牌或报废更新证明"（俗称五联单），见表5.2、5.3、5.4，与控办单（见表5.5、5.6）两项证件。如果是注销（报废）更新证明，还需要"报废汽车回收证明"，而且同一辆车的所有证明都应吻合一致。

表 5.2　上海市机动车转籍证明

<table>
<tr><td>机动车所有人申请</td><td colspan="5">本人(单位)自愿申请机动车转籍：
沪________号牌种类________
身份证明名称________身份证明号码________
机动车所有人________
机动车所有人签字(个人)、盖章(单位)：________</td></tr>
<tr><td>代理转籍业务经营公司填写</td><td colspan="5">本公司收到机动车转籍代办业务
沪________号牌种类________
上海________旧机动车交易市场(章)________</td></tr>
<tr><td>机动车所有人</td><td colspan="5">________小型汽车________</td></tr>
<tr><td>登记证书编号</td><td colspan="2"></td><td>初次登记日期</td><td colspan="2"></td></tr>
<tr><td>号牌号码</td><td></td><td>号牌种类</td><td></td><td>车辆类型</td><td></td></tr>
<tr><td>品牌型号</td><td colspan="5"></td></tr>
<tr><td>身份证明名称</td><td></td><td>身份证明号码</td><td colspan="3"></td></tr>
<tr><td>使用性质</td><td></td><td>发动机号码</td><td colspan="3"></td></tr>
<tr><td>车辆标识代号</td><td colspan="5"></td></tr>
<tr><td>经办人</td><td colspan="2">牌证管理</td><td colspan="2">业务领导</td><td>附　注</td></tr>
<tr><td></td><td colspan="2">牌证已缴销
收缴人：________
年　月　日</td><td colspan="2">年　月　日</td><td></td></tr>
<tr><td>此转籍更新证明使用有效期</td><td colspan="5"></td></tr>
</table>

注：此为私人的转籍证明，专控类的与此基本相同，即在“机动车所有人”栏内填写组织机构代码证及其编号和单位名称，最后加盖公章。此单底色为红色，俗称“红单子”。

表 5.3　上海市机动车退牌更新单

<table>
<tr><td>机动车所有人申请</td><td>机动车自退牌(号牌、行驶证缴销)之日起至重新登记注册(上牌)时止，车辆须停放在指定场所，不得作任何移动，本人(单位)知晓此规定、愿意遵守、自愿申请退牌：
沪________号牌种类________
身份证明名称________身份证明号码________
机动车所有人________
机动车所有人签字(个人)、盖章(单位)：________</td></tr>
<tr><td>代理退牌业务经营公司填写</td><td>机动车自退牌(号牌、行驶证缴销)之日起至重新登记注册(上牌)时止，车辆须停放在指定场所。不得作任何移动，本公司知晓此规定，自愿承担。
沪________号牌种类________退牌期间车辆停搁管理责任
上海________二手机动车经营有限公司(章)________</td></tr>
</table>

（续表）

机动车所有人					
登记证书编号		初次登记日期			
号牌号码		号牌种类		车辆类型	
品牌型号					
身份证明名称		身份证明号码			
使用性质		发动机号码			
车辆标识代号					
经办人	牌证管理	业务领导		附　注	
	牌证已缴销 收缴人：________ 年　月　日	年　月　日			
此退牌更新单使用有效期					

注：此单底色为红色，俗称“红单子”。

表 5.4　上海市机动车注销（报废）更新证明

机动车所有人申请	本人（单位）自愿申请机动车报废： 沪________　号牌种类________ 身份证明名称________　身份证明号码________ 机动车所有人________ 机动车所有人签字（个人）、盖章（单位）：________				
上海机动车回收服务务中心填写	本中心收到机动车报废代办业务 沪________　号牌种类________ 上海机动车回收服务中心（章）				
机动车所有人					
登记证书编号		初次登记日期			
号牌号码		号牌种类		车辆类型	
品牌型号					
身份证明名称		身份证明号码			
使用性质		发动机号码			
车辆标识代号					
经办人	牌证管理	业务领导		附　注	
	牌证已缴销 收缴人：________ 年　月　日	年　月　日			
此报废更新证明使用有效期					

表 5.5　上海市报废汽车回收证明

证明：

<table>
<tr><td>交车单位
（车主）</td><td colspan="2"></td><td>单位性质</td><td></td><td>地址</td><td colspan="2"></td></tr>
<tr><td>牌照号码</td><td></td><td>发动机号</td><td colspan="3"></td><td>车 架 号</td><td></td></tr>
<tr><td>车辆类型</td><td></td><td>厂牌型号
国　别</td><td colspan="3"></td><td>联系电话</td><td></td></tr>
<tr><td colspan="2">发证单位(章)</td><td colspan="4">市(地)主管部门(章)

经办人：

年　　月　　日</td><td colspan="2">收车单位(章)

经办人：

年　　月　　日</td></tr>
<tr><td>备　注</td><td colspan="5"></td><td colspan="2"></td></tr>
</table>

上海市经济委员会监印

表 5.6　上海市购买专项控制商品审批通知单

购买单位存查　　　　　　　　　　　　　　　　　　　　　　更新：No

非 生 产

……………………………：

……………………………………………：

商品名称	规　格	数　量	金　额	审批单位 盖　　章
		辆	万元	
备 注				

第二联：购买单位将本单附于“专用发票”后，作为入账凭证。　　　　　　　　年　　月　　日

5.1.3.2　三资企业类

三资企业新购车辆需要一项证件，即领照单，见图 5.2。

二 〇 〇 三 年 度
上海市新增机动车领照单
有效期到二〇〇四年三月三十一日
三资企业客车
ⅡⅢ00004921
车主：＿＿＿＿＿　发证单位：＿＿＿＿＿（盖章）
上海市发展计划委员会监印

图 5.2　三资企业新增机动车额度证明

5.1.3.3　私人或私营企业

私人或私营企业新购车辆必须持有两项证件，即领照单(见图 5.3)与磁卡。

二〇〇三年度
上海市新增机动车领照单
有效期二〇〇三年十二月二十日至二〇〇四年三月十九日
私人
私营企业 客车
车主：________ 发证单位：________（盖章）
上海市发展计划委员会监印

图 5.3　私人、私营企业新增车辆领照单

5.1.4　售后建档

销售汽车后，应为每一客户建立一个完整的档案，收集客户单位的组织机构代码证、售车发票、合格证、行驶证、机动车登记证（俗称产权证，见表 5.7）等复印件及合同（原件），请客户签收车辆证件（原件）。

表 5.7　机动车登记证

注册登记摘要信息栏　　　　机动车登记证书编号：

Ⅰ	1. 机动车所有人/身份证明名称/号码					
	2. 登记机关		3. 登记日期		4. 机动车登记编号	
过户、转入登记摘要信息栏						
Ⅱ	机动车所有人/身份证明名称/号码					
	登记机关		登记日期		机动车登记编号	
Ⅲ	机动车所有人/身份证明名称/号码					
	登记机关		登记日期		机动车登记编号	
Ⅳ	机动车所有人/身份证明名称/号码					
	登记机关		登记日期		机动车登记编号	
Ⅴ	机动车所有人/身份证明名称/号码					
	登记机关		登记日期		机动车登记编号	
Ⅵ	机动车所有人/身份证明名称/号码					
	登记机关		登记日期		机动车登记编号	
Ⅶ	机动车所有人/身份证明名称/号码					
	登记机关		登记日期		机动车登记编号	

第 1 页

注册登记机动车信息栏

<table>
<tr><td>5. 车辆类型</td><td colspan="2"></td><td colspan="2">6. 车辆品牌</td><td></td></tr>
<tr><td>7. 车辆型号</td><td colspan="2"></td><td colspan="2">8. 车身颜色</td><td></td></tr>
<tr><td>9. 车辆识别代号/车架号</td><td colspan="2"></td><td colspan="2">10. 国产/进口</td><td></td></tr>
<tr><td>11. 发动机号</td><td colspan="2"></td><td colspan="2">12. 发动机型号</td><td></td></tr>
<tr><td>13. 燃料种类</td><td colspan="2"></td><td colspan="2">14. 排量/功率</td><td>ml/ kW</td></tr>
<tr><td>15. 制造厂名称</td><td colspan="2"></td><td colspan="2">16. 转向形式</td><td></td></tr>
<tr><td>17. 轮距</td><td colspan="2">前 后 mm</td><td colspan="2">18. 轮胎数</td><td></td></tr>
<tr><td>19. 轮胎规格</td><td colspan="2"></td><td colspan="2">20. 钢板弹簧片数</td><td>后轴 片</td></tr>
<tr><td>21. 轴距</td><td colspan="2"></td><td colspan="2">22. 轴数</td><td></td></tr>
<tr><td>23. 外廓尺寸</td><td colspan="4">长 宽 高 mm</td><td rowspan="10">33. 发证机关章

34. 发证日期</td></tr>
<tr><td>24. 货厢内部尺寸</td><td colspan="4">长 宽 高 mm</td></tr>
<tr><td>25. 总质量</td><td>kg</td><td colspan="2">26. 核定载质量</td><td>kg</td></tr>
<tr><td>27. 核定载客</td><td>人</td><td colspan="2">28. 准牵引总质量</td><td>kg</td></tr>
<tr><td>29. 驾驶室载客</td><td>人</td><td colspan="2">30. 使用性质</td><td></td></tr>
<tr><td>31. 车辆获得方式</td><td></td><td colspan="2">32. 车辆出厂日期</td><td></td></tr>
</table>

第 2 页

5.2 购置新车的代办事项及服务

5.2.1 办理上牌额度(以下部分内容仅适合上海地区)

5.2.1.1 专控类

(1) 客车适用范围:只适用于全民所有制或集体所有制企业和事业。

(2)必备手续与过程:

① 新增车。申请购新车单位必须向区(局)控办提交申请报告,填写好“新增(更新)小汽车大轿车更新证明”(见表 5.8),或“浦东新区新增(更新)小汽车大轿车申请单”(见表 5.9)。注意必须盖有单位公章、财务专用章及该单位完税的税务局公章(说明该单位无欠税)。另外还必须持有单位营业执照、企业代码证、税务登记证(三种证件的复印件)、单位上月的资产负债表与损益表(复印件必须加盖单位红章);有些区控办还要验资报告(详情可至区或局控办咨询)。

将上列文件送至区(局)控办审批,如果批准,区控办会上报市控办审批;如果市控办批准,则区控办会通知申请单位去领取参加这类的车辆额度投标拍卖会的有关资料与证明。

参加客车额度投标拍卖会,中标后付款,领取领照单。

② 更新车。申购更新车的手续基本与专控类相同,再增加一道手续,即增加“五联单”复印件;不需参加客车额度投标拍卖会,上牌额度证明即为“五联单”。

③ 货车。载重大于 2t 的货车可直接用营业执照及企业代码证上牌;载重小于 2t(含)

的货车，目前暂无处可领上牌额度，只能用旧车更新单上牌，或购买旧车牌照。

5.2.1.2 私企或私人牌照

私企或私人牌照额度拍卖会与专控类分开举行，两者是有区别的。

5.2.1.3 代办三资企业领照单

三资企业新增机动车额度申报表见表 5.10。

5.1.2.4 代办特种上牌额度（工程救险车、施工车、救护车等）

工程救险车、施工车适用范围为供电公司、自来水公司、煤气公司等单位。救护车适用于医院与救护中心。

申请购置施工车，先由申请单位根据实际情况提交申请报告和施工车辆审批表（见表 5.11），并附上营业执照，送交上海市公安局车辆管理所综合科（第一考验场）。经过上海市公安局交警总队与车辆管理所审核后，如果批准，则通知申请单位领取施工车辆审批表。申请单位按要求填表并盖好公章，再交到第一考验场综合科。交警总队与车管所盖好公章后移交至浦东第三考验场，并同时通知申请单位去第三考验场领取该表。该表即为上施工车额度的证件。

表 5.8 新增（更新）小汽车大轿车更新证明

联系人：

单位　　　　　　　　（盖章）地址：　　　　　　　　电　话：

<table>
<tr><td colspan="2">需要车辆名称规格</td><td>数量</td><td colspan="3">单位级别：地师级（　　　）　县团级（　　　）</td></tr>
<tr><td colspan="2"></td><td></td><td colspan="3">职工人数　　　　（人）</td></tr>
<tr><td colspan="2"></td><td></td><td colspan="3">其中司级以上干部　　　　（人）</td></tr>
<tr><td rowspan="3">资金来源说明</td><td colspan="2" rowspan="3">价格：</td><td rowspan="7">车辆状况</td><td>现有数量</td><td>其中离休干部用车定编数</td></tr>
<tr><td>小轿车：　　辆</td><td>辆</td></tr>
<tr><td>吉普车：　　辆</td><td>辆</td></tr>
<tr><td rowspan="4">车辆来源说明</td><td colspan="2" rowspan="4"></td><td>旅行车：　　辆</td><td>辆</td></tr>
<tr><td>微型救护车：　　辆</td><td>辆</td></tr>
<tr><td>工具车：　　辆</td><td>辆</td></tr>
<tr><td>大客车：　　辆</td><td>辆</td></tr>
<tr><td colspan="6">准备报废车辆名称：　　　　车型：　　　　牌照号码：</td></tr>
<tr><td>新增或更新理由</td><td colspan="5"></td></tr>
<tr><td>申请单位财务意见</td><td>（章）
年　月　日</td><td>主管公司或监交税务所意见</td><td>（章）
年　月　日</td><td>区、县、控办直属分局或主管局意见</td><td>（章）
年　月　日</td></tr>
</table>

注：该申请单填写的是更新车；左上角单位处加盖公章；左下角“申请单位财务意见”栏加盖财务专用章；“主管公司或监交税务所意见”栏加盖纳税税务所公章；如果填写的是新

增车，则将“（更新）”划去。

表 5.9　浦东新区新增（更新）小汽车大轿车申请单

联系人：

单位　　　　　　　　（盖章）地址：　　　　　　　　　　　电　话：

<table>
<tr><td colspan="2">需要车辆名称规格</td><td>数量</td><td colspan="3">单位级别：地师组（　　　）　县团级（　　　）</td></tr>
<tr><td colspan="2"></td><td></td><td colspan="3">职工人数　　　　（人）</td></tr>
<tr><td colspan="2"></td><td></td><td colspan="3">其中司级以上干部　　　　（人）</td></tr>
<tr><td rowspan="3">资金来源说明</td><td colspan="2" rowspan="3">价格：</td><td rowspan="7">车辆状况</td><td>现有数量</td><td>其中离休干部用车定编数</td></tr>
<tr><td>小轿车：　　辆</td><td>辆</td></tr>
<tr><td>吉普车：　　辆</td><td>辆</td></tr>
<tr><td rowspan="4">车辆来源说明</td><td colspan="2" rowspan="4"></td><td>旅行车：　　辆</td><td>辆</td></tr>
<tr><td>微型救护车：　　辆</td><td>辆</td></tr>
<tr><td>工具车：　　辆</td><td>辆</td></tr>
<tr><td>大客车：　　辆</td><td>辆</td></tr>
<tr><td colspan="6">准备报废车辆名称：　　　　　　车型：　　　　　牌照号码：</td></tr>
<tr><td>新增或更新理由</td><td colspan="5"></td></tr>
<tr><td>申请单位财务意见</td><td>（章）
年　月　日</td><td>主管公司或监交税务所意见</td><td colspan="2">（章）
年　月　日</td><td>区、县、控办直属分局或主管局意见　（章）
年　月　日</td></tr>
</table>

表 5.10　上海市三资企业新增机动车额度申请表

<table>
<tr><td>单位名称</td><td></td><td>企业类型</td><td></td></tr>
<tr><td>注册地址</td><td colspan="3"></td></tr>
<tr><td>经营地址</td><td colspan="3"></td></tr>
<tr><td>外汇登记证号</td><td></td><td>实到资金</td><td>（万美元）</td></tr>
<tr><td>联系电话</td><td></td><td>邮政编码</td><td></td></tr>
<tr><td>法定代表人</td><td></td><td>证件编号</td><td></td></tr>
<tr><td colspan="2">申请情况说明</td><td colspan="2">申请人（公章）

______年____月____日</td></tr>
</table>

委托办理请填写以下授权书

现由________________________________公司，法定代表人____________________先生/女士，授权公司员工__________先生/女士（身份证号：____________________）在申领上海市三资企业新增机动车额度事宜中，为委托代理人。

委托事项：申领上海市三资企业新增机动车额度证明单______张（数字大写）。

代理权限：有权代为递交申请材料，填写相关申请文件和代签相关法律文书。

（续表）

本委托授权期限至______年______月______日终结时止。	
委托代理人（经办人）签字 ______年______月______	法定代表人签字并盖私章 ______年______月______
备注	

注：• 申请人应如实填写本表格，提交相关申请材料，并对申请材料实质内容的真实性负责。
• 授权书填写后由法定代表人签字并盖私章后生效，签名必须同护照、台胞证一致。
• 申领所需材料，详见上海城市交通网（www. jt. sh. cn）三资企业车辆额度办理指南。

表 5.11　施工车辆审批表

编号：

单位		邮政编码	
单位地址		联系电话	
报废更新：施工车（货车、旅行车）壹辆		联系人	
申请理由： 单位盖章： 年　　月　　日			
受理部门拟办意见： 经办人： 年　　月　　日			
受理部门科长意见： 年　　月　　日			
所领导审批： 年　　月　　日			

5.2.2 代办上牌

机动车上牌需要提供的材料中的“车辆购置税证明”一般到车管所(三考场)办理。缴纳车辆购置税前必须填写车辆购置税纳税申请表,见表5.12,并按图5.4所示的程序办理。缴纳车辆购置税后,办理人会发给购置税证副联与一个号牌。如果以支票缴纳购置税,支票是汽车销售单位的,必须持有该汽车销售公司的代付款证明。

表5.12 车辆购置税纳税申报表

填表日期: 年 月 日 行业代码: 注册类型代码:

纳税人名称: 金额单位:元

<table>
<tr><td colspan="2">纳税人证件名称</td><td colspan="3"></td><td>证件号码</td><td colspan="2"></td></tr>
<tr><td>联系电话</td><td colspan="2"></td><td colspan="2">邮政编码</td><td></td><td>地址</td><td></td></tr>
<tr><td colspan="8">车 辆 基 本 情 况</td></tr>
<tr><td>车 辆 类 别</td><td colspan="7">1. 汽车、2. 摩托车、3. 电车、4. 挂车、5. 农用运输车</td></tr>
<tr><td>生产企业名称</td><td colspan="3"></td><td colspan="2">机动车销售统一发票(或有效凭证)价格</td><td colspan="2"></td></tr>
<tr><td>厂牌型号</td><td colspan="3"></td><td colspan="2">关税完税价格</td><td colspan="2"></td></tr>
<tr><td>发动机号码</td><td colspan="3"></td><td colspan="2">关税</td><td colspan="2"></td></tr>
<tr><td>车辆识别代号(车架号码)</td><td colspan="3"></td><td colspan="2">消费税</td><td colspan="2"></td></tr>
<tr><td>购置日期</td><td colspan="3"></td><td colspan="2">免(减)税条件</td><td colspan="2"></td></tr>
<tr><td>申报计税价格</td><td>计税价格</td><td>税 率</td><td colspan="2">免税、减税额</td><td colspan="3">应纳税额</td></tr>
<tr><td>1</td><td>2</td><td>3</td><td colspan="2">4=2×3</td><td colspan="3">5=1×3 或 2×3</td></tr>
<tr><td></td><td></td><td>10%</td><td colspan="2"></td><td colspan="3"></td></tr>
<tr><td></td><td></td><td></td><td colspan="2"></td><td colspan="3"></td></tr>
<tr><td colspan="3">申报人声明</td><td colspan="5">授权声明</td></tr>
<tr><td colspan="3">此纳税申报表是根据《中华人民共和国车辆购置税暂行条例》的规定填报的,我相信它是真实的、可靠的、完整的。
声明人签字:</td><td colspan="5">如果你已委托代理人申报,请填写以下资料:
为代理一切税务事宜,现授权( ),地址( )为本纳税人的代理由报人,任何与本申报表有关的往来文件,都可寄予此人。
授权人签字:</td></tr>
<tr><td rowspan="5">纳税人签名或盖章</td><td colspan="7">如委托代理人的,代理人应填写以下各栏</td></tr>
<tr><td>代理人名称</td><td colspan="4"></td><td colspan="2" rowspan="4">代理人(章)</td></tr>
<tr><td>地 址</td><td colspan="4"></td></tr>
<tr><td>经 办 人</td><td colspan="4"></td></tr>
<tr><td>电 话</td><td colspan="4"></td></tr>
<tr><td colspan="3">接收人:
接收日期:</td><td colspan="5">主管税务机关(章):</td></tr>
</table>

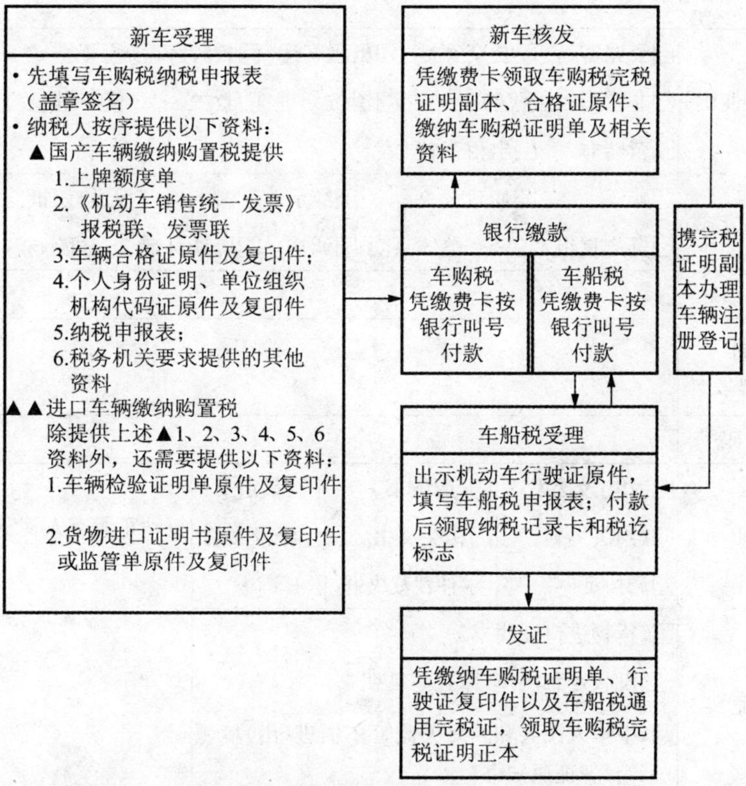

图 5.4　车辆购置税申报流程图

5.2.2.1　国产车

(1) 国产车　这里指免检车。若为非免检车，必须先到区检测站验车，合格后并携带合格证明。

(2) 上牌前的准备　上牌时先将车开到拍照处拓印发动机与车架钢印。在办理程序前必须按车管所要求把有关证件贴在空白的 A4 复印纸上，或直接复印在 A4 纸上。具体要求为：购车发票办证联贴在一张纸上，车辆合格证(原件)贴在另一张纸上，企业代码证复印件贴在第三张上，购置税副联(有单位名称、发动机号、车架号的一面朝外)与代办上牌人身份证复印件同时贴在第四张上。

(3) 领取《待办单》的流程与证件：

① 填写《机动车注册登记/转入申请表》，见表 5.13。

表 5.13　机动车注册登记/转入申请表

<table>
<tr><td colspan="2">申请事项</td><td colspan="3">□注册登记</td><td colspan="2">□转入</td></tr>
<tr><td rowspan="4">机动车所有人</td><td>姓名/名称</td><td colspan="3"></td><td>联系电话</td><td></td></tr>
<tr><td>住所地址</td><td colspan="3"></td><td>邮政编码</td><td></td></tr>
<tr><td>身份证明名称</td><td></td><td>号码</td><td colspan="2"></td><td>□常住人口　□暂住人口</td></tr>
<tr><td>居住/暂住证明名称</td><td colspan="2"></td><td>号码</td><td colspan="2"></td></tr>
</table>

（续表）

<table>
<tr><td rowspan="5">机动车</td><td>机动车使用性质</td><td colspan="2">□公路客运 □公交客运 □出租客运 □旅游客运 □租赁 □货运
□非营运 □警用 □消防 □救护 □工程抢险
□营转非 □出租营转非</td></tr>
<tr><td>机动车获得方式</td><td colspan="2">□购买 □仲裁裁决 □继承 □赠予 □协议抵偿债务 □中奖
□资产重组 □资产整体买卖 □调拨 □境外自带 □法院调解、裁定、判决</td></tr>
<tr><td>机动车品牌型号</td><td colspan="2"></td></tr>
<tr><td>车辆识别代号/车架号</td><td colspan="2"></td></tr>
<tr><td>发动机号码</td><td colspan="2"></td></tr>
<tr><td rowspan="3">相关资料</td><td>来历凭证</td><td>□销售/交易发票 □《调解书》 □《裁定书》
□《判决书》 □相关文书 □批准文件
□调拨证明 □《仲裁裁决书》</td><td rowspan="4">机动车所有人签章：

（个人签字/单位盖章）
年 月 日</td></tr>
<tr><td>进口凭证</td><td>□《货物进口证明书》
□《没收走私汽车、摩托车证明书》
□《中华人民共和国海关监管车辆进（出）境领（销）牌证通知书》</td></tr>
<tr><td>其他</td><td>□国产机动车的整车出厂合格证
□机动车档案 □身份证明
□《协助执行通知书》 □《公证书》</td></tr>
<tr><td>申请方式</td><td colspan="2">□由机动车所有人申请
□机动车所有人委托__________代理申请</td></tr>
<tr><td rowspan="7">代理人</td><td>姓名/名称</td><td colspan="2"></td></tr>
<tr><td>住所地址</td><td></td><td>联系电话</td></tr>
<tr><td>身份证明名称</td><td>号码</td><td rowspan="5">代理人签章：

（个人签字/单位盖章）
年 月 日</td></tr>
<tr><td>经办人 姓名</td><td></td></tr>
<tr><td>经办人 身份证明名称</td><td>号码</td></tr>
<tr><td>经办人 住所地址</td><td></td></tr>
<tr><td>经办人 签字</td><td>年 月 日</td></tr>
</table>

② 领取《机动车登记业务流程记录单》，见表 5.14，不需填写，必须在此表背面贴好车辆照片和车架的钢印拓件。

表 5.14　机动车登记业务流程记录单

流水号：

业务种类：　　　　　　　　　　　　车辆类型：

机动车所有人：　　　　　　　　　　品牌型号：

机动车登记编号：　　　　　　　　　号牌种类：

流程序号	岗位名称	业务内容	经办人	经办日期
1	登记审核岗	受理、审核		年　月　日
2	牌证管理岗	发牌、收回车辆照片、制证		年　月　日
3	业务领导岗	复核车辆手续		年　月　日
4	档案管理岗	复核资料、归档、入库		年　月　日

登记栏

1	
2	
3	
4	
5	
6	
7	
8	
9	
10	

请示事项	

注：1. 将签注《机动车登记证书》的事项签注在登记栏内。

2. 需要留存机动车标准照片和车辆识别代号（车架号码）拓印膜的，粘贴在背面。

③ 购车发票第四联。

④ 企业代码证（原件与复印件含 IC 卡）；私人为身份证和户口簿。

⑤ 车辆合格证，见表 5.15。

表 5.15　车辆合格证

1. 合格证编号	WAE040602093651	2. 发证日期	2006 年 06 月 26 日
3. 车辆制造企业名称	上海大众汽车有限公司		
4. 车辆品牌/车辆名称	桑塔纳牌	轿车	
5. 车辆型号	SVW7202FQi	6. 车辆识别代号/车架号	LSVJW133062118686
7. 车身颜色	深黑珠光漆		
8. 底盘型号/底盘 ID	—		—
9. 底盘合格证编号	—	10. 发动机型号	BTL
11. 发动机号	BTL 002800		
12. 燃料种类	汽油	13. 排量和功率(ml/kW)	1984　80
14. 排放标准	GB18352. 2-2001		
15. 外廓尺寸(mm)	4687　1700　1450	16. 货厢内部尺寸(mm)	—　—　—
17. 钢板弹簧片数(片)	—	18. 轮胎数	4
19. 轮胎规格	195/60 R14 86H		
20. 轮距(前/后)(mm)	1414	1422	
21. 轴距(mm)	2656		
22. 轴荷(kg)	—		
23. 轴数	2	24. 转向形式	方向盘
25. 总质量(kg)	1638	26. 整备质量(kg)	1263
27. 额定载质量(kg)	—	28. 载质量利用系数	—
29. 准牵引总质量(kg)	—	30. 半挂车鞍座最大允许总质量(kg)	—
31. 驾驶室准乘人数(人)	—	32. 额定载客(人)	5
33. 最高车速(km/h)	185		
34. 制动方式	—　—		
35. 制动操作方式	—　—		
36. 车辆制造日期	2006 年 06 月 25 日		
备注：该车选装天窗		37. 二维条码	

车辆制造企业信息：
本产品经过检验，符合 Q/JQAB 38-2006《上海桑塔纳 3000 轿车 SVW7202EQi　SVW7202FQi 技术条件》的要求，准予出厂，特此证明。
产品生产地址：上海安亭洛浦路 63 号
车辆制造企业其他信息：
邮编：201805
联系电话：021-59561888
企业服务热线：10106789

⑥ 新增车为领照单，旧车更新为控办单与“五联单”(原件)。

⑦ 购置税证副联。

⑧ 代办上牌人身份证(原件与复印件)。

⑨ 汽车保险正本与复印件;交强险(副本)第三联。

(4)上牌程序　国产车具体上牌流程见图 5.5。

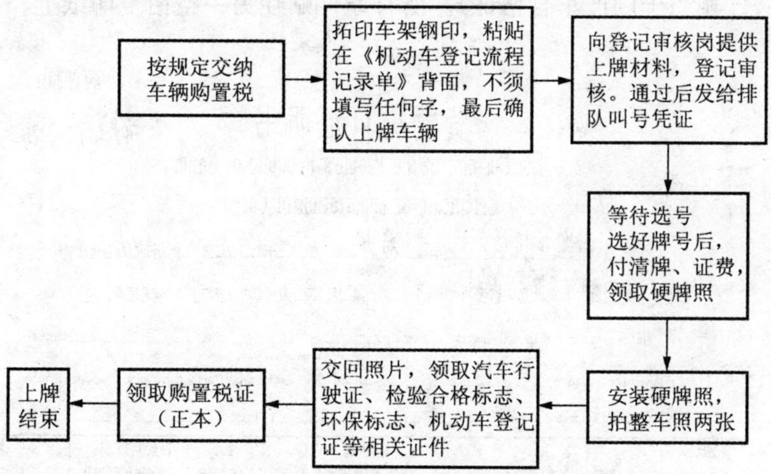

图 5.5　国产车上牌流程图

5.2.2.2　进口车

进口车上牌手续与程序基本和国产车相同;不同之处在于某些需要提供的材料。

(1) 整车发票　如果为境外非中文发票,需提供非中文发票原件与翻译文本,并贴在一张 A4 空白复印纸上。如果是罚没车发票,则为全国指定机构开具的发票,见图 5.6。

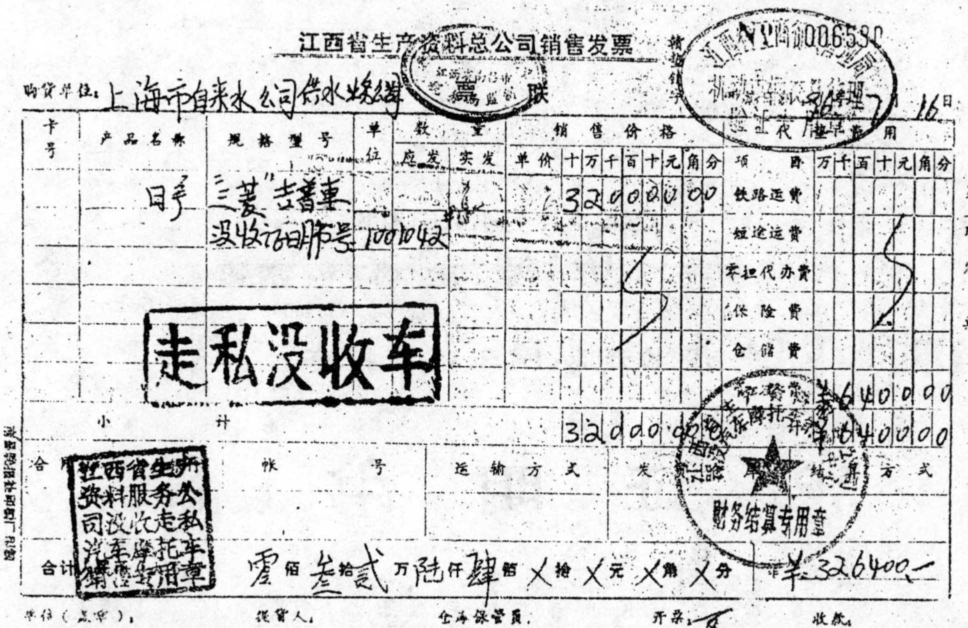

江西省生产资料总公司销售发票

购货单位：上海市自来水公司供水线缆

产品名称	规格型号	单位	应发	实发	单价	项目	金额
日产	三菱吉普车 没收证明号1001042				320000.00	铁路运费	
						短途运费	
						安担代办费	
						保险费	
						仓储费	
小计					320000.00		6400.00

走私没收车

合计（大写）：零佰叁拾贰万陆仟肆佰×拾×元×角×分　￥326400—

财务结算专用章

图 5.6　罚没车发票

(2) 商检证　以相关的商检证代替国产车合格证，即“货物进出口证明书”(见图 5.7)，或“罚没走私机动车证明”(见图 5.8)，或“监管车辆进境领牌通知书”及“商检单”(见图 5.9、图 5.10，其中图 5.9 为外省市进口港的商检单；图 5.10 为到上海后再到指定商检处验车合格后换的附件，件相当于国产车合格证)。所有原件贴在另一空白复印纸上。

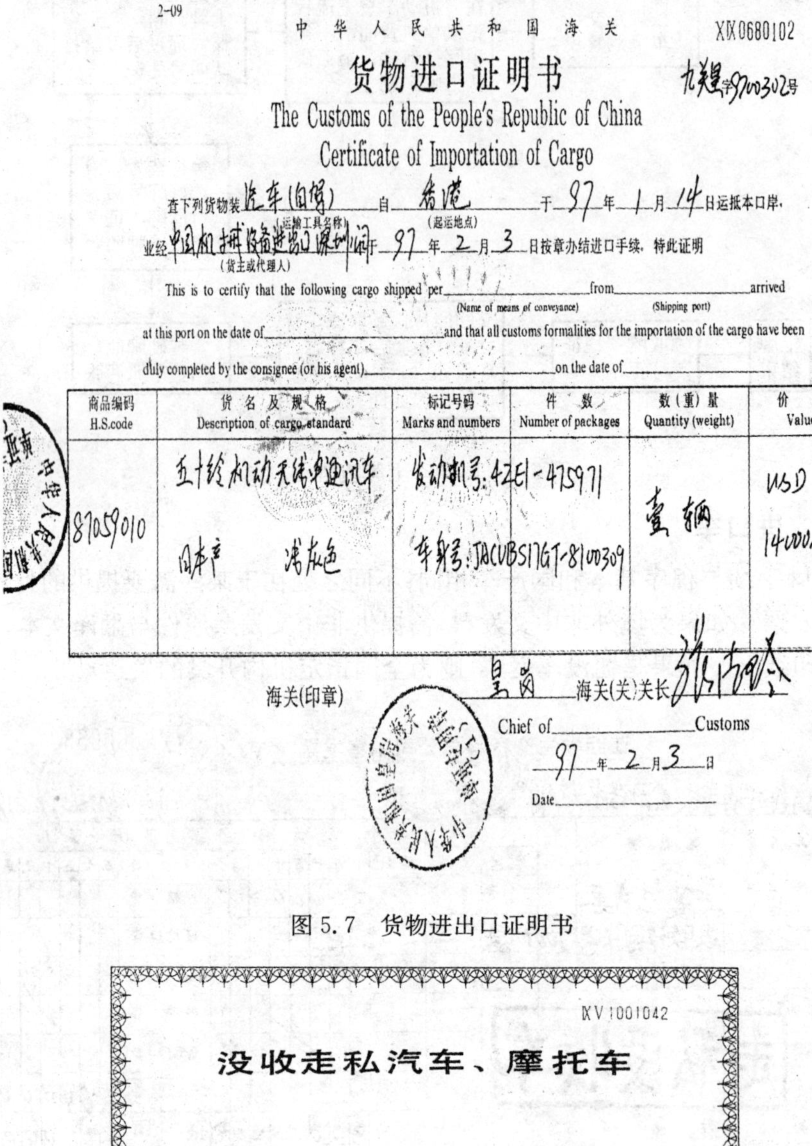

2-09　中华人民共和国海关　XⅨ0680102

货物进口证明书　九关里字8700302号

The Customs of the People's Republic of China
Certificate of Importation of Cargo

查下列货物装 汽车(自驾) (运输工具名称) 自 香港 (起运地点) 于 97 年 1 月 14 日运抵本口岸，业经 中国机械设备进出口深圳公司 (货主或代理人) 于 97 年 2 月 3 日按章办结进口手续，特此证明

This is to certify that the following cargo shipped per ______ (Name of means of conveyance) from ______ (Shipping port) arrived at this port on the date of ______ and that all customs formalities for the importation of the cargo have been duly completed by the consignee (or his agent) ______ on the date of ______

商品编码 H.S.code	货名及规格 Description of cargo standard	标记号码 Marks and numbers	件数 Number of packages	数(重)量 Quantity (weight)	价格 Value
87059010	五十铃机动无线电通讯车 日本产 浅灰色	发动机号：4ZE1-475971 车身号：JACUBS17GT-8100309		壹辆	USD 14000/

海关(印章)　皇岗 海关(关)关长 [signature]

Chief of ______ Customs

97 年 2 月 3 日

Date ______

图 5.7　货物进出口证明书

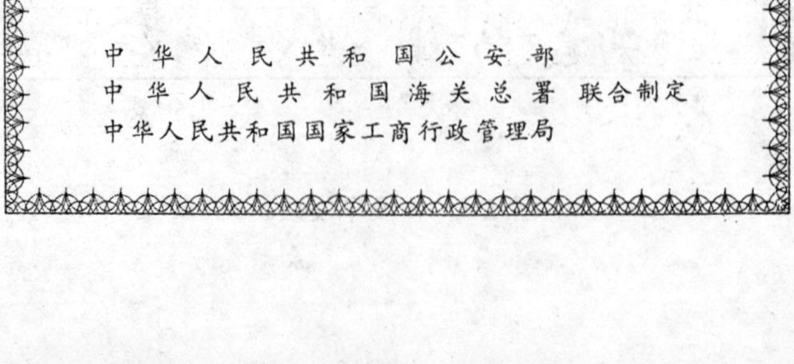

KV 1001042

没收走私汽车、摩托车

证　明　书

中华人民共和国公安部
中华人民共和国海关总署　联合制定
中华人民共和国国家工商行政管理局

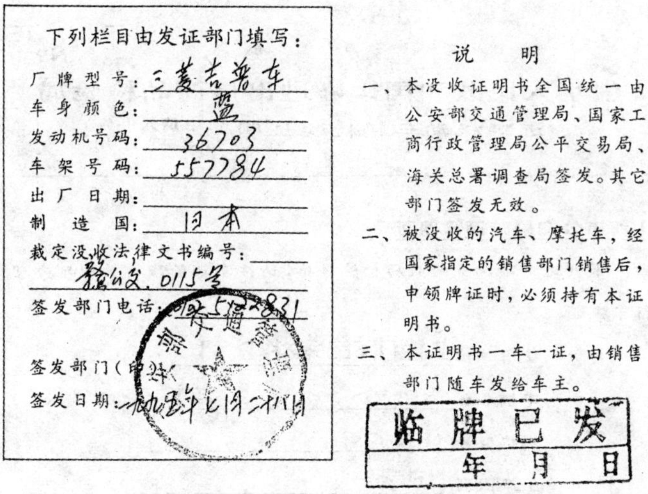

下列栏目由发证部门填写：

厂牌型号：三菱吉普车

车身颜色：蓝

发动机号码：36703

车架号码：557784

出厂日期：

制造国：日本

裁定没收法律文书编号：

赣公交 0115号

签发部门电话：

签发部门（印）

签发日期：

说　明

一、本没收证明书全国统一由公安部交通管理局、国家工商行政管理局公平交易局、海关总署调查局签发。其它部门签发无效。

二、被没收的汽车、摩托车，经国家指定的销售部门销售后，申领牌证时，必须持有本证明书。

三、本证明书一车一证，由销售部门随车发给车主。

临牌已发

年　月　日

图 5.8　罚没走私机动车证明

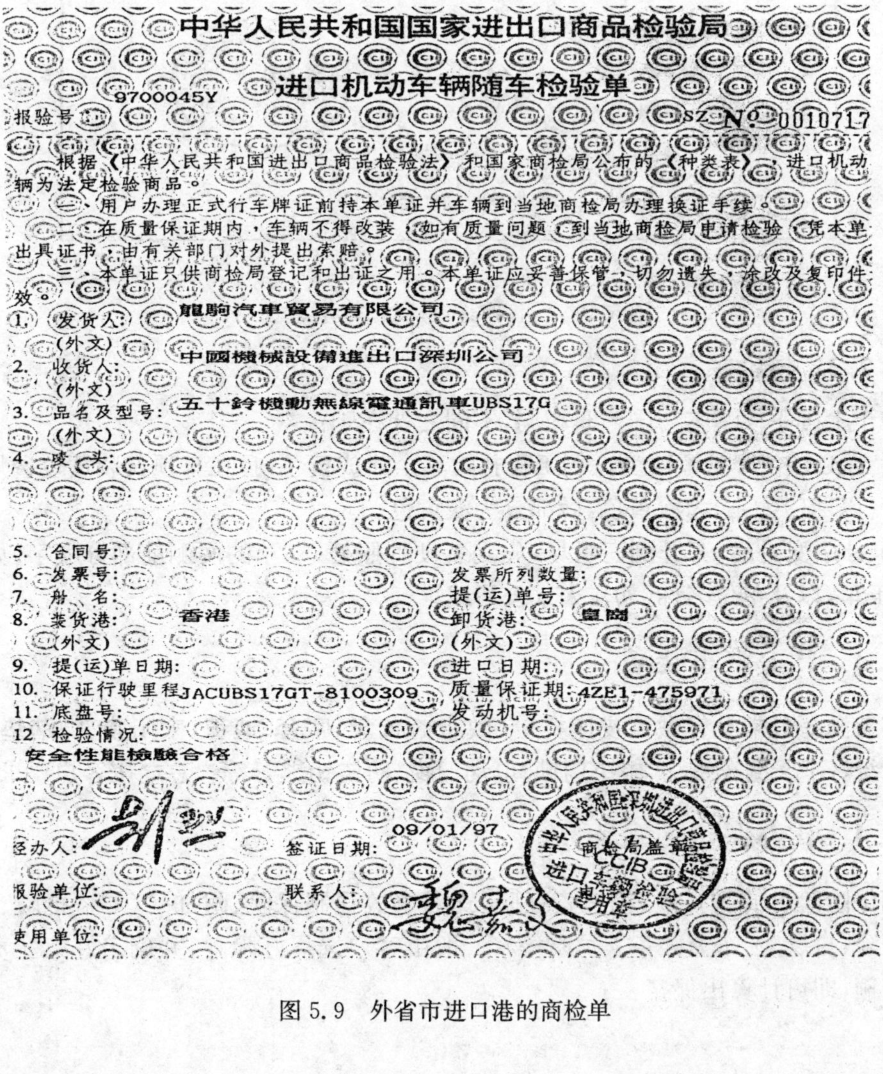

中华人民共和国国家进出口商品检验局

进口机动车辆随车检验单

报验号：9700045Y　　SZ No 0010717

根据《中华人民共和国进出口商品检验法》和国家商检局公布的《种类表》，进口机动车辆为法定检验商品。

一、用户办理正式行车牌证前持本单证并车辆到当地商检局办理换证手续。

二、在质量保证期内，车辆不得改装，如有质量问题，到当地商检局申请检验，凭本单出具证书，由有关部门对外提出索赔。

三、本单证只供商检局登记和出证之用。本单证应妥善保管，切勿遗失，涂改及复印件无效。

1. 发货人：龍駒汽車貿易有限公司
(外文)
2. 收货人：中國機械設備進出口深圳公司
(外文)
3. 品名及型号：五十鈴機動無線電通訊車UBS17G
(外文)
4. 唛头：
5. 合同号：
6. 发票号：　　发票所列数量：
7. 船名：　　提(运)单号：
8. 装货港：香港　　卸货港：皇崗
(外文)　　(外文)
9. 提(运)单日期：　　进口日期：
10. 保证行驶里程 JACUBS17GT-8100309　　质量保证期：4ZE1-475971
11. 底盘号：　　发动机号：
12 检验情况：

安全性能檢驗合格

经办人：　　签证日期：09/01/97

报验单位：　　联系人：

使用单位：

图 5.9　外省市进口港的商检单

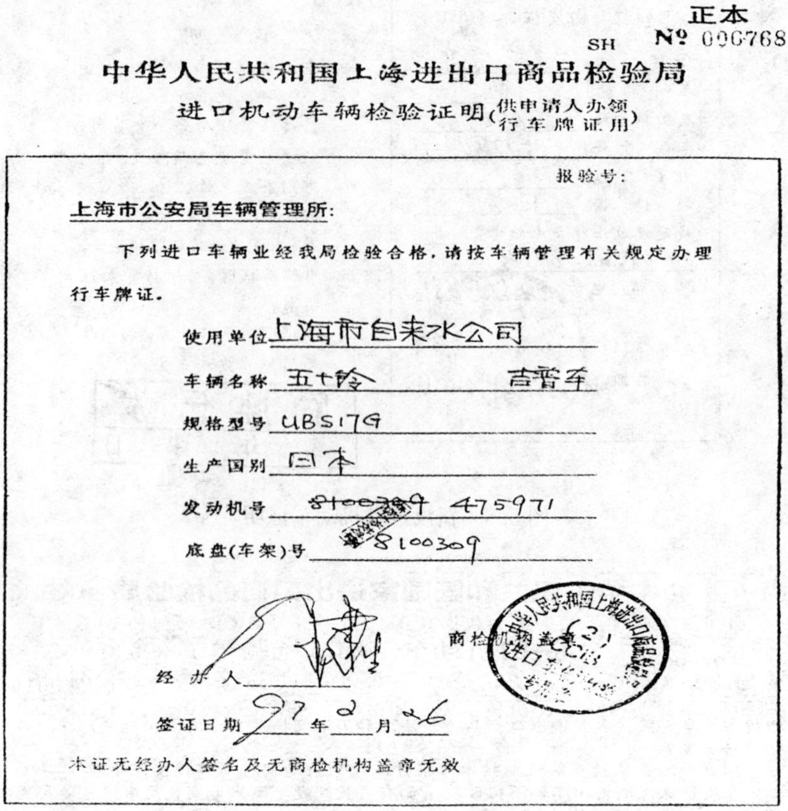

正本

SH №006768

中华人民共和国上海进出口商品检验局

进口机动车辆检验证明（供申请人办领行车牌证用）

报验号：

上海市公安局车辆管理所：

下列进口车辆业经我局检验合格，请按车辆管理有关规定办理行车牌证。

使用单位 上海市自来水公司

车辆名称 五十铃 吉普车

规格型号 UBS17G

生产国别 日本

发动机号 8100389 475971

底盘(车架)号 8100309

商检机构盖章

经 办 人

签证日期 97 年 2 月 26

本证无经办人签名及无商检机构盖章无效

图 5.10　上海市进口机动车辆检验证明

5.2.2.3　特种车

特种车上牌手续基本与国产车相同，不同之处在于：

① 上牌必须使车身漆改变。例工程救险车全喷成黄色，且在车顶安装黄色警灯。施工车前部分（以前门为主）为深黄色，后部分为淡黄色。

② 车身漆变更后，车开到三考场，先到装硬牌照处，在车的两侧前部分喷字，如工程救护车、施工车，以及单位名称（如自来水公司或煤气公司等）。

5.2.3　代办汽车装潢

汽车装潢一般常见有做真皮座椅套、做座椅布套、席套、地毯、太阳膜、脚踏垫，有时改装影视系统、GPS、倒车雷达、中央门锁、电动门窗、防盗钥匙等等。总之按客户要求代办。

5.2.4　代办保险

车辆保险险种有车损险、第三责任险、交通事故强制保险、附加险（如盗抢险、玻璃险、不计免赔险、自燃险、车上乘务人员险等），一般由客户选择好险种，并确定好第三责任险最高赔偿金额，即可计算出保费。

5.3 汽车按揭销售与置换销售

5.3.1 汽车按揭销售

5.3.1.1 我国汽车按揭销售情况与前景

根据有关资料，全球发达国家汽车按揭销售占总销售的70%，而我国目前占15～20%，所以，我国汽车按揭销售远远落后于发达国家，也就是说我国汽车按揭销售大有发展前途。

5.3.1.2 一般汽车按揭销售(一般只用于私人)

按揭一般应用于汽车价格高于10万元的金额。按揭期限目前一般为1～5年，首付款为车价的30%。

(1) 按揭首付款项目

① 车价的30%的金额。

② 车辆购置附加税(国产车为车价减去增值税的10%的金额，进口车即为车价的10%的金额)。

③ 保险费。为按揭期限再加三个月的保费。如贷款3年则保费为3年零3个月的保费。

④ 上牌杂费与上牌服务费。

⑤ 牌照额度费。

(2) 按揭操作过程与必备手续

① 首先客户与汽车销售公司签订汽车消费贷款购车合同。

② 客户准备好必备材料，由销售公司交银行审批。必备材料主要有：

客户夫妻双方身份证复印件各四份；夫妻双方户口簿每页复印件各二份；夫妻双方结婚证明复印件二份或未婚证明二份：如有离婚后未再婚者需离婚证明及未再婚证明各二份；购车合同二份；近期水费、电费、煤气费、复印件一份；夫妻双方收入证明各一份；汽车贷款申请表一份，汽车贷款申请书一份；贷款合同一式四份；贷款抵押合同一式四份；太平洋借记卡一份(需要客户先签字)；首付款凭证在银行审批时可以不提供，但在公证时一定要提供。

③ 银行审批通过后，销售公司通知客户至公证处(一般在贷款银行设点)公证。公证时客户必带材料有：

夫妻双方身份证原件；夫妻双方户口簿原件；夫妻双方结婚证原件；汽车行驶证原件及复印件三份；汽车销售统一发票原件及复印件二份；保险单原件及每份复印件二份，如有批单的则需批单原件及每份复印件二份；夫妻双方方形印章；公证费200元。

④ 客户的车辆产权证原件、购车发票原件、保险单原件、行驶证复印件及其他文件复印件存在银行内，由银行至大柏树车管所锁定该车。

⑤ 贷款还清后银行会会同客户持有关文件、证件至车管所解锁。有关材料原件全部归还客户。

5.3.2 代办收购客户的二手车

(1) 估价　审查二手车的证件、产权证、出厂年份,看车况,最后评估。

(2) 签订收购二手车协议　汽车销售公司先与客户签订代收购协议。

(3) 签订代销协议　汽车销售公司再与旧车经营公司签订代销售协议,或者与旧车私主签订代销售协议。

(4) 填写“补领、换领机动车牌证申请表”　若客户未办理过机动车登记证书(即俗称产权证),则需填写“补领、换领机动车牌证申请表”,见表5.16。

表5.16　补领、换领机动车牌证申请表

<table>
<tr><td colspan="2">机动车登记证书编号</td><td colspan="2"></td><td>号牌号码</td><td></td></tr>
<tr><td>申请事项</td><td colspan="5">□补领机动车号牌　□补领行驶证　□补领登记证书　□换领机动车号牌　□换领行驶证　□换领登记证书</td></tr>
<tr><td rowspan="4">机动车所有人</td><td>姓名/名称</td><td colspan="2"></td><td>联系电话</td><td></td></tr>
<tr><td>住所地址</td><td colspan="2"></td><td>邮政编码</td><td></td></tr>
<tr><td>暂住地址</td><td colspan="2"></td><td>邮政编码</td><td></td></tr>
<tr><td>身份证明名称</td><td></td><td>号码</td><td colspan="2">□常住人口　□暂住人口</td></tr>
<tr><td rowspan="3">机动车</td><td>机动车厂牌型号</td><td colspan="4"></td></tr>
<tr><td>车辆识别代号/车架号</td><td colspan="4"></td></tr>
<tr><td>发动机号码</td><td colspan="4"></td></tr>
<tr><td rowspan="3">申请明细</td><td>相关凭证</td><td colspan="4">□未得到登记证书证明　□《协助执行通知书》</td></tr>
<tr><td>补换领原因</td><td colspan="2">□丢失　□灭失　□损坏　□未得到登记证书</td><td colspan="2" rowspan="3">机动车所有人签章:
(个人签字/单位盖章)
年　月　日</td></tr>
<tr><td>补换领机动车号牌</td><td colspan="2">□1面　□2面</td></tr>
<tr><td>申请方式</td><td colspan="3">□由机动车所有人申请
□机动车所有人委托________代理申请</td></tr>
<tr><td rowspan="7">代理人</td><td>姓名/名称</td><td colspan="2"></td><td>联系电话</td><td></td></tr>
<tr><td>住所地址</td><td colspan="4"></td></tr>
<tr><td>身份证明名称</td><td></td><td>号码</td><td colspan="2" rowspan="5">代理人签章:
(个人签字/单位盖章)
年　月　日</td></tr>
<tr><td>经办人 姓名</td><td colspan="2"></td></tr>
<tr><td>经办人 身份证明名称</td><td></td><td>号码</td></tr>
<tr><td>经办人 住所地址</td><td colspan="2"></td></tr>
<tr><td>经办人 签字</td><td colspan="2">年　月　日</td></tr>
</table>

(5) 办理转籍或退牌手续　卖旧车客户还需提供有关转籍或退牌的材料给旧车经营公司或旧车经营公司由二手车交易市场统一至上海车辆管理所办理转籍或退牌手续。

(6) 取得旧车转籍更新单或退牌更新单　卖出客户在手续办妥后取得旧车转籍更新单或退牌更新单,即为牌照额度。

5.4 收款程序与相关票证

汽车车价金额较大，从几万元到百万余元，若遇到批发商甚至上千万元，因此千万不能出差错，这对销售员来讲是一非常重大的经济问题，必须严格遵守财务制度的规定，以及对票证的真伪进行认真甄别。

5.4.1 销售新车的收款程序

5.4.1.1 客户提供全车款支票

(1) 确认支票　销售员必须学会确认支票，看看支票的章印是否清楚、齐全，书写是否符合银行的规范。印章为两枚：一是财务专用章，一是对方账户户主章。书写要规范，日期用汉字填写，如 2008 年 10 月 9 日写作贰零零捌年壹拾月零玖日。金额有两处需填写，一处为汉字填写处，一处为阿拉伯数字填写处。汉字填写处必须用汉字大写字填写。例 540 190.00元，写作伍拾肆万零壹百玖拾元正(注意，万、仟、佰，即万字可用简体字)；若最后为分，则不用加正。而在阿拉伯数字填写处，则在 540 190.00 之前加“¥”，而所有数字必须和上面印好的位数位置相对准，见图 5.11。所有填写之处都不得涂改，印章不得模糊。

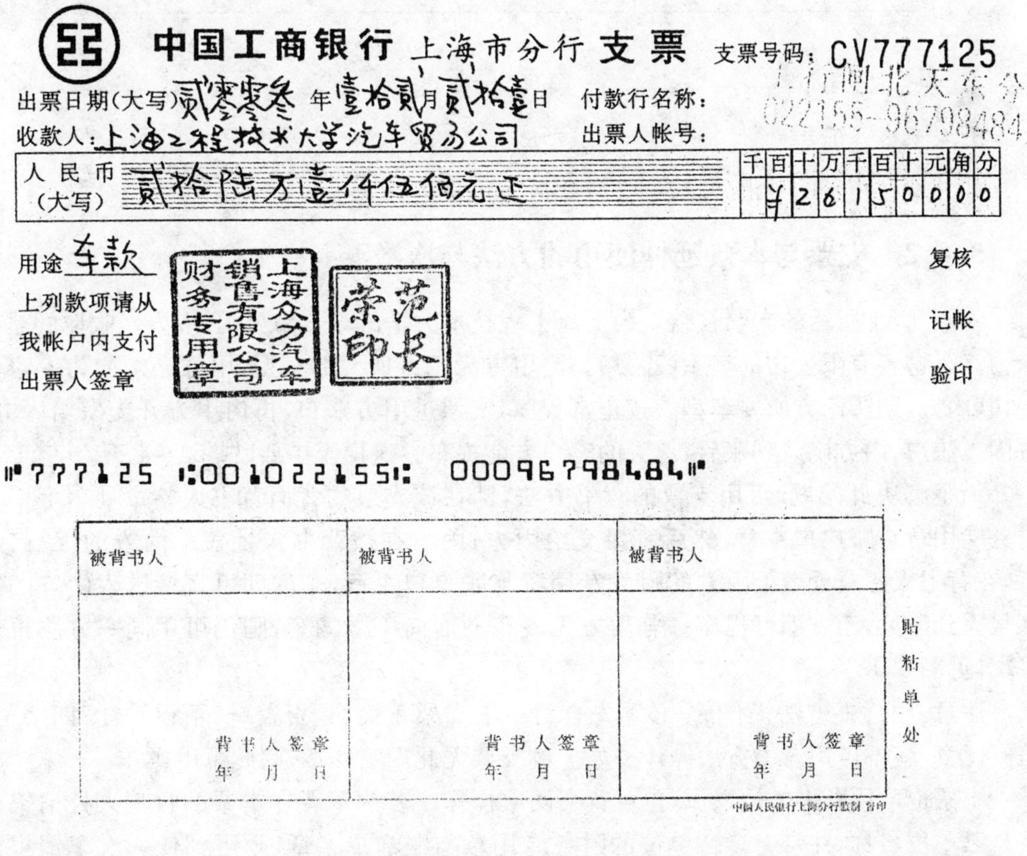

中国工商银行 上海市分行 支票　支票号码：CV777125

出票日期(大写) 贰零零叁 年 壹拾贰 月 贰拾壹 日　付款行名称：工行闸北天东分

收款人：上海工程技术大学汽车贸易公司　出票人帐号：022155-96798484

付款期十天，可以流通转让

人民币(大写)	贰拾陆万壹仟伍佰元正
千百十万千百十元角分	¥26150000

用途 车款

上列款项请从我帐户内支付

出票人签章　上海众力汽车销售有限公司财务专用章　范荣长印

复核　记帐　验印

⑈777125 ⑆001022155⑆ 00096798484⑈

被背书人	被背书人	被背书人
背书人签章 年 月 日	背书人签章 年 月 日	背书人签章 年 月 日

贴粘单处

中国人民银行上海分行监制 省印

图 5.11　支票

(2) 提车　告知客户必须支票到销售公司账户后方可提车。支票一般一天或一天半即可到账。

5.4.1.2　客户提供本票(全车款)

本票见图 5.12。因本票是银行开出的，所以客户提供本票，当天即可提车。但销售员必须请财务人员立即去银行审核。审核无误后，客户即可提车。

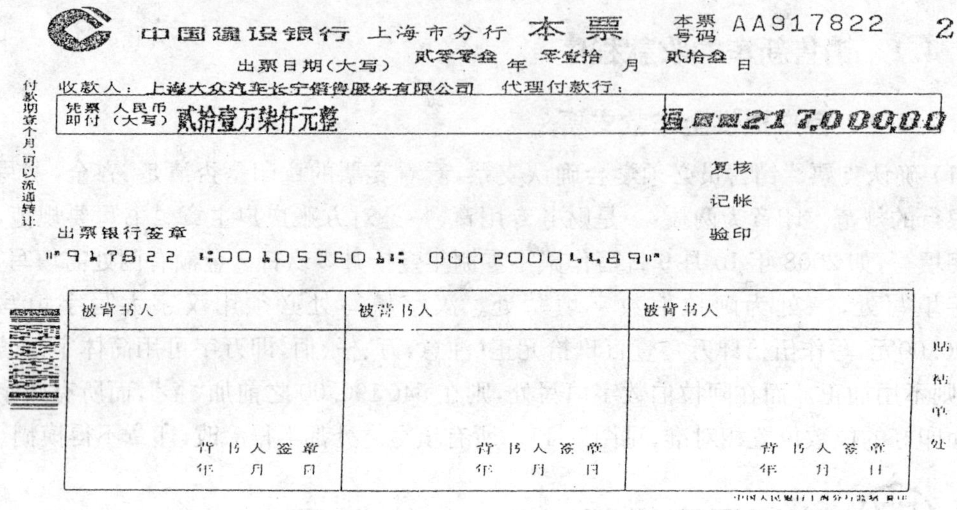
中国建设银行 上海市分行 本票　本票号码 AA917822　2

出票日期(大写) 贰零零叁 年 零壹拾 月 贰拾叁 日

收款人：上海大众汽车长宁销售服务有限公司　代理付款行：

凭票即付 人民币(大写) 贰拾壹万柒仟元整　217,000.00

付款期壹个月 可以流通转让

复核　记帐　验印

出票银行签章

被背书人　被背书人　被背书人

背书人签章 年 月 日　背书人签章 年 月 日　背书人签章 年 月 日

贴粘单处

图 5.12　本票

5.4.1.3　汇票

如外地客户带的是汇票，应同样到账后方可提车。

5.4.2　支票与本票延伸使用的方法与次数

如图 5.11 所示的支票收款人为上海工程技术大学汽车贸易公司(甲方)，收取的是上海众力汽车销售有限公司的车款(乙方)。当甲方无乙方所要的车型，甲方必须向另一家汽销公司(丙方)购买乙方所要车型。按正常程序，支票进甲方账户，再由甲方开支票给丙方，再进丙方账户，丙方确认到账后，乙方的客户方能提车。这样至少要耽搁 3～4 天。

为了解决此问题，可用支票的背书方法，即在该支票的背面背书人签章处盖上甲方的财务专用章与账户户主章，然后直接交给丙方；丙方在被背书人处盖上丙方的银行、账号章，在背书人签章处盖上丙方的财务专用章与账户户主章，车款即可直接进入丙方的银行账号。到账后，乙方即可提车。若丙方无该车型而向丁方购车，则仍可用同一方法再背书一次，见图 5.13。

注意：用背书方法操作前，必须先查看一下支票正面，是否盖有“不得转让”四字；如果盖有此章，就不可用背书方法操作。如上例支票无此四字的章，因此可以操作。

本票也可用背书方法操作，也可背书两次操作。若购车者在本票的收款人处请银行开具自己单位名称，并带上自己单位的财务专用章与账户户主章，则可到任一汽车销售公司购车，只要在本票背面盖上本单位的财务专用章与账户户主章，即可当现金使用。

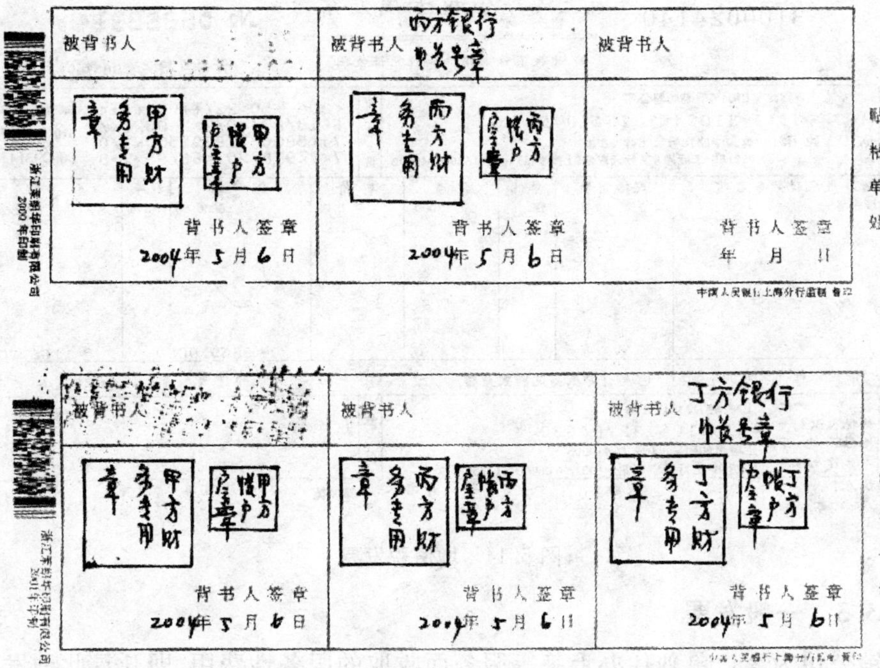

图 5.13 背书

5.4.3 发票的种类与区别

5.4.3.1 汽车整车的专用发票

称机动车销售统一发票。发票的内容包括汽车的发动机编号、车架编号、厂牌型号、合格证号、购车单位的企业代码证编号等需要填的项目栏。所以这是专用发票，是对直接用户开具的，也是上牌时必备的材料之一。总车价为价税合计，即包括单车价和增值税两项。

5.4.3.2 增值税发票

增值税发票见图 5.14，这是用于两个汽车销售公司买卖车辆的。

如甲汽销公司向乙汽销公司购买某一型号车，此时乙方必须向甲方开具增值税发票，该发票有甲、乙双方的单位地址、电话、银行账号、税务登记编号，而且严格分清车价与增值税，并分别填写于各自项目栏内。一般增值税发票是用专用计算机打印机开具的。只有开具增值税发票，甲方在报税时才可用抵扣联，抵扣甲方所交的全额增值税。例如，乙方向甲方销售汽车，售价为 10 万元，则其单车价为85 470元，而增值税为14 530元（即为85 470×17%）。如甲方卖给直接用户的售价为105 000元，则其单车价为89 744元，而增值税为15 256元。甲方在完税时即可用乙方开具的增值税抵扣，即甲方应完增值税为15 256－14 530＝726 元；若无乙方开具的增值税发票，则甲方完税为15 256元。

3100024140　　上海增值税专用发票　　№ 06999314

此联不作报销、扣税凭证使用　　开票日期：2003年04月29日

国税函〔2002〕559号上海印钞厂

购货单位	名称：上海汽车制动器公司 纳税人识别号：310046132541845 地址、电话：建国中路10号　64733881 开户行及帐号：022155-工行闸北支行天东分(上汽专柜)1001215509004034371	密码区	<306<+50>22/++002+5*4 6613/*0/<0/2*2-0626</ 74<5806<718396500*1/0 7<8<978>>07<66/95>>>8	加密版本 01 3100024140 06999314

货物或应税劳务名称	规格型号	单位	数量	单价	金额	税率	税额
SGM顶杆塞		件	7000	0.98	6860.00	17%	1166.20
合　计					￥6860.00		￥1166.20
价税合计（大写）	⊗捌仟零贰拾陆圆贰角整				（小写）￥8026.20		

销货单位	名称：上海精密冷挤压公司 纳税人识别号：310105132704632 地址、电话：上海市仙霞路350号 62419503 开户行及帐号：022870-工行长宁安龙分1001287009004611768	备注	

收款人：　　复核：　　开票人：郭仲德　　销货单位：（章）

第四联：记帐联　销货方记帐凭证

图 5.14　增值税发票

5.4.3.3　一般发票

如汽销公司为客户单独代办上牌等服务而收取的服务性费用，即开具此种发票，这种发票完税率一般为全额的 5%。

注意：只有一般纳税人才具有增值税发票，而小额纳税人是无增值税发票的，也就是无法用卖方的增值税来抵扣买方的全额增值税。要取得一般纳税人资格，企业年销售额必须超过 180 万元。

思考题

1. 如何区分大型客车、中型客车和小型客车？
2. 简述新车上牌的流程和需要。
3. 简述按揭购车用户需要提供的材料。
4. 发票有哪几种，有何区别？

6 汽车营销人员的素质和职业规范

汽车营销员的职责是指作为汽车营销员必须做的工作和必须承担的相应责任。汽车营销员是汽车销售过程中的主体，是联系企业与顾客的桥梁和纽带。因此，汽车营销员在汽车销售中既要对企业负责，又要对顾客负责。

在优胜劣汰的市场竞争中，汽车营销员的职责并非仅限于把企业的产品销售出去，而是承担着多方面的任务。对汽车营销员来讲，每一次销售活动的具体任务可能是不同的，但都承担着一些相同的基本职责。因此，明确汽车销售员的职责范围，了解市场对汽车销售员的具体要求，也是挑选、培养汽车销售员的条件、目标和方向。

6.1 汽车营销员的职责

汽车营销员的职责包括以收集信息、沟通关系、销售商品、提供服务、建立形象等几个方面。

6.1.1 收集信息

企业在市场竞争中能否取得有利的地位，在很大程度上取决于信息的获得程度。销售员是企业和市场之间、企业和顾客之间的桥梁与纽带，对于获取信息具有十分有利的条件，易于获得需求动态、竞争状况以及顾客的意见等重要信息。及时、持续不断地搜集这些信息，并把这些信息反馈给企业，是销售员应承担的一项重要职责。这不仅可以为企业制定正确的营销策略提供可靠的依据，而且有助于销售员提高自己的业务能力。因此，企业要加强对销售员的教育，使他们自觉地当好企业的耳目，在走访顾客、销售商品、为顾客服务的同时，有意识地了解、收集市场信息。同时，要建立必要的规章制度，要求销售员定期反馈信息，并对提供有效信息者给予物质或精神奖励，使信息反馈工作制度化、经常化。通常，企业要求销售员搜集、总结的信息主要包括：市场供求关系的现状及变化趋势；消费者特征、消费结构方面的情况；顾客需求的现状及变化趋势；顾客对产品的具体意见和要求；顾客对企业销售政策、售后服务等的反映；同类产品的竞争情况。

6.1.2 沟通关系

汽车营销员运用各种管理手段和人际交往手段，建立、维持和发展与主要潜在顾客、老顾客之间的业务关系和人际关系，以便获得更多的销售机会，扩大企业产品的市场份额，这是汽车营销员的重要职责。

汽车营销员将商品销售出去，不是工作的结束，还必须继续保持与顾客的联系。汽车营销员应改变“买卖完成即分手”的做法，而与顾客建立长期、友好的联系。销售成交后，能否保持和是否重视与顾客的联系，是关系销售活动能否持续发展的关键。汽车营销员不仅要巩固与顾客的关系，尽善尽美地提供售后服务，保持稳固的产销渠道，使老顾客在更新产品时继续采用本公司产品，而且还要千方百计地发展新的关系，吸收、说服潜在顾客购买本企业的产品，不断开拓新市场，扩大企业的市场范围。沟通关系的有效步骤是：确定主要客户的名单；确定每一位汽车营销员的联系对象；规定沟通关系的具体目标及任务；汽车营销员根据计划、目标进行沟通工作；汽车营销管理人员定期检查评估。

6.1.3 销售商品

汽车营销员将企业生产出来的汽车商品，从生产者手中转移到消费者手中，满足消费者的需要，为企业再生产创造条件，这是汽车营销员最基本的职责，也是销售工作的核心环节。销售汽车商品是通过销售过程中的一系列活动来完成的。这些活动包括寻找潜在顾客、准备进行访问、介绍和示范产品、处理异议、确定价格及交货时间等成交条件、签订合同等。此外，还包括销售汽车商品所必需的辅助性工作，如商务旅行、调查、案头工作、必要的交际等。据美国的一份调查表明：汽车营销员花在旅途及等待会见的时间占全部工作时间的26%，花在调研及案头工作上的时间占全部工作时间的23%，而真正与顾客接触、说服顾客购买的时间占全部工作时间的41%。汽车营销员其他职责的完成与否，都有赖于是否成功地销售汽车商品。因此，成功地销售汽车商品，为汽车营销员履行其职责打下了良好的基础。

6.1.4 提供服务

“一切以服务为宗旨”是现代销售活动的出发点和立足点。汽车营销员不仅要为顾客提供满意的商品，更重要的是要为顾客提供各种周到和完善的服务。服务是产品功能的延长，有服务的销售才能充分满足顾客的需要，而缺乏服务的产品只不过是半成品。未来，企业的竞争日趋集中在非价格竞争上，非价格竞争的主要内容就是服务。在市场竞争日益激烈的情况下，服务往往成为能否完成销售的关键因素。汽车营销员所提供的服务包括售前、销售过程中及售后服务。售前服务通常包括：帮助顾客确认需求和要解决的问题；为顾客提供尽可能多的选择；为顾客的购买决策提供必要的咨询等。售前服务是进行销售的前提，也为成交奠定基础。销售过程中的服务主要包括：为顾客提供买车咨询，提供融资贷款、保险、上牌及办理各种手续的帮助。销售过程中的服务是销售成功的关键，因为这些能为顾客带来额外利益的服务项目常常成为决定成交的主要因素，尤其是在商品本身的特征和价格差别不大的情况下，顾客总是选择那些能提供额外服务的企业。销售完成后的服务即售后服务，主要包括：产品的安装、调试、维修、保养、人员培训、技术咨询、零配件的供应以及各种保证或许诺的兑现等。这些服务不仅能够增强顾客的满足感，巩固与顾客的关系，而且有利于树立良好的企业形象，增强企业的竞争能力。

6.1.5 建立形象

汽车营销员通过销售过程中的个人行为，使顾客对企业产生信赖或好感，并促使这种信赖和好感向市场扩散，从而为企业赢得广泛的声誉，建立良好的形象。汽车营销员是连接企业与顾客的纽带，他要把企业的商品、服务及有关信息传递给顾客。汽车营销员在进行销售时，完全代表着企业的行为。在顾客面前，销售员就是企业，顾客是通过销售员来了解、认识企业的。因此，能否为企业树立一个良好的形象，也就成为衡量汽车营销员的重要标准之一。建立良好的企业形象，汽车营销员需要做一系列扎实的努力。首先，要推销自己，以真诚的态度与顾客接触，使顾客对汽车营销员个人产生信赖和好感；其次，使顾客对整个买车交易过程满意；再次，使顾客对企业所提供的各种售后服务满意。此外，汽车营销员还应尽量帮助顾客解决有关企业生产经营方面的问题，向顾客宣传企业，让顾客了解企业。

建立了良好的企业形象，也就建立了良好的商品形象，而良好的商品形象是销售活动顺利进行的物质基础。因此，企业形象直接影响顾客的购买行为，它不仅是完成本次购买的条件，也是影响今后购买乃至长期购买的前提。

6.2 汽车营销员的素质

素质是个人身心条件的综合表现，是个人生理结构、心理结构及其机能特点的总和，是个人参与种种活动的基本条件。素质包括身体条件、气质、性格、能力、智慧、经验、品德等要素。这些素质要素是在先天遗传基础上发展起来的，是经过社会实践训练，不断地得到改善和提高的。不同的职业对从业人员的素质要求有所不同。

汽车营销员的素质包括业务素质和个人素质两项内容。

汽车营销员的业务素质主要包括具有现代营销观念、具有丰富的专业知识、具有扎实的销售基本功、具有熟练的销售技巧。

汽车营销员的个人素质主要包括强烈的公关意识、高尚的职业道德、良好的心理素质、合理的知识结构、全面的工作能力。

6.2.1 业务素质

6.2.1.1 具有现代营销观念

营销观念是指销售员对销售活动的基本看法和在销售实践中遵循的指导思想。营销观念决定着销售员的销售目的、销售态度，影响着销售过程中各种销售方法和技巧的运用，也最终影响着企业和顾客的利益。在销售活动中，销售人员要摒弃“以企业为中心”的传统销售观念，树立和坚持“以顾客为中心”的现代营销观念。

现代营销观念认为：销售是用适当的方法和技巧，阐明商品能给顾客的某种需要带来满足，在满足顾客的需要中获得企业利益。现代营销观念强调商品的销售必须以消费者的需要为基础，销售方法和技巧应该适应顾客的心理需求。

6.2.1.2　具有丰富的专业知识

营销员应掌握的专业知识是非常广泛的，专业知识的积累关系着素质、能力的提高。营销员所应具备的专业知识包括企业知识、产品知识、市场知识和用户知识等。

(1) 企业知识　掌握企业知识，一方面是为了满足顾客这方面的要求；另一方面是为了使汽车营销活动体现企业的方针、政策，达到企业的整体目标。企业知识主要包括企业的历史沿革、企业在同行业中的地位、企业的经营方针、企业的规章制度、企业的生产规模和生产能力、企业的销售政策和定价政策、企业的服务项目、企业的交货方式与结算方式、企业的供货条件等。

(2) 产品知识　汽车营销员不是技术专家，也不是产品开发设计人员，不可能透彻地了解有关汽车产品的全部知识。汽车营销员掌握汽车产品知识的最低标准是“顾客想了解的和想知道的”。顾客在采取购买行动之前，总是要设法了解产品的特征和性能价格比，以减少购买的风险。通常，越是技术上比较复杂、价值或价格高的产品，顾客需要了解的产品知识就越多。顾客喜欢能为其提供大量信息的汽车营销员，顾客信任对产品表现出权威性的销售员。汽车营销员不仅是销售汽车商品，更重要的是销售有关汽车的知识。一般来说，汽车营销员应对自己所销售汽车商品的以下方面有深入的了解：汽车商品的生产厂家、汽车商品的性能、汽车商品的使用、汽车商品的维修与保养、汽车商品的品质保证期等。同时，汽车营销员还要了解竞争商品的性能、价格等有关知识。

(3) 市场知识　市场是企业和汽车营销员活动的大舞台，了解市场运行的基本原理和市场营销活动的方法，是企业和汽车营销员获得成功的重要条件。由于销售活动涉及各种各样的主体和客体，有着十分复杂的方式和内容，所以，要求汽车营销员掌握的市场知识应十分广泛。汽车营销员应努力掌握市场运行的基本原理、市场营销及商品销售的策略与方法、市场调研与市场预测的方法和供求关系变化的一般规律。销售人员还应掌握现实客户的情况、寻找潜在客户的途径、潜在客户的管理等知识。

(4) 用户知识　用户知识主要包括产品的去向分布，用户的心理、性格、消费习惯和爱好，何人掌握购买决定权，用户的购买动机、购买习惯、采购的条件、购买方式、购买时间、购买力等内容。此外，与专业知识相关的知识还有法律方面的知识、财会方面的知识、人际关系知识、经济地理方面的知识、市场情报学知识等。汽车营销员为了出色地完成销售工作，必须具备丰富的专业知识并了解相关知识。销售员必须具有旺盛的求知欲，善于学习和积累完成销售工作所必备的知识。

6.2.1.3　具有扎实的销售基本功

汽车营销基本功是汽车营销员胜任汽车营销工作的基本前提，一般有以下几个方面：

(1) 用职业的方式去开拓客户　这是汽车营销员的首要基本功。汽车营销员应具有开放式的心态，随时随地有意识地寻求各种与销售相关的信息，把一些人们认为毫不相关的问题联系起来，从而构成自己的市场；销售员应有吃苦耐劳的精神，善于独辟蹊径，有充分的耐心去等待客户，有足够的勇气去开拓客户，用巧妙的方式去诱导客户，用机智的慧眼去洞察客户；汽车营销员应善于以逸待劳去获得客户，善于用客户去发展客户。

(2) 用公关的方式去接触客户　汽车营销员必须具备公关的能力，接受公关训练，使客户愿意同其见面，在客户心目中留下好印象。这就要求销售员：第一，对客户诚心诚意，谈论客户所关切的问题，做一个好听众，使客户感到自己的重要性和有价值；第二，尊重客户的意见，尽量避免与客户发生争议，坚持友好的态度；第三，不侵犯或刺激客户的情绪。

(3) 能准确地判断客户　汽车营销员应学会察言观色，明了客户所思所想。汽车营销员应能准确地判断出谁是真正的购买者，谁是购买的决策者；判断客户的性格、爱好及客户可能的购买能力。

(4) 有效地处理来自客户的障碍　汽车营销员要有较强的承受力，有化解客户制造障碍的能力。因此，需要汽车营销人员明了客户制造障碍的原因，并能用恰当的方法去进行处理。

6.2.1.4　具有熟练的销售技巧

汽车营销员必须站在顾客立场上，为顾客的利益(也为企业的利益)说服顾客购买自己所销售的产品，让顾客充分感受到购买的愉快心理，并确实因此而获益或感到满足。

销售技巧贯彻于整个销售活动的始终。汽车营销员应熟练地掌握发掘顾客的各种方法，创造吸引顾客应具备的条件，取得顾客的信任；能有效地克服顾客购买时的心理障碍；善于交谈，能正确处理顾客提出的各种异议；善于把握成交的合适时机；热心为顾客服务，为顾客排忧解难，并能及时恰当地处理顾客提出的各类申诉和抱怨，使顾客由不满意转为满意，最终抓住时机，把握成交。

6.2.2　个人素质

个人素质是指汽车营销员自身应具有的条件和特点。汽车营销员在销售商品的同时，也是在销售自己，因此，他必须具备与行业相关的良好的个人素质。一般来说，汽车营销员所应具备的个人素质主要包括以下几个方面：

6.2.2.1　强烈的公关意识

公共关系意识是一种综合性的职业意识，是汽车营销员应具备的素质的核心。因为良好的公共关系意识能促使汽车营销人员的行为处在主动和自觉的状态，使他对环境变化、人员变化有一种能动、开放、创造性的适应机制，能创造性地完成汽车营销任务。没有公关意识的人，即使他有很好的汽车营销专业知识，有很好的心理条件，也不可能成为一个成功的营销人士，他只能在别人思想的引导下，机械地模仿，不知不觉地步入“汽车销售的误区”。

汽车营销员必须具备强烈的公关意识，具体的要求是：

(1) 对汽车市场新事物、新情况的敏感性　汽车营销和管理人员必须具备对汽车市场新事物、新情况的敏感性，对汽车市场的微妙变化能及时觉察，能从历年销售资料或有关数据中看出趋势，从平静的市场表象中看出潜伏的危机或有待挖掘的潜力，要善于把握一些信号传递的信息。汽车营销员必须具备灵敏的头脑，及时捕捉身边的信息、判断竞争方向，使自己的企业不失时机采取对策，立于不败之地。

(2) 善于捕获灵感，抓住时机　一个成功的汽车营销员往往会把营销工作组织得新颖生动、别具一格，使顾客(公众)产生深刻的印象。这是汽车营销人员所追求的理想境界。

许多创新的销售手段、宣传手段在脑海里稍纵即"逝","善于捕捉灵感,及时抓住时机"会使工作更富有创造性。

"善于捕捉灵感,及时抓住时机"要求汽车营销员在工作实践中做到两点:进行长期的知识积累;珍惜最佳的时机和环境。

许多事例证明,灵感大都是在思维长期紧张而暂时松弛时得到的,或睡前,或起床后,或散步,或乘车时。要善于观察,在其他的事物中得到启示,从而获得灵感。总之,汽车营销员要具备强烈的公关意识,做"有心人",抓住灵感,把握时机,推陈出新。

6.2.2.2 良好的心理素质

随着竞争的日益激烈,在汽车营销员面前的是希望与痛苦并存、绝望与机遇并存、平稳与磨砺并存、成功与失败并存的局面。这就对汽车营销员的心理素质提出了更高的要求、更严峻的挑战。一个汽车营销员的心理素质主要包括以下几个方面:

(1) 自信心理　自信是汽车营销员职业心理的最基本要求,自信心是发展自己、成就事业的原动力之一。汽车营销员具备了自信心,才能正视自己,才会产生自信力,从而激发出极大的勇气和毅力,最终创造良好的销售业绩。当然,汽车营销员的自信是建立在周密调查研究、全面了解情况的基础之上,不是盲目的自信。

(2) 热情的心理　汽车营销员与人、与车打交道,其工作对象主要是顾客,其次是车。这就要求汽车营销员必须对工作充满极大的热情,凭借热情的心理来与各种各样的人打交道。结交众多的朋友,拓展工作渠道。缺乏热情的人,既不可能接受别人,也不可能被别人所接受。热情的心理应是充满想像力和创造力的基础条件,一个对什么都没有兴趣、对一切都很冷漠的人是无法胜任汽车营销工作的。

(3) 开放的心理　在信息交流、人际互动日益加强的现代社会,汽车营销员要想得心应手地做好销售工作,没有开放的心理是不行的。对外开放、知识更新,与国际接轨使我们体会到:要善于接受新事物;善于学习别人的长处;善于学习新知识,要不断解放思想、更新观念,要勇于进取,不因循守旧;要开拓创新,不墨守成规,这正是汽车营销员不可缺少的心理特征。具有开放心理的人,能宽容地接受各种各样与自己性格、志向、脾气不同的人,并能"异中求同",与各种类型的顾客、同事建立良好的人际关系;能冷静地对待和处理工作中所遇到的困难和挫折。

6.2.2.3 高尚的职业道德

汽车作为高档(大件)商品,对汽车营销员提出了较高的职业道德要求。汽车营销人员要通过自己优质的服务,塑造良好的形象,扩大汽车生产商和销售商的知名度、美誉度、认可度,来追求社会效益与经济效益的统一。因此,汽车营销人员需要有高尚的道德品行,其工作的好坏不仅影响个人,更影响整个企业。汽车营销员的主要职业道德可以概括为:实事求是、真诚可信;公正无私、光明磊落;勤奋努力、精益求精。

6.2.2.4 合理的知识结构

汽车营销员和管理人员经常要与形形色色的顾客打交道,因此,必须具有良好的教育和丰富的知识。其知识结构主要包括:

(1) 文明经商知识　汽车营销员必须遵守商业道德，合法竞争，必须维护消费者的合法权益；必须虚心听取消费者的意见，严肃认真地对待消费者的投诉。有了文明经商，才能取信于民。在营销活动中，信誉是一种财富，俗称“金字招牌”，有的知名企业为维护这块“金字招牌”而奋斗不已，所以汽车营销员应该重视这无形的“财富”。

(2) 经营业务知识

① 熟悉汽车结构原理、主要性能、保养检测知识，了解各种汽车的品种规格、用途特点和行情价格，只有熟悉和了解才能帮助顾客根据需要进行挑选，当好顾客的“参谋”，并及时回答顾客提出的各种问题，消除顾客的各种疑虑。进货时，验收提货、转移运输、入库贮存；销货时，产品介绍、出库交货、检测排故，懂行的应用自如，不懂行的寸步难行。

② 熟悉市场行情、价格、费用(利息、仓储、运输费……)，了解税收、保险、购置费、付款(贷款)方式等一系列业务、政策规定以及市场营销基本知识，以便达成交易或实施管理。

③ 熟悉汽车销售工作程序中每个环节及细节，如进货、验收、运输、存车、定价、广告促销、销售、售后服务、信息反馈等，以及在洽谈基础上签订合同、开票出库等手续，并熟悉销售服务(加油、办移动证或临时牌照、工商验证等)的各个环节。

④ 熟悉各种票据、财务手续，了解各部门核算方法。交易的最后手续是结算，要求准确、迅速；收、付两清。对涉及汽车货物的进、销、存，涉及货款的贷、收、付以及费用中进货费、利息、洽谈费、差旅费等各种消耗都要心中有数，了解部门的经济核算方法，随时了解部门的经济效益，及时采取措施和对策，确保营销任务的完成。

(3) 熟悉商业技能并能善于应用

① 熟悉顾客心理。顾客的职业不同、社会地位不同、年龄不同、习惯不同、爱好不同，因而对汽车有不同的需求。汽车营销员要有一定的消费心理知识，能从客户外表神态、言谈举止、挑选商品的行为来分析判断不同顾客的心理活动。顾客有慢性的、急性的、敏感性的、计较性的，要善于观察和分析顾客心理，根据不同情况接待顾客，促使交易顺利进行。

② 讲究谈判和语言艺术，要热情、和气、诚恳、耐心、礼貌、准确。俗话说：和气生财，要经得住“委屈”。语言艺术不仅关系到一笔交易的成败，而且关系到营销人员与顾客之间的关系、公司与顾客之间的关系，关系到公司的商业信誉。

(4) 掌握一定的外语能力　考虑到对外开放、内外贸结合，有时经营进口车，掌握一门外语是必要的，最好能看懂汽车说明书，能简易会话。

6.2.2.5　全面工作能力

汽车营销员和企业其他工作人员的工作性质不同的，往往要独立应付和面对各种各样的人和事物，需要把自己的知识、经验灵活地运用到具体工作中去。因此，汽车营销员的素质还应包括各种工作能力。汽车营销员的工作能力概括讲有以下几方面：

(1) 宣传表达能力　汽车营销工作很大程度上是汽车产品的传播者，而且是以面对面的方式进行传播的，因此，汽车营销员应具备较强的文字表达能力、口头表达能力以及感情、形体表达能力。

文字表达能力要求汽车营销人员掌握应用文体的格式和特点，熟练运用语法、修辞、逻辑等知识从事写作(汇报总结、计划方案等)。文字表达能力要求准确、简洁、生动。

口头表达能力要求汽车营销员要讲普通话，吐字清楚，简明扼要，有节奏感，不啰嗦、重复、滔滔不绝，也不能一声不吭、沉默寡言；要讲究语言艺术，注重感情色彩。宣传汽车性能时，要求有敏捷的思维、灵活的反应，遇到突然提问能用准确的语言表达自己的看法，不模棱两可、似是而非，同时有意识地把企业的思想、宗旨、产品、服务以及形象传达给顾客，以得到他们的认可、理解和赞赏。

神态、感情、动作是沟通思想感情的非语言交往手段，高层次的汽车营销员对此非常重视。形体表达有时比语言表达更为重要。如与人交谈，略微倾向对方，表示热情和兴趣；向顾客微微欠身，显得恭谦有礼；自然轻松的微笑是友好、坦诚的表示。所以，汽车营销员以注重神态、表情、动作来传达感情、交流信息，往往有事半功倍的效果。

(2) 社会交往能力　汽车营销员因工作需要，必须和各种各样的人打交道，广结良缘，树立良好的形象，这就要求汽车营销员要了解不同层次的顾客的心理特征和行为特征，要清楚如何与不同职业、不同地位的人打交道。现代营销要求汽车营销人员“主动出击”，不断拓展自己的交往范围。汽车营销人员在与顾客交往中要表现出“入乡随俗”、从众的姿态，善于寻找契机；遵循人际交往的礼仪，以重视、随和、热情、诚实的形象，获得顾客和其他人员的信赖和好感。

(3) 自控应变能力　汽车营销员在工作中难免会遇到一些态度粗暴、吹毛求疵、提出苛刻条件的客户；也可能碰到无中生有，有意诋毁企业和产品的情况，作为汽车营销员要有风度、气质，要有很强的自控能力，以自己的冷静，使对方平静，用自己的和颜悦色，消除对方的“火气”。自控并非目的，自控是为了在各种突发情况下保持清醒的头脑，分析主观、客观的有利和不利条件。所以，自控以后还需应变，应变需要理智和机智。作为汽车营销员，多想几个假设，多制定几个计划，多准备几套预备方案和补救措施，这样才能随机应变，应付自如。

(4) 创新开拓能力　现代汽车市场是一个充满竞争的市场，现代汽车营销活动是在快速变化、发展的时代中进行的，要开发市场、占领市场，要求汽车营销员必须具有较强的创新开拓能力。

创新首先要不安于现状，不满足现有经验，善于独立思考、标新立异；第二，要视野广阔、兴趣广泛，善于学习、善于思维，融会贯通、扬长避短；第三，不能有“思维定势”，要以逆向思维发现不足，寻找对策；第四，要持之以恒。创新是一个艰苦的过程，作为成功的汽车营销员要始终保持好奇心和想像力，一丝不苟，坚持不懈，永远以全新的姿态，迎接挑战。

在具体的销售工作中汽车营销员应努力加强自身修养，培养和提高个人素质，力争做一个合格的销售员。

6.3 汽车营销员的基本能力

汽车营销员除了具备以上的相关的能力以外，从与顾客沟通交流的角度而言，还必须具有观察能力、记忆能力、思维能力、演示能力、核算能力等。

6.3.1 观察能力

汽车营销员必须具备敏锐的观察能力，这是汽车营销员深入了解顾客心理活动和准确判断顾客特征的必要前提。没有敏锐的观察能力，就不可能判断和使用有效的推销技巧。顾客的每一个行动背后，总有其特定的动机和目的；顾客在交易过程中也会或多或少地使用各种购买技巧。只有具备敏锐的观察能力，才能透过表象，看到问题的实质。对于汽车销售员来讲，只有具备敏锐的观察能力，才能更好地了解销售环境，更多更好地寻找顾客，掌握购买者的行为特征，进而开展有效的销售活动。

6.3.2 记忆能力

记忆能力是指对经历过的事物能记住，并在需要时回忆起来的能力。汽车销售员的工作繁杂，需要记住的东西很多，如顾客的姓名、职务、单位、电话、兴趣爱好；商品的性能、特点、价格、使用方法；对顾客的承诺、交易条件、洽谈时间、地点；交通工具、车船时刻等。如果汽车营销员在客户面前表现出记忆不佳，客户会对他产生不信任感。这无疑会为销售工作设置障碍，影响工作效率。

记忆能力的好坏固然与天赋有很大关系，但更重要的是后天的训练，很大程度上取决于记忆技巧和不断地自我训练。只要持之以恒、坚持不懈地训练，是能够提高记忆力的。

6.3.3 思维能力

思维是人的理性认识活动，就是在表象、概念的基础上进行综合分析、判断、推理等认识活动的过程。销售员应具有的思维能力包括：思维的全面性，能从不同角度看问题，即立体思维、多路思维；思维的深刻性，站得高，看得远，能把问题的本质看透；思维的批判性，不盲从，敢于坚持真理；思维的独立性，能独立思考，不受干扰，不依赖现成的答案；思维的敏捷性，反应快，遇事当机立断；思维的逻辑性，考虑问题条理清楚，层次分明。

6.3.4 劝说能力

劝说是汽车营销工作的核心，劝说能力的强弱是衡量汽车营销员水平高低的一个重要标准。汽车营销员要说服顾客，不仅需要有较好的说话艺术，更重要的是要掌握正确的原则。其中最重要的原则就是抓住顾客的切身利益，展开劝说工作。也就是说，在销售商品的过程中，要重视对顾客切身利益的考虑，而不要把说服的重点放在夸耀自己的商品上。只有这样，顾客才会对汽车营销员销售的汽车产生兴趣，汽车营销才会有成效。

6.3.5 演示能力

在营销过程中，汽车营销员要使顾客对所销售的产品感兴趣，就必须使他们清楚地认识到购买这种汽车商品以后，会得到什么好处。因此，汽车营销员不仅要在洽谈中向顾客介绍产品的具体优点，同时还必须向顾客证明产品确实具有这些优点。汽车商品演示是向顾客证明商品优点的极好方法。熟练地演示所销售的产品，能够吸引顾客的注意力，使他们对商品直接产生兴趣，这是一种“活广告”。如果所销售的产品是不能随身携带的，销售员可以借助宣传材料、目录或其他器具，向顾客宣传介绍所销售的产品。越来越多的产品信息，无法用语言准确地传递，而必须借助于产品演示；或者用语言准确地表述，专业性太强，汽车营销员不一定能说清楚，顾客也难以理解，商品演示就会使介绍过程既准确又明了。商品演示是一项专业推销技术，要求汽车营销员必须掌握要点，形成自己独特的技巧。

6.3.6 核算能力

利用科学的方法和手段对销售工作绩效及销售计划执行情况进行必要的核算评估，是汽车营销技术的重要组成部分。汽车营销员必须有良好的核算能力，这是销售员提高工作效率的重要手段。通过核算，分析销售工作及业务的效果，并从中探索规律，总结经验教训，为进一步改进和制定新的销售计划作出科学决策。营销核算的内容很多，主要包括营销核算、费用核算、利润核算及劳效核算等。

此外，汽车营销工作还可以通过其他多种数量标准进行评估，如每日拜访次数、订车量、成交量、销售与拜访次数比、毛利、巡回时间等，这些数量标准都可以定量表示，易进行比较。

6.4 商务礼仪

汽车营销活动既是一种商品销售活动，又是一种社会交际活动。汽车营销员每天要与不同的客户和各种类型的人打交道，要应酬各种场面，必须善于交际，懂得社交礼仪。汽车营销员销售汽车产品的过程，也是一个销售自己的过程。在销售过程中，汽车营销员要接近顾客，激发顾客的购买欲望，首先要让顾客对自己产生好感，才能取得信任。一位汽车营销员，有得体的仪表，高雅的风度，彬彬有礼、落落大方的举止，是成功销售的首要条件。

6.4.1 仪表、举止、谈吐礼仪

汽车营销员在与顾客交往时，第一印象十分重要。第一印象在心理学上称为“最初印象”，是指人们初次见面时几分钟内，对方在你身上所发现的一切印象，包括仪表、礼节、言谈举止，对他人的态度、表情，说话的声调、语调、姿态等诸多方面。人们依此来形成对你的基本评价和看法。第一印象一旦形成，便很难改变。对销售员来说，给顾客的第一印象往往决定交易的成败，顾客一旦对你产生好感，自然也会对你和你销售的产品有了好感。如何把握与顾客初次见面的短暂时机，创造一个良好的第一印象呢？汽车营销员的仪表、举止、谈吐等方面的表现就显得格外重要。

6.4.1.1 仪表礼仪

汽车营销员在与顾客见面之初，对方首先看到的是你的仪表，如容貌和衣着。汽车营销员能否得到顾客的尊重、好感、承认和赞许，仪表起着重要的作用。

仪表不仅仅是汽车营销人员的外表形象问题，也是内在涵养的表现和反映，良好的形象是外表得体与内涵丰富的统一。当然，对汽车营销员来说，注意仪表并不是非要穿戴什么名贵衣物，也不是要刻意讲究，一般要做到朴素、整洁、自然、大方即可。汽车营销员的衣

着打扮，首先要注意时代的特点，体现时代精神；其次要注意个人性格特点；第三，应符合自己的体形。具体要注意的方面很多，比如，无论是中山装、西装或各种便服，在颜色、式样上要协调、得体，衣服要干净、烫平，尽量不要把杂物、打火机等放入口袋，以免衣服变形。头部也会给人很深的印象，头发要给人清爽感，油头粉面容易使人讨厌，蓬头垢面更使人避之唯恐不及，要定期理发、洗头，经常梳理头发。女性销售员尽量不要戴太多的饰品，不要浓妆艳抹。总之，外貌整洁、干净、利落，会给人以仪表堂堂、精神焕发的印象。

6.4.1.2 举止礼仪

汽车营销员要塑造良好的交际形象，必须讲究礼貌礼节。举止礼仪是自我心态的表现，一个人的外在举止行为可直接表明他的态度。对汽车营销员的行为举止，要求做到彬彬有礼、落落大方，遵守一般的进退礼节，尽量避免各种不礼貌或不文明的习惯。

汽车营销员到顾客办公室或家中访问，进门之前应先按门铃或轻轻敲门，然后站在门口等候，无人或未经主人允许，不要擅自进入室内。进入顾客的办公室或家中，要主动向在场的人都表示问候或点头示意。在顾客尚未坐定之前，汽车营销员不应先坐下。坐姿要端正，身体微往前倾，要用积极的态度和温和的语气与顾客谈话。当顾客起身或离席时，应该同时起立示意。当与顾客初次见面或告辞时，销售人员应向对方表示打扰的歉意，感谢对方的交谈和指教。无论登门访问还是在其他交际场合，汽车营销员都要做到不卑不亢、不慌不忙、举止得体、有礼有节。另外，要养成良好的卫生习惯，克服各种不雅举止。

6.4.1.3 谈吐礼仪

作为一名汽车营销员，说话清楚流利是最起码的要求，而要成为一名合格而优秀的销售员，必须要掌握一些基本的交谈原则和技巧，遵守谈吐的基本礼仪。在拜见顾客或其他一些交际场合中，汽车营销员与顾客交谈时态度要诚恳热情，措辞要准确得体，语言要文雅谦恭，不含糊其辞、吞吞吐吐，不信口开河、出言不逊，要注意倾听，要给顾客说话的机会，“说三分，听七分”。这些都是交谈的基本原则，具体要注意以下几个方面：

(1) 说话声音要适当　交谈时，音调要明朗，咬字要清楚，语言要有力，频率不要太快，尽量使用普通话与顾客交谈。

(2) 要注意交谈时的眼神及动作　与顾客交谈时，应双目注视对方，不要东张西望、左顾右盼。谈话时可适当用些手势，但幅度不要太大，不要手舞足蹈，不要用手指人，更不能拉拉扯扯、拍拍打打。与顾客保持适当距离，讲话时不要唾沫四溅。

(3) 交谈中要给对方说话机会　在对方说话时，不要轻易打断或插话，应让对方把话说完。如果要打断对方讲话，应先用商量口气问一下，“请等一等，我可以提个问题吗？”“请允许我插一句话。”这样可避免对方产生你轻视他，或对他不耐烦等不必要的误解。如谈到一些不便谈论的问题，可以转移话题，不要轻易表态。

(4) 要注意对方的禁忌　与顾客交谈时，一般不要涉及疾病、死亡等不愉快的事情。交谈要避开粗俗之词，如上厕所，可以说“方便一下”；谈到怀孕，说“有喜了”、“要当妈妈了”。顾客若犯过错误或有某种生理缺陷，言谈中要特别注意，以免伤害其自尊心。对方不愿谈的问题，不要究根问底。谈及引起对方反感的问题应表示歉意，或立即转移话题。

另外，谈话对象超过三人时，不要只把注意力集中到一两个人身上，使其他人感到冷落。交谈中要注意避免习惯性口头禅，以免使顾客产生反感。交谈要口语化，使顾客感到亲切自然。

6.4.2 介绍、握手礼仪

与顾客初次相见，打完招呼后，介绍、称呼、握手就是最基本的交际礼节了。其基本的礼仪要求是：

6.4.2.1 介绍礼仪

介绍是销售交际中常见的重要一环，是打开交际大门的钥匙，是社交场合中相互了解的基本方式。介绍包括为他人作介绍或相互之间的自我介绍。

为他人作介绍时，有一个基本原则，即应该受到特别尊重的一方有了解权。因此，为他人介绍的先后顺序应当是：先向身份高者介绍身份低者，先向年长者介绍年幼者，先向女士介绍男士等。在口头表达时，先称呼身份高者、年长者和女士等，再将被介绍者介绍出来，先提其名字，是一种敬意。介绍时，可以姓名并提，也可以姓与职务并提，要特别注意职务、职称的介绍。当双方年龄相当、地位相当、性别相同时，可以先向先在场者介绍后到者。介绍时，除女士和年长者外，一般应起立。在宴会桌、会谈桌旁则不必起立，被介绍者可以微笑点头致意、互递名片。为他人介绍时，还可以说明被介绍者与自己的关系，以便新结识的人相互了解与信任。

汽车营销员使用自我介绍的情况较多。自我介绍一般包括姓名、职业、单位、籍贯、经历、年龄、特长和兴趣等内容。汽车营销员与顾客初次见面，为使谈话很快进入正题，介绍前三项就足够了。

6.4.2.2 握手礼仪

握手是社会场合中运用最多的一种礼节。汽车营销员与顾客初次见面，经过介绍后或介绍的同时，握手会拉近汽车营销员与顾客间的距离。但握手是有讲究的，不加注意就会给顾客留下不懂礼貌的印象。

销售员在与顾客握手时，要主动热情、自然大方、面带微笑，双目要注视顾客，切不可斜视或低着头，可根据场合，一边握手，一边寒暄致意，如“您好”、“谢谢”、“再见”等等。对年长者和有身份的顾客，应双手握住对方的手，稍稍欠身，以表敬意。

握手有它的礼仪规范，从握手中可以推测一个人的情绪意向，还可以推断一个人的性格和感情。一般情况下，握手要用右手，应由主人、年长者、身份地位高者、女性先伸手。握手时不要用力过度，意思到即可，尤其对女性；当然，过分松垮也是对对方的不尊重。另外，不要长时间握住对方的手。几个人同时握手时，注意不要交叉，应等别人握完后再伸手。戴有手套与人握手，这样是不礼貌的，握手前应脱下手套。当手不洁或有污渍时，应事先向对方声明并致歉意。握手时必须是上下摆动，而不能左右摆动。

另外，在正规场合遇见身份高的领导人，应有礼貌地点头致意或表示欢迎，不要主动上前握手问候。如遇到身份高的熟人，也不要径直去握手问候，而要在对方应酬告一段落后，前去握手问候。

6.4.3 信函、电话、赴宴礼仪

6.4.3.1 信函礼仪

在推销工作中，经常要使用信函，如利用信函约见顾客，用信件推销产品；销售成功，要向顾客写信致谢；对于顾客的责难，要写信进行解释；喜庆日子，向关系户发函祝贺等等。写好这些信函，对于推销产品、维系感情、扩大销售起着很重要的作用。信函不同于面对面交谈，只能通过文字来表达，顾客只能从信函的格式、内容以及文笔来了解销售员及其产品，并作出判断。所以，汽车营销人员一定要注意营销信函礼仪，讲究信函的写法。信函礼仪的基本要求是：

(1) 书写要规范、整洁　信函格式一般包括称呼、问候语、正文、结束语、署名及发函日期。信函书写必须符合格式，信纸要讲究一些，信面要整齐、干净；有条件的话，可以打印出来，给人一种正规、体面的感觉，增强说服力。

(2) 态度要诚恳、热情　汽车营销员用认真、热情、负责的态度写信，才能通过字里行间，给顾客留下好印象。一篇好的推销信函，除了要传达一定的信息外，还要融进和蔼的微笑，增加感染力，给顾客精神上的快慰。总之，推销信函要有人情味，切忌公文式的枯燥无味。

(3) 文字要简练、得体　营销信函不同于一般公文，它要做到文情并茂，但也不能像私信那样信笔挥洒，过于冗长。不能滥用华丽词藻，否则会使顾客感到不耐烦，并有办事不实在的印象。向顾客解释时要含蓄、委婉，要尽量选用常见的字眼，避免词不达意或晦涩难懂。

(4) 内容要真实确切　用信函推销产品，所介绍产品的名称、规格、用途、维修等，要与实际情况一致。不然顾客购买以后，就会产生一种受骗的感觉，以后再也不敢买你的产品了。另外，对产品的价格、供货时间、地点和付款方式的表达，也要准确、清楚，否则就可能产生不必要的误解和争执。

6.4.3.2 电话礼仪

汽车营销员在访问顾客之前用电话预约，是有礼貌的表现，而且，通过电话事先预约，可以使访问更加有效率。电话预约看似简单，但关键要掌握如何说、怎么说、说些什么，这里面是有学问的。打电话要牢记“5W1H”，即 When 什么时候；Who 对象是谁；Where 什么地点；What 说什么事情；Why 为什么；How 如何说。电话拨通后，要简洁地把话说完，尽可能省时省事，否则易让顾客产生厌恶感，影响预约的质量以至销售的成功。

电话预约的要领是：力求谈话简洁，抓住要点；考虑交谈对方的立场；使对方有被尊重的感觉；没有强迫对方的意思。

6.4.3.3 赴宴礼仪

汽车营销员在销售工作中，难免与顾客有相互宴请等必要应酬，无论是应邀赴宴，还是宴请顾客，都要注意礼仪，体现出你的修养和风度。

(1) 出席宴请的礼仪　汽车营销员如接到必须赴约的宴会邀请，应尽早答复对方，以便主人安排。对注有“请答复”字样的请柬，无论出席与否均应迅速答复。对注有“不能出席请复”字样的，则在不能出席时才回复。经口头约妥再发来的请柬，上面一般注有“备忘”字

样，只起提醒作用，可不必答复。需答复时，可打电话或复以便函。

汽车营销员接到请柬后，应立即核实宴请的主人、时间、地点、是否邀请配偶等。接受邀请后不要随意改动，如不能出席，应尽早向主人解释、道歉。

汽车营销员如应邀赴宴，按时出席是礼貌的表示。一般客人可按规定时间提前两分钟或延后五分钟到达，不要提前太多或延后太多。迟到、早退或逗留时间过短，都会被视为失礼或有意冷落。

汽车营销员到达宴请地点后，应主动前往主人迎宾处，向主人问好。按西方习惯，可向主人赠送花束。入座之前，先了解自己的桌位、座位。如邻座是年长者或妇女，应主动为其拉开椅子，协助他们先坐下。邻座如不相识，可先作自我介绍。应热情有礼地与同桌的人交谈。不应只同熟人或一两个人说话。

祝酒时，一般是主人和主宾先碰杯，然后主人按顺时针方向与其他客人碰杯，以及客人之间相互碰杯。人多时也可以同时举杯示意，不一定碰杯。身份低或年轻者与身份高或年长者碰杯时，应稍欠身点头，杯沿比对方杯沿略低以表示尊敬。在主人和主宾致祝酒词时，应暂停进餐，停止交谈，注意倾听，不应借此机会抽烟。一般参加正式宴会后两至三天内，客人可致送印有"致谢"字样的名片表示感谢，用铅笔在名片的底部书写，名片可寄出或亲自送达。如亲自送达不见主人时，可将名片的上角向下折，然后再弄平，表示是由本人亲送，也可附感谢信表示感谢。

(2) 招待顾客的宴请礼仪　汽车营销员准备设宴招待顾客时，首先要从工作需要出发，不要搞得太铺张。由于各国、各地区、各民族风土人情不同，有着不同的风俗习惯，所以要尊重顾客的习惯、爱好，使宴请活动有轻松愉快的气氛。

招待顾客的时间、地点最好在宴请前与顾客商定。地点一般不宜选在顾客投宿的宾馆饭店举办，因为顾客往往会把投宿的宾馆当自己家一样看待，所以在他们所住的地方招待他们，就等于在他们家里招待他们一样，感觉别扭，一般不妥。

较正式的宴请要提前一周左右发请柬。已经口头约妥的活动，仍应补送请柬。请柬行文不用标点符号，所提到的人名、单位名、节日名称等均用全称。中文请柬行文中不提被邀请者的姓名，其姓名写在请柬信封上，主人姓名放在落款处。请柬可以印刷，亦可手写，如手写字迹要美观、清晰。请柬信封上被邀请人的姓名、职务要写准确。

宴请当天，汽车营销员作为主人，在客人到达之前要安排好席位，以便客人来了入座。按国际习惯，席位安排原则为：同一桌上，席位高低以离主人座位的远近而定，右高左低。外国习惯男女穿插安排，以女主人为准，主宾在女主人右上方，主宾夫人在男主人右上方。我国习惯按个人职务排列，以便谈话；如夫人出席，通常把女方排在一起，即主宾坐在男主人右上方，其夫人坐在女主人右上方。陪同人员要坐在末端；避免让客人坐末端。

汽车营销员招待顾客要注意仪表，应穿正式的服装，整洁大方。要适当化妆，显得隆重。头发要梳理整齐，夏天穿凉鞋时要穿袜子。宴会开始之前，主人应在门口迎接来宾，有时还可由其他主要人员陪同主人列队欢迎客人。客人抵达后，宾主相互握手问候，随即由工作人员将客人引至休息厅内小憩。休息厅内应由相应身份者照应客人，并以饮料待客。若无休息厅，可请客人直接进入宴会厅，但不可马上落座。主宾到达后，主人应陪同他进入休息厅与其他客人会面。当主人陪同主宾进入宴会厅后，全体人员方可入座，此时宴会即可开始。

西方宾客抵达宴会厅时，有专人负责唱名，而在宴会上以女主人为第一主人，客人入座、用餐、离席时，均应以女主人行动为准，不得抢先。菜一上来，主人应注意招呼客人进餐，要与同桌的人普遍交谈。敬酒时主人要先举杯向客人敬酒，表示欢迎、友好，正规的宴会不可劝酒。

有些宴请如安排正式讲话，应在热菜之后，甜食之前进行，主人先讲，主宾后讲。亦可入席即讲。吃完水果后，主人与主宾离座，宴会即告结束。客人离去时，主人应送至门口，热情话别。在比较正式的场合，在门口列队欢迎客人的陪同人员，此时还应当列队于门口，与客人们一一握手话别，表示欢送之意。

上述赴宴礼仪要求较为严格规范。在一般的推销宴请时，销售人员可适当灵活一些，但基本的、重要的礼节要遵守，更重要的是要培养自身的礼仪习惯。

6.4.4 名片使用礼仪

名片是汽车营销员必备的一种常用交际工具。汽车营销员在和顾客面谈时，递给顾客一张名片，不仅是很好的自我介绍，而且与顾客建立了联系。这种方式既方便，又体面，但不能滥用，要讲究一定的礼仪，否则会给人留下草率、马虎的印象。一般来说，汽车营销员初次见到顾客，首先要以亲切的态度打招呼，并报上自己的公司名称，然后将名片递给对方。名片夹应放在西装上衣里面的口袋里，而不应从裤子口袋里掏出。递、接名片时最好用双手，或右手递，左手接。递名片时，名片的正面应对着对方，名字向着顾客，最好拿名片的下端，让顾客易于接。如果是事先约好才去的，顾客已对销售员有了一定了解，或有介绍人在场，就可以在打招呼后直接面谈，在面谈过程中或临别时，再拿出名片递给对方，以加深印象，并表示保持联络的诚意。异地销售时，不要忘记在名片上留下所住宾馆的名称、房间号和电话号码。

名片除在面谈时使用外，还有其他一些妙用。销售员去拜访顾客时，如对方不在，可将名片留下，顾客回来后看到名片，就知道你来过了。还可以在名片上留言，向顾客致意或预约拜访的时间；把注有时间、地点的名片装入信封发出，可以代替正规请柬，又比口头或电话邀请显得正式；向顾客赠送小礼物，如让人转交，则随带名片一张，附几句恭贺之词，无形中关系又深了一层；熟悉的顾客家中发生了大事，不便当面致意，可寄出名片一张，省时省事，又不失礼。总之，销售员要根据时间、地点以及工作实际情况来确定名片的使用。

思考题

1. 汽车营销员的职责是什么？
2. 称职的汽车营销员应具备的基本素质有哪些？
3. 与顾客交往和沟通过程中汽车营销人员应具备的能力有哪些？
4. 简述汽车营销活动中的仪表、举止和谈吐中应注意的事项。
5. 简述自我介绍、名片使用及握手礼仪的要点。

7 汽车营销公关

随着汽车市场的不断扩大，汽车行业从业人员对汽车营销在经营活动中的重要性认识日益提高，但是，也有一些从业人员把汽车营销误解为汽车推销。汽车营销是以顾客为中心的管理活动，而汽车推销则是以产品为中心的管理活动。两者的本质区别在于：前者重视人的关系，后者重视物的关系。众多成功的营销案例中也可清晰地看到，称职、合格的汽车营销从业人员必须具有以人为本的公关意识，必须具有较高水准的公关修养、公关技巧。

7.1 汽车营销公关的对象

7.1.1 汽车营销公关的含义和特点

7.1.1.1 汽车营销公关的含义

汽车营销公关是公共关系活动在汽车营销领域的具体运用。公共关系的一般定义是指通过传递关于个人、公司、政府机构或其他组织的信息，以改善公众对他们态度的政策和活动。作为重要的汽车营销工具——汽车营销公关，是指汽车营销企业充分运用公共关系的理念与手段，建议性地与顾客、供货商及外部环境建立良好的关系，以利于汽车营销目标的顺利实现。

汽车营销公关活动一般意义上说，应该是企业全体员工共同参与的活动，只要与外界环境发生联系的人，就应积极与外界发生良好的关系，就应具有公共关系意识。

7.1.1.2 汽车营销公关的特点

汽车营销活动从某种意义上说，又是一种促进汽车销售的活动，但是与广告等直接的促销手段相比，又具有自身的特点：第一，汽车营销公关活动不是单纯的直接促销，因此，消费者不易产生对立情绪；第二，汽车营销公关活动面对的公众一般比广告的公众更加广泛，所以其影响力比较深远；第三，汽车营销活动一般不是直接地宣传企业的汽车商品，而是宣传企业的形象，改善公众的态度，它对汽车商品的促销作用是间接的。

7.1.2 汽车营销公关的主要对象

汽车营销公关面对着各种层次、各种需求和各种利益的公众，其中四种类型的公众是汽车营销公关必须重点关注的对象，他们是消费者公众、协作者公众、竞争者公众和政府公众。

7.1.2.1 消费者公众

消费者公众是最为重要的营销公众之一，因为他们是汽车营销活动的核心。消费者可以是个人，也可以是企事业单位、政府机关等。

汽车营销公关要积极处理好与消费者公众的以下几方面关系：

① 主动、热情地了解汽车消费者的需要，千方百计地为满足消费者的要求而努力。

② 坚持不搞“一次性买卖”，努力通过汽车商品这一桥梁与汽车消费者建立长期、稳定的关系。

③ 有责任帮助汽车消费者了解汽车生产商、销售商的生产和销售宗旨、产品性能、服务方式，争取赢得消费者的信任和好感。

④ 随时注意和掌握消费者的消费信息，注意收集汽车消费者对已购汽车性能、服务方式等的满意程度，以此来改进、完善服务工作。

⑤ 自觉履行本行业、本职业、本岗位的职业道德、规范，维护汽车消费者的实际利益。

⑥ 根据汽车消费者的消费需求和特点，不断增加服务项目，制定优质服务制度，创造最佳的消费环境。

⑦ 售前服务时，对汽车商品消费者进行实事求是的宣传；售中服务时，提供优质商品让消费者挑选，不能以次充好、以假乱真；售后服务必须兑现服务承诺。

⑧ 汽车营销公关在对本企业负责的同时，必须有对社会负责的认识，做到经济效益与社会效益的统一，对有害汽车消费者健康和安全的产品，对严重不利于社会环保等汽车产品应主动停产停售，决不能见利忘义。

7.1.2.2 协作者公众

协作者公众主要是指经销汽车产品的社会组织和个人。但从企业经营活动的全方位来考察，协作者公众还包括那些给汽车企业经营生产活动提供材料、能源、劳动力等其他商品的社会组织和个人。严格讲，第一种协作者公众通常称之为经销商公众，第二种协作者公众通常称之为供应商公众。

(1) 经销商公众　汽车经销商公众是汽车生产商的商业伙伴，是汽车生产企业在现代社会分工环境中生存与发展的必要依靠力量。经销商公众大体包括：批发商、零售商、经纪人等。

处理汽车经销商公众的关系时必须注意以下几个方面：自觉吸收来自汽车经销商公众的信息；主动向汽车经销商公众发布汽车营销信息；积极为汽车经销商公众服务。

(2) 供应商公众　供应商公众是企业重要的外部公众，它对维持企业的生产经营活动有序、正常的运转具有积极重要的作用，尤其是社会化大生产中更是如此。处理供应商公众关系应遵守以下基本原则：定期向供应商公众提供所需要的物资清单，从而保证企业生产的需要；严格遵守买卖双方供货协议的规定；与供应商事前统一质量评定方法和评价的准则，防止因评价发生争执，影响双方关系；为了便于双方相互了解和长期合作，必须建立起物资供需的信息交流制度，保证供需双方的利益；与供应商的商业活动必须考虑消费者的利益，严格防止假冒伪劣产品流入企业用于生产。

(3) 竞争者公众　竞争者公众是指与本企业生产相同或相近产品、提供相同服务，从而具有同一市场的社会组织和个人。由于是同行，因此，彼此之间在客观上就存在着一种竞争的关系。

如何处理好与竞争公众的关系，已成为汽车营销公关中的重大课题之一。事实上，竞争公众的存在，对一个企业的生存和发展而言，是挑战，又是机会。

在市场经济条件下，一方面竞争者公众的客观存在是不以人的意志为转移的事实；另一方面，汽车营销领域作为市场竞争的“前沿阵地”，汽车营销人员作为市场竞争第一线的“战士”，只有遵循下列基本准则，才能从根本上处理好与竞争者公众的关系：

① 树立正确的竞争目的。在社会主义市场经济条件下，同行之间的竞争，从微观而言，都是为了提高各自的经济效益；从宏观而言，乃是推动社会经济的繁荣和发展。因此，在市场竞争中，树立共同发展、共同繁荣的竞争目的是利国利民的营销公关价值观。

② 遵守竞争道德。同行之间的竞争应遵守职业道德规范，要在法律和政策的允许范围内开展合情、合理、合法的竞争。在竞争中只有通过科学经营管理、改进技术装备、提高产品质量、改善服务态度、注重营销公关，才会成为获胜者，才会被社会接受，成为其他企业的表率。

③ 竞争中加强协作交流。同行之间虽然是竞争对手，但由于彼此的根本利益和最终目的一致性，又决定了竞争双方又是伙伴关系。因此，在竞争中合作，在合作中竞争便是题中之意，竞争不忘协作交流，在协作交流中共同解决竞争中遇到的问题。

(4) 政府公众　在汽车营销公众中，政府是一个特殊的公众。政府不仅作为一个消费者有着自己的市场，而且只有它才有权把国家财政收入的部分资金作为政府对公共事业建设的投资形成巨大的市场。

① 政府公众对企业的影响。政府是商业政策的制订者，它通过商业政策所表达的市场导向，对市场营销环境产生巨大的影响力。这些影响表现为：

• 政府产业政策影响着汽车企业营销战略计划的制定；

• 政府的公安、司法部门保护着企业营销活动在法律规范下正常运作；

• 政府的财税部门对汽车企业照章征税，并通过税率变化来引导市场；

• 政府的工商管理部门通过对汽车企业的登记、商标注册、合同管理来保证市场营销活动的有序化；

• 政府的物价部门对汽车商品的价格制订出规范，防止市场营销中的暴利现象；

• 政府的质量检验部门对汽车商品的质量实行抽样监督，保障消费者的身体健康和生命财产安全；

• 政府的海关和商检部门对进出口商品实行报关、验关和质量、卫生检验，以维护出口商品在国际市场上的商业信誉和进口商品在国内市场上的公平竞争。

② 对政府公众的公关活动。汽车营销活动中，对政府公众的公关活动包括以下几方面：

• 主动而及时地向政府的统计部门提供准确的经济活动数据，以便让政府对汽车销售企业的经营状况有一个全面、准确的认识；

• 自觉接受政府和社会审计部门的审计，毫不隐瞒地提供各种财务资料，以便让政府对汽车销售企业遵守财经纪律的状况有一个客观的评价；

- 按时向政府的财税部门上缴税款，接受财税部门对汽车销售企业资金运作的指导，让政府对汽车销售企业的经济效益水平有一个真实的了解；
- 随时向政府物价部门汇报本企业产品的定价情况，以便在政府公众中形成“物价信得过”的良好形象；
- 积极向政府的工商管理部门提供真实的营销数据，以便赢得政府公众对汽车销售企业的管理信心；
- 主动接受政府有关部门对汽车销售企业营销行为的监控，以便在政府公众对汽车销售企业营销行为放心。

总之，政府公众不仅影响营销环境的形成，而且影响营销手段的选择和运用，千万不能掉以轻心。

7.1.3　汽车营销公关的任务

汽车营销公关的任务是为了帮助实现汽车这一特殊商品的营销目标。具体地说，汽车营销公关工作主要承担以下四项任务：

(1) 与新闻界联系　就是建立和保持与新闻传播媒体的关系，将有价值的汽车营销信息通过新闻媒体的传播，引起人们对汽车商品和售后服务的关注。

(2) 商品公共宣传　就是配合第一线的营销部门为汽车某个品牌或型号的商品做宣传。

(3) 企业信息沟通　就是利用公共关系手段实现汽车企业与外部环境之间的信息沟通，促进各类公众对企业的了解。

(4) 建议和咨询　就是就公众事件、企业地位、企业形象等问题向管理部分咨询或提出建议。

7.1.4　汽车营销公关的作用

汽车营销公关的内容包括公众宣传，但又超越了单纯的公众宣传，这在汽车营销公关的任务中已充分反映。对一个企业而言，汽车营销公关除了具有公众宣传的作用以外，还有起到以下作用：

(1) 协助开发新产品　企业通过赠送、慈善义捐、赞助公益活动等形式推出新产品，其效果往往大于直接的广告宣传。

(2) 协助商品的再定位　汽车这一特殊商品往往在销售一段时间后，要根据市场需求等重新进行价格定位，这时汽车营销公关的作用就变得至关重要。

(3) 建立消费者对某一汽车型号的兴趣　例如，建立人们对使用环保汽车的自觉性，使人们觉得即使多支付价格也是值得的。

(4) 影响特定的目标群体　如果某一特定的消费群体或舆论媒体对企业的发展至关重要，汽车营销公关的结果应使他们产生支持企业的态度。

(5) 保护已经出现的公众认可和喜欢的产品　有时企业的产品可能出现短期的消费者

信任危机，比如某批汽车产品质检不合格，这时汽车营销公关的作用往往大于广告宣传作用，它可以通过良好的沟通、妥善的事后处理，消除公众的不信任感。

(6) 建立有利于表现商品特点的企业形象　汽车营销公关可以通过演说、公益活动、公众宣传等手段树立企业的良好形象，赢得公众的好感。

7.2 汽车营销公关的时机

在汽车营销公关活动中，经常会产生这样的情况：同样的公关投入往往会有不同的营销结果。当我们深入研究这种现象时，便可以发现，产生这种不同的结果是与公关时机的不同选择相联系。人们常说，把握汽车营销公关的时机，是实现营销公关有效性的重要条件。

7.2.1 汽车营销公关时机的选择原则

时机主要是指有利的时间和机会。在现实生活中，时机的出现是不以人的意志为转移而客观存在的。时机具有瞬间性和不复返性。因此，充分利用时机开展营销公关活动，便成为有效公关的重要前提条件。当我们营销策划一项公关活动时，其必要性来源于主体内部的需要；其有效性来源于对公关时机的选择。所以营销人员必须了解和把握选择营销公关有利时机的基本原则。

7.2.1.1 求实原则

求实原则是指能够根据自己的实际情况，实事求是地选择好适合企业实情的营销公关时机。贯彻求实原则，一方面可以使公关主体避免赶浪头的做法；另一方面则可以使公关活动根据不同的时机量力而行，以争取更多的营销实效而不是虚名。

7.2.1.2 焦点原则

焦点原则是指营销公关时机的选择，以瞄准全社会集中关注的人与事为靶位，主动开展营销活动。贯彻焦点原则，一方面可以使公关主体进入社会焦点透视区域内，成为社会舆论的中心点；另一方面能够迅速及时地被公众所熟悉和认识。

7.2.1.3 深刻性原则

深刻性原则是指营销公关时机的选择，以最容易让公众留下最深刻的印象的人与事为出发点。贯彻深刻性原则，一方面能立竿见影，给公众留下深刻的印象；另一方面也使自己的良好形象在公众中得到固定和定位。

7.2.1.4 最大化原则

最大化原则是指营销公关时机的选择以有大多数公众的参与为契机，扩大宣传，广交朋友。贯彻最大化原则，一方面可以节省营销公关的投入费用，实现事半功倍的公关效率；另一方面可以减少公关信息的传播环节，提高传播的真实性和准确性。

7.2.2 抓住轰动事件

所谓轰动事件，是指事件的结果和程度超出了人们的一般想象，并且对现实的社会生活和人们的心理产生极大的震荡的事件。

轰动事件在一定时间和空间范围内通常为大多数人甚至全社会所关注，因此，它是宣传企业形象、开展营销公关的良好时机。

20 世纪 80 年代末，联邦德国青年鲁斯特驾驶轻型飞机穿越国界，在众目睽睽下突降莫斯科红场，引起全世界的震动。当这一轰动全球的事件发生后，曾经训练过鲁斯特的某商业性航空俱乐部立即抓住了这个时机，广泛宣传鲁斯特的高超技术是他们培养出来的。这个公关宣传使该俱乐部争取到了更多的生源，赢得了商业利益。

与此同时，生产鲁斯特驾驶的轻型飞机的制造公司也抓住这一千载难逢的轰动事件，大力进行营销攻势，广为宣传他们的飞机产品价廉物美，性能卓越超群。结果，此型号的飞机声誉大振，来自世界各地的订单比过去增加了几倍，从而扩大了该公司的销售市场。

上述的俱乐部和飞机制造公司都和该轰动事件有着某方面的内存联系，所以可以借助此轰动事件而获得商业信誉和利益，然而没有内存联系的企业组织和社会组织是否也可以借用轰动事件来获得利益呢？回答是肯定的。我们以鲁斯特事件为例。当时苏联最高法院作出判处鲁斯特 12 年徒刑并归还飞机的判决后，联邦德国某企业立即以高价购买该飞机，并且制订了用该飞机做营销宣传的飞行计划，结果使该公司名声大噪。

7.2.3 依靠名人效应

所谓名人效应，就是指那些有相当知名度的人士，由于有着众多的追随者、崇拜者和已存在的声誉，从而能对社会生活和公众产生影响力。例如，许多企业和个人会联合起来组织类似义演、义卖等社会活动。这些活动虽然是非盈利性的，但是为了扩大社会影响和宣传效果，主办者往往都千方百计地邀请名人前来参加，他们或参加演出，或发表讲话，或参与活动，凡此种种都会扩大本次活动的社会影响，都会更有效地吸引公众。

在商业活动中，利用名人效应的事例则不胜枚举。当每天打开电视机，有些电视广告就由名人在为企业宣传商品。有些企业则是利用名人的声誉资产，与之合作办公司、搞实业。

如果说，公关活动借助于名人，是因为名人身后有公众，那么营销活动借助于名人，就是因为名人周围有市场。

7.2.4 借助全民活动

所谓全民活动，就是指在一个城市、一个地区、一个国家，甚至全世界范围内开展的活动，在同一时期或同一时刻为着一个共同的目标去执行和完成同一个内容的、有全体社会成员参加的活动。

全民活动的最大特点：一是参与者的普及性，使其产生了广泛的影响；二是活动时间的集中统一性，使其给人的印象深刻而持久。

前两届奥运汽车赞助商的成功案例值得我们借鉴。2000 年，霍顿汽车赞助悉尼奥运会时，把提升其在当地市场的知名度作为第一目标；2004 年，韩国现代汽车在本土市场已经拥有极大的优势，因此他们把赞助雅典奥运会的首要目的定在提升其国际知名度上。现在看来，两家汽车厂商的基本目的都已达到。

2008年奥运会牵动着所有中国人的心，对于中国汽车企业来说，是千载难逢的机遇，也是必争之地。无疑，大众汽车成为了这场奥运秀的最风光主角。作为奥运的唯一赞助商，大众汽车携旗下的一汽大众、上海大众和进口大众推出了系列的汽车营销活动。“环保、人文、科技”成为大众汽车奥运营销的主线。其中，一汽大众推出的迈腾2.0T已经在各大一汽大众经销店销售正酣，2.0T的排量输出相当于3.0的功率，节能环保，可谓是绿色奥运的一个践行者。此外，速腾冠军版1.8 T和高尔夫五彩奥运车型也紧接着发布，速腾冠军版于6月上市。另外，上海大众斯柯达也推出明锐奥运版，排量为2.0L，其配置与明锐1.6L逸致版相同。在奥运会期间，上海大众向奥组委提供2102辆工作、服务用车。而进口大众也不甘落后，除了推出甲壳虫迷彩奥运版，还提供了途锐、辉腾和进口迈腾等系列车型作为圣火传递用车等。而一汽奥迪方面也启动了奥林匹克计划。

大众汽车为了奥运可谓是使出了浑身解数，代价自然也不菲。有人粗略统计了一下，整个奥运项目，大众汽车总共要花费大约3亿美元。

不过，奥运并不是大众一个人的游戏。尽管其他汽车企业未能成为奥运赞助商，不过并不能阻挡他们与奥运共舞的步伐。奇瑞搭上了奥运的顺风车，分别以奥运吉祥物福娃命名了五款车型。一汽丰田也推出了皇冠、锐志奥运特别版，配置有所增加，目前在销售情况也非常好。

东风悦达起亚在深圳也推出了2008辆奥运限量版车型，增配不加价。类似的促销还很多，而奥运促销带来的效果有多大，各企业反应不一，有的效果明显，有的效果平平，而对奥运概念的运用灵活与否，也成了汽车销量提升与否的一个关键因素。

7.2.5 参与争议之辩

所谓争议之辩，就是指某些特定的人与事由于处在善恶两难的判断之中，使社会道德评价出现不一致，从而引起社会成员各执一词的舆论争议。他们辩论的焦点不在于对事实判断真实性的怀疑，而在于价值判断上的分歧。由于争议之题往往会成为社会舆论中的焦点和热点，因此参与争议之辩不仅可以向社会公众有效地表达企业的价值观，而且可以在争辩活动中扩大企业的知晓度，反映企业对社会的责任心。参与争议之辩有两种基本方式：一是直接参与的方式，即企业主体直接介入辩论，阐明自己的立场、观点；二是间接参与的方式，即企业主体对辩论之题本身不表态，但出面组织一些辩论活动，他们或向辩论活动提供人力、物力和财力赞助，或对辩论双方的观点作客观公正的汇总和传播工作等。

7.2.6 跃入流行之潮

2007年，中国汽车界有一件重大的事件必将载入史册，这就是拥有近百年辉煌历史文化底蕴的英伦著名汽车品牌MG名爵正式完成出让中国车企的法律程序，落户南京并重新投入批量生产。如何让MG名爵的未来焕发青春，这是摆在全新MG名爵人面前的一道历史性课题！具体讲，就是从来自英国长桥工厂生产线上走下来的、原汁原味的MG名爵如何走进一个科学的营销体系。

2007年12月10日,MG名爵全面启动,"尊享礼遇"品牌推广活动。活动期间凡购买MG7的车主,将获得"MG名爵万里无忧卡",享受优质、实惠的车辆保养服务;更可获得"品牌溯源英国行"的抽奖机会——MG名爵届时将组织30名"MG名爵品牌特使"亲赴品牌发源地英国探寻英伦高性能轿车MG7诞生地,参观MG名爵英国生产基地及英国古董汽车博物馆,感受英国汽车工业的发展历程,并可游览英伦经典旅游景点。据悉,在此之前购车的老用户也将获得"MG名爵万里无忧卡",并也有机会成为"MG名爵品牌特使"获得赴英机会,但不占用新用户的30位名额。

大凡购得MG名爵的消费者似乎都有一些英伦情结,那就是对崇尚以"礼帽、雪茄、拐杖和豪华派对"为符号特征的英伦文化怀有敬意,并为之吸引。MG名爵正式中国上市销售100天后,虽然拥有名爵7系的正式车主还不算太多,但各地的MG名爵车主俱乐部却是应运而生。而作为俱乐部重要职能,在搜集全体车主的活动意向时,俱乐部惊人地发现大多数车主都有去英格兰一睹MG名爵百年文化流金和著名的长桥工厂的强烈愿望。MG名爵销售公司总经理杨军虎认为,MG名爵举办"品牌溯源英国行",一方面希望通过让消费者了解英国汽车文化的过去,展现MG名爵所蕴含的雄厚的英系轿车的品牌实力;另一方面,也希望通过对MG名爵英国长桥基地、英国汽车博物馆的参观,消费者了解MG名爵现有的研发实力与潜力。

毋庸置疑,类似这样的消费者回报和血统教育是具有建设性的。现代营销学认为,如果将营销学推向极致,那么现代营销学的精髓就是沟通,而与历史沟通无疑又是品牌营销当中最具价值的部分。MG名爵上市后得到越来越多中国用户的认可,而此时推出这项MG名爵尊享礼遇的"品牌溯源"活动,可谓商务推广与品牌打造并驾而行,也表明了中国人必须在中国的土地上将MG名爵再造百年新辉煌的决心和勇气。

7.2.7 借托热点人物

所谓热点人物,主要是指那些重大新闻事件中的主角人物。由于他们为新闻舆论界所追踪,为社会公众所议论,因此是选择营销公关活动的又一个有利时机之一。

热点人物与名人的区别在于:前者主要是因为某事某物而使他(她)成为舆论关注的热点;后者则与他(她)在某一方面的成就和贡献而成为同行业中的佼佼者。一般说来,热点人物具有明显的时间效应,名人则具有历史效应;热点人物可以是正面性的,也可以是反面性的,而名人通常是指有正面作用的事业成功者。

借助热点人物的公关活动有三种基本方式:一是邀请热点人物参加本企业的营销公关活动,从而可以使本次公关活动也成为社会的热点;二是通过与热点人物的访谈,提高本企业的社会参与度;三是评价热点人物,加强本企业在社会生活中的形象。

7.2.8 追踪体育比赛

现代体育比赛是营销公关活动最理想的舞台。尤其是世界性的体育比赛,由于它的内涵早已超越了单纯的竞技比赛的范围而升华为一种人类文化的表达和共享。因此,它所包容的观众,是世界上任何活动项目都不能比拟的。如果我们按体育比赛的规模来划分,可分为城市性、全国性、洲际性和世界性比赛；如果按运动类别和项目来划分，又可分为足球、篮球、游泳、田径、汽车比赛等。

对营销公关活动而言，体育比赛是难得的瞬间，难得的机会。正是由于机会难得，所以凡是有远见的国际性和全球性的大公司都会在此进行第二场比赛——营销竞争。特别是在国际奥委会和国际足联限制在竞赛期间搞商业广告活动以后，为了经济目的的营销公关便成为场外竞技的最大"竞赛项目"。

借体育比赛之际开展营销公关活动有六种基本形式：宣传型营销公关、赞助型营销公关、奖励型营销公关、猜奖型营销公关、服务型营销公关、娱乐型营销公关。

7.3 汽车营销公关的语言艺术

信息传播在汽车营销公关活动中的重要作用，决定了作为公关信息基本载体和传播工具的语言在公关中的地位。在汽车营销公关中，语言运用得好坏，直接关系到信息传播的准确度，从而给营销公关目标的实现以影响。这种影响，有时甚至是带有决定性的。因此，要对汽车营销中的公关语言予以充分的关注，要努力提高公关语言艺术修养，以期取得更为理想的公关效果。

7.3.1 交际语言艺术

交往是实现公共关系的重要机制。交际的主要工具是语言。因此，交际语言修养对营销公关活动的有效性有着重要作用。交际语言艺术可以分为接近的语言艺术、说服的语言艺术和应急的语言艺术。

7.3.1.1 接近的语言艺术

接近在这里主要指的是通过适当的语言形式使交际双方在最初阶段形成一种"悦纳"的心理关系。这种心理关系为进一步深入交往奠定了基础。

接近的语言艺术表现为以下几个方面：

(1) 介绍要得体　和陌生人见面，第一程序是介绍。可以由第三者出面介绍，也可以自我介绍。不论采取何种介绍方式，都必须介绍得体。所谓得体，表现在三个主要方面：一是介绍语言要简洁明了，使对方一听便明；二是通过简单介绍使别人对你有所了解；三是通过介绍立即能给人一个好印象和希望与你继续交谈下去的心理态势。

(2) 称谓合适　初次见面，称谓合适与否，关系到交际气氛。所谓称谓合适，即对交际对象的称呼要符合对方的实情，使对方接受并感到愉快。

(3) 巧用"我"字　在人际交往中经常要讲到"我"字。怎样运用"我"字？关键是要巧用。所谓巧用，一是对"我"字不宜过分强调、过多使用，避免突出自我。二是一定要用"我"字时，注意不要把重音放在"我"字上，避免给他人留下突出自我的印象。使用"我"字要语调平和，给人以谦和的感觉。三是多用"我们"替代"我"字，使人感觉到你是一个尊重集体、能够与他人团结协作的人。

(4) 善于提问　提问对接近起着重要作用。艺术化的提问不仅能起到投石问路的作用，还能使交谈沿着自己的思路向深层次展开，达到相互沟通的目的。反之，可能造成难堪场面，使交流中断。

提问的艺术有：要使用暗示性提问；要有针对性地使用限制性提问；要合理使用无限制性提问。

(5) 顺其所好　俗语说，“话不投机半句多”。所谓投机，实际上就是交际双方有着共同感兴趣的话题。因此，营销人员在与人最初接触时要善于发现和找到双方感兴趣的话题，以便引起交谈心理需求。这样，对方就愿意与你接近，乐意与你交谈。当然要做到这一点，就需要营销人员有着较为广博的知识和较为广泛的兴趣爱好；否则，顺其所好就失去了实现的主观条件。

(6) 利用中介　营销人员在营销公关活动中，应当主动与他人交谈，而不应当被动交往。在没有第三者介绍的情况之下主动交往，就需要利用中介。所谓利用中介，就是主动方以某物、某事、某人的交谈“因子”作为交往的媒介去接近对方、认识对方。在营销公关中，利用中介交谈达到交往的目的，具有普遍意义。

(7) 熟记人名　心理学家指出：“在人们的心目中有许多美好的东西，其中自己的姓名是最美好、最动听的东西。甚至说，当你自己的姓名被初次认识的人很快地说出来时，这时的姓名简直是一种令人欢快的音乐。”营销人员作为企业对外交往的“亲善大使”，熟记人名是其职业基本功。

7.3.1.2　说服的语言艺术

所谓说服，就是通过摆事实、讲道理的语言交谈，使对方取得与说服者相一致的认识和看法。在营销活动中，说服消费者公众是一种语言艺术。常用的说服艺术技巧有五种：

(1) 循循善诱　“循循”是指步骤、有耐心；“善”是指得当、巧妙；“诱”就是启发、开导。因此，所谓“循循善诱”，就是指有步骤地、巧妙地启发开导他人。

例如：有位汽车营销人员在推荐一种新型汽车时，针对顾客存疑心理亲切地说：“先生可能对这辆车的性能质量和低价不放心，这是可以理解的。因为这是×××汽车公司刚投入市场的新产品，人们没有使用过，当然不知道效果。您可以试用一个月，效果不好，再在来换其他车型的汽车。您的使用和评价就是一次客观公正的社会检验。先生可能会还对我们的低价格存在着疑问，因为优质优价嘛！这是可理解的，由于是新产品，消费者对此还没有认识，我们先订试销价。当我们的产品被消费者认可，被市场认可，那时，我们就会适当地调整价格，实行优质优价。所以，很愿意我们之间有良好的合作。”

这段推销话，一环扣一环，以质量诱之，以情理导之，反映了该营销人员的语言修养水平。

(2) 以此喻彼　在交际中，营销人员要想说服别人，不一定非用直截了当的语言，可以通过间接语言去说服，效果往往比直接式更有效。间接说服的手法最常用的是以此喻彼，就是利用两事物的某些相同之处，借甲事物来说明乙事物。

(3) 侧击暗示　侧击暗示是说服的又一种方法。这种方法通常是出于礼节，为避免难堪局面而采取的一种说服艺术。它的主要特点是通过委婉、隐晦的语言形式把自己的思想观点和看法暗暗传送给对方，使对方顺着你的思路作进一步的理解。

(4) 运用逻辑语言　在说服他人的过程中,逻辑的力量最能征服人,一环扣一环,层层递进,以思想、理性来说服人,而不单纯是用情感来说服人。以理服人高于以情感人。

(5) 以褒代贬　所谓以褒代贬,就是明明是应当批评的人和事,通过含蓄、幽默的表扬来说服别人。在营销活动中,尤其是对待供货企业,更需要用以褒代贬的语言艺术来维系双方的合作;否则,会使友好的合作受到影响。

7.3.1.3　应急的语言艺术

在营销公关的语言交流中,有时会出现一些意外事件使交谈的话题发生急转。此时,就需要营销人员有语言应变的能力,从而使信息交流继续下去。最为常见的应急性语言艺术有以下几种:

(1) 因势转言　所谓因势转言,就是在语言的交流中间需要根据话题的变化而随之发生相应的转变。所谓转言,就是根据新的谈话形势开辟新话题,从而使交流不因话题的突然转变而中断。因势转言要注意四个基本环节:对形势的判断要准确;转语要自然、巧妙;新话题的形成要避免时间差,给对方以连续感;拓展的内容要使对方有兴趣。

(2) 妙用谐音　在语言交流中,有时由于交流对方的某些不当之辞,往往会使谈话的气氛变得僵局,这时可以通过妙用谐音的方法来调和气氛,使交谈由“冷”变“热”,由“死”变“活”。

(3) 反唇相讥　在商业往来中,既有友好交谈,也有挑战性的谈话。对待挑战性的话语,反唇相讥以维护企业的形象是营销人员的基本职守之一。必须指出的是,公关场合中的反唇相讥,不应当采用针锋相对的反击,而应该通过含而不露的方式来达到相讥的目的。

7.3.2　服务语言艺术

一般而言,汽车销售活动是汽车营销管理的主要内容之一。而销售从本质上看就是一种为顾客服务的活动。为此,营销人员经常要借助口头语言与消费者公众沟通思想、联络感情。所以,服务语言运用得好坏将直接影响到企业的形象。在汽车营销实践中,灵活用语、热情用语和礼貌用语是服务语言艺术最基本的表现。

7.3.2.1　灵活用语

汽车营销中的服务用语,首先要知人。只有知人,才能使服务有针对性和有效性。知人的第一步是灵活运用称呼语,这就是根据不同文化背景的人的不同身份给予适当的称呼。知人的第二步是灵活运用察需语。所谓察需语,就是营销人员要通过视察根据顾客的不同需要和目的,使用不同的语言来满足他们。如对专程前来购物的顾客,应该说:“欢迎您来我们这里买东西！您要什么商品？我给您介绍。”如对只是来参观商品的顾客,应该说:“欢迎您来我们这里参观,您需要了解什么？我给您讲解。”

其次要巧用询问语。一般说来。在销售中与顾客打交道,第一句话是询问句。使用询问语要注意三点:第一是询问语表义要清晰;第二不要使询问语表现为赤裸裸的买卖关系;第三询问语要使顾客能产生一种被尊重感。只有注意了上述内容,顾客才会接受询问语开始的交流。

7.3.2.2 热情用语

说话是否热情，是公众评价服务质量的重要尺度之一。营销服务工作中的热情语，主要表现在三个方面：

① 热心话，就是说话主动热情，能表示为顾客提供分外服务。

② 贴心话，就是说理解话、体贴话，能够将心比心地角色换位为顾客着想，为顾客讲话。

③ 真心话，就是对服务内容和商品质量的介绍一是一、二是二，以中肯、实事求是的态度接待顾客。

在买卖过程中，顾客对营销人员的服务常常具有一种两难的矛盾心理：一方面他们怕被欺骗，唯恐王婆卖瓜自卖自夸，不说真话，从而有一定戒心；另一方面，他们又希望得到营销人员的指点，认为他们懂行情，了解商品特性。一个聪明、称职的营销人员，就应该通过语言交流中的"三心话"去消除顾客的戒心，增强顾客的信任感。

7.3.2.3 礼貌用语

营销人员的语言，除了要灵活多变、热情诚恳外，还必须讲究用语的文明礼貌。因为，营销工作是一项以消费者公众为主要对象的社会工作。在与人打交道的过程中，礼貌用语是滋润人际关系的雨露。

所谓礼貌语，就是对他人表示充分敬重和理解的语言，具体表现在三个方面：

① 用词要文明、高雅，因为它能满足对方的自尊心理需求，给他人带来精神上的愉悦。营销人员在营销交往中要勤用、善用敬称、敬词、敬语。在现实生活中敬称、敬词、敬语是丰富多彩的。因此，要根据不同的对象、不同的场合、不同的时间、不同的内容和不同的情况使用得体。

② 说话语气要亲切柔和，因为它能使说话者表现出诚心和真意，从而使对方产生好感。营销人员在语言交往中语调要适中、语速要适当，这样就能使听者感到温暖、亲切和具有人情味，从而使彼此之间的心理差距缩短，产生融洽的感情。

③ 语言的修辞要委婉含蓄，因为它能使听话者容易接纳，从而取得良好的交际效果。营销人员在开展营销公关时要善于通过委婉、曲折的言辞来烘托、暗示本意而不要轻率地直陈本意。在实际交往中经常性的言辞手法是同义替代。例如，把"胖"说成是"丰满"，把"瘦"说成是"苗条"等等。

7.3.3 谈判语言艺术

所谓谈判，就是针对有关方面有待解决的问题进行面谈。谈判的目的是通过交换意见来争取行为一致性。经验表明，谈判既是一个紧张的思维过程，又是一个语言运用高度艺术化的过程。在这个过程中，语言的叙述艺术、辩驳艺术、论证艺术、提问艺术、归纳艺术、说服艺术是关系到谈判成功与否的重要因素。

7.3.3.1 谈判语言的叙述艺术

谈判语言的叙述艺术，首先是交代事物的过程要清晰；其次是阐述内容要详细；第三是语调要平和。只有这样，才能使谈判对方了解你的想法。

7.3.3.2 谈判语言的辩驳艺术

谈判语言的辩驳艺术，首先是辩驳要有理、有利、有节；其次是要抓住核心阐明自己的观点，不拘泥于琐碎之事；第三是语速要稍快，富有人情味。只有这样，才能使谈判对方接纳你的意见。

7.3.3.3 谈判语言的论证艺术

谈判语言的论证艺术，首先是论据要充分、有力；其次是比喻性实例要生动；第三是语言要有逻辑力量。只有这样，才能使谈判对方改变自己的观点。

7.3.3.4 谈判语言的提问艺术

谈判语言的提问艺术，首先是提出的问题要切中对方的要害；其次是问题的设置能诱导对方纳入本方的轨道；第三是提问的方法和时机要合适。只有这样，才能使对方在不知不觉的回答中不断修正自己的立场。

7.3.3.5 谈判语言的归纳艺术

谈判语言的归纳艺术，首先是能概括出双方的共同点和分歧点；其次对分歧点的归纳要幽默，能给对方某种希望与信心；第三是结论性的归纳能使对方愉快地接受。只有这样，才能使谈判对方感到你的感情是真诚的，而不是强加于人的。

7.3.3.6 谈判语言的说服艺术

谈判语言的说服艺术，首先是要讲真情实意，使对方感受到你是一个可相信的人；其次是语气要不亢不卑，使对方感到你是一个自尊、自信、自主的人；第三是要言中有理，理中有情，情中有人。只有这样，才能使谈判对方最后同意你的主张，取得利益上的协调和谈判上的成功。

7.4 汽车营销广告

现代企业的汽车营销活动是在以广泛的地域范围和复杂的人际关系为背景的社会化大生产条件下进行的。优质的产品、合理的价格和适当渠道能够吸引大量顾客。但是在商品经济的领域里，人们对某一汽车产品及其有关情况并不一定引起注意，甚至闻所未闻。这就需要企业通过各种手段来调动消费者的注意力，激发他们的需求欲望，吸引他们购买本企业产品。汽车营销广告是汽车企业主要的促销手段之一。

7.4.1 汽车营销广告的基本特点

汽车营销广告是以市场营销观念为基础的广告，与推销广告的根本区别在于：营销广告不是以企业为中心，而是以消费为中心，强调从消费者的需求及广告受众的接受心理出发，开展广告宣传，注重广告的整体效应和长期效应。

汽车营销广告的基本特点主要是：以消费者的需求为出发点；以树立企业和产品形象为宗旨；以扩大和占领市场为目的；以重视全面策划效应为手段。

7.4.2 汽车营销广告意识

汽车营销广告观念的形成，使现代广告出现了质的变化。在从消费者需求出发，开拓和巩固企业的目标市场，实现企业战略营销目标的思想指导下，现代企业在其广告行为中必须增强调研意识、竞争意识、策划意识和创新意识。

7.4.2.1 调研意识

增强调研意识，注意对目标市场消费行为的研究，有的放矢地开展广告宣传。

营销广告的核心在于从消费者的需求和接受心理出发，因此，必须在对目标市场消费行为进行充分调查研究的基础上开展广告宣传。具有营销广告观念的企业不会停留于笼统的一般文字宣传，而是在对市场进行广泛调查的基础上，准确地寻找自己的目标市场和目标公众，并根据目标公众的特定需求和接受心理来进行广告定位，确定相应的广告主题、广告内容、广告形式和广告传播方式。

7.4.2.2 竞争意识

增强竞争意识，注意对市场竞争态势和竞争对象的研究，提高广告的竞争力。

营销广告十分注重目标市场的开拓和巩固，重视市场占有率的争夺，所以，具有营销广告观念的企业一般都具有较强的竞争意识。例如，在1984年美国洛杉矶举办奥运会的前夕，奥运会组委会面临选用什么胶卷作为奥运会指定胶卷的决策。柯达公司自以为可持天时地利之优势同组委会讨价还价。想不到在其相持不下之际，日本富士公司乘虚而入，以700万美元的代价夺走了“奥运会指定胶卷”的权利，使柯达受到很大的打击。但柯达并未示弱，他们卧薪尝胆，4年后，以同样的方式在日本人眼皮底下夺走了汉城奥运会的“指定胶卷”权。竞争意识的关键在于具有对因竞争双方差异所造成机会的把握，并能善于利用这些机会。

7.4.2.3 策划意识

增强策划意识，注意对广告战略和策略的研究，提高广告的整体效应。

由于营销广告不局限于短期的经济效益而注重整体效应和长远利益，因此，具有营销广告观念的企业比较重视广告的整体战略策划。

汽车是一种实用性商品，其内在品质只能通过消费者体验才能感受得到；而消费者对一款车的认识，往往首先来自媒体。

2004年5月22日，南菱汽车集团美人豹4S店开业，没有像常规的开业仪式那样，让记者车马劳顿地陆陆续续赶到现场参加仪式，而用十几辆全新的美人豹跑车集体迎接各大媒体的记者，请记者乘坐美人豹跑车从市区风风光光、浩浩荡荡地巡游到美人豹开业场地。

这样既体现了经销商对于媒体朋友的尊重，又能够让记者对美人豹有了亲身体验之后去影响普通消费者；而且十几辆美人豹在市区巡游，可以引起市民的强烈关注，甚至形成社会议论的话题。

当年的五一长假，多数汽车经销商都把精力集中于卖车。南菱不仅卖车，而且卖南菱品牌，因为市场最后还是消费者说了算，一切竞争最后都要归结到品牌上。

很多消费者都知道，南菱是靠维修起家的，多年维修经验使南菱给人以“负责的”、“严谨的”、“踏实的”品牌印象。进入销售行业以后，南菱原有形象能否适应销售行业“灵活”、“创新”、“偏时尚”等特性的挑战？

而通过赞助“第4届华语电影传媒大奖”、举办“广州十佳红色恋人”系列活动，南菱为自己注入了“时尚”、“创新”、“年轻”的性格因素，好像一个人，南菱不仅充满活力，而且更有亲和力了。

品牌实践的趋势是从品牌承诺转向全面的品牌体验。南菱五一的所有活动围绕“红色恋人红色车，都市爱情新生活”一个推广主题，整合了线上品牌承诺（硬性广告、公关软文）、线下品牌体验（“红色恋人爱情体验馆”、“红色恋人红色车”系列活动）两方面相关资源，为消费者精心营造了深刻的品牌体验，侧面拉动了销售提升。

7.4.2.4 创新意识

增强创新意识，注重营销广告活动的策略研究，提高营销广告活动的科学性和艺术性。

持营销广告观念的企业十分注重根据消费者的接受心理来设计其广告策略。营销广告的创新意识并不体现为玩弄技巧，而应遵循科学规律，应当符合企业和产品的特性，符合目标市场受众的心理规律，符合广告活动的基本目标，符合国家制定的广告法。

进入20世纪90年代以来，我国的市场状况出现了显著变化，商品供不应求的局面不复存在，企业经营活动越来越活跃，市场的竞争也越来越激烈。特别是我国加入WTO后，面对优胜劣汰的世界竞争市场，越来越多的企业感到，经营观念必须转变，广告观念也应有较大幅度的转变。我国企业广告已到了由推销广告向营销广告转化的阶段，建立起现代广告意识势在必行。

7.4.3 汽车营销广告的决策

汽车企业作营销广告，需要决策的内容很多，除树立营销广告意识外，还应注意营销广告的产品定位、营销广告的创意设计、营销广告与汽车产品生命周期、营销广告的宣传时机等。

7.4.3.1 营销广告的产品定位

广告的产品定位就是在广告中突出宣传汽车的特点，确立市场竞争地位，在目标用户心目中塑造良好形象，从而使广告最富有效果。

广告中的汽车产品定位可分为两大类：

(1) 实体定位　实体定位是从汽车本身的特点进行定位，主要包括功能定位、质量定位和价格定位，分别突出宣传汽车的独特功能和特色、质量过硬、具有较高的性价比。

(2) 心理定位　心理定位主要包括正向定位、逆向定位和是非定位三种方法。正向定位主要是正面宣传汽车的优异之处；逆向定位主要是唤起用户的同情与支持；是非定位则强调自己与竞争对手的不同之处，把强大的竞争对手逐出竞争领域。

7.4.3.2 营销广告创意与设计

确立了广告的媒体之后，还必须根据不同媒体的特点，设计创作广告信息的内容与形式，立意应独特，形式要生动，广告词要易记忆，宣传重点要突出。切忌别人看了广告后，却不知道广告要表达的是什么产品和产品的什么特点。广告应达到讨人喜欢、独具特色和令人信服之效果，或者说要达到引起注意、激发兴趣、强化购买欲望并最终导致购买行为的目标。

7.4.3.3 营销广告与汽车产品生命周期策略

汽车产品所处生命周期不同，广告的形式和目标应有所差异。处于导入期和成长期的产品，广告的重点应放在介绍产品知识、灌输某种观念、提高知名度和可信度上，以引起目标用户的观念认同，激发购买欲望。处于成熟期的产品，重点应放在创名牌、提高声誉上，指导目标用户的选择，说服用户，争夺市场。处于衰退期的产品，广告要以维护用户的需要为主，企业应适当压缩广告费用。

7.4.3.4 营销广告宣传时间

广告在不同时间宣传，会产生不同的促销效果。这一决策包括广告宣传期限和什么时刻做广告。前者是指企业根据其整体市场营销战略，决定做广告的起汔时间，是集中时间做广告，还是均衡时间做广告；是季节性广告，还是节假日广告等。后者是决定究竟在哪一时刻做广告，如电视广告是在黄金时间做广告，还是在一般时期内做广告；是否与某一电视节目相关联等。

7.4.4 汽车公司广告特色

7.4.4.1 创意新颖，显示实力，广告词朗朗上口

产品的广告要给人以清晰的印象、确定的认知，使人能牢固地记忆、坚定地信任，唤起人们强烈的动机和果断的决策。

克莱斯勒汽车公司的一则广告曾使其汽车销售量大幅度增加："30 天内如不满意，我们一定退车款。"显然公司对自己的产品没有充分自信，是不敢如此向顾客许诺的。这则广告一推出，公司原估计会有 10%的顾客退车，但实际却不到 2%。

一汽大众汽车公司捷达轿车的广告词是"德国第一与中国第一的完善结合"，巧用"第一"的概念给人们留下了深刻印象。东风汽车公司的"走富康路，坐富康车"的广告词，配以"90 年代国际流行款式、赛车性能、轿车风范……"的解说词和悦耳的音乐背景，令人感到舒心。

7.4.4.2 广告"新、奇、险"

2007 年，广东、湖南正在闹台风灾害，全民都在关注台风、关注灾害、关注救灾。东神公司的营销总监灵机一动，蹦出了"轩逸风暴"的概念。既然大家都在关注台风，干脆就把轩逸隐喻为一场台风，既引起公众的迅速高度关注，又暗示轩逸将如一场风暴一样横扫东莞车市。轩逸的上市被策划成一个悬疑广告，分为了三个阶段：设谜—传播—揭谜底。三个阶段有张有弛、层层推进，将轩逸的广告宣传从报纸、电台、网络、电视、户外、店面等所有媒介全面展开。

第一阶段：设谜。

这一阶段公司主要通过报纸、网站等平面广告来宣传，广告内容为“风暴轩逸即将登陆东莞”的字眼，只留有“东莞东神”的LOGO，并未留公司名称和电话。人们可能不知道这是一辆车，让全东莞人都在议论“碧利斯”、“派比安”等等台风的时候，谈论“轩逸”这个字。

第二阶段:炒作传播。

将“风暴轩逸”及“即将登陆”的信息进行最大范围的传播，为第三阶段揭迷做好充分的基础工作。这一阶段主要以“高薪招聘营销总监”的营销方案，同时配合多元化、全方位多媒体相互结合的立体宣传方式。

其次，东神配合其他主流媒体进行同步宣传，在《羊城晚报》、《信息时报》、《南方日报》等报纸媒体上刊登整版或1/2彩色大版面广告，形成气势强大的宣传攻势。再次利用多元化媒体宣传方式，扩大信息传播:一是发布加油站广告；二是在重要交通主干道，选择三个广告效应好的有利广告位发布T型牌广告；三是在东莞两大汽车网站《东莞汽车网》、《东莞市汽车网》上发布信息宣传；四是在东莞发行量最大的本土报纸《东莞日报》上夹送轩逸上市信息的宣传夹页；五是举办大型、有特色的轩逸上市配套推广活动“轩逸亮剑之旅——东莞五店巡展”活动、“轩逸杯儿童绘画大赛”活动、“轩逸汽车夜市”活动、“轩逸解密游戏”等。

最后是选择在影响力大、影响范围广的强势媒体《东莞电视台》和《东莞电台》上发布“轩逸风暴”即将登莞的信息，这是轩逸正式上市前冲刺阶段的广告，清晰地传达了轩逸上市的日期——8月24日，为轩逸上市开了个浓墨重彩的好头。

第三阶段:揭谜底(轩逸上市仪式)。

通过前两个阶段的炒作预热，东莞人对“轩逸”的印象已逐渐深刻起来，产生了要一睹“轩逸”真容的想法。怎样利用前期宣传热度，恰到好处地把握消费者对轩逸露面效果的期望值；用什么方式来揭“风暴轩逸”这个谜底，才能让轩逸展现它的真面目，一炮走红？经过一番讨论，确定了两个重点方向:一是上市仪式的形式要新颖有亮点；二是上市仪式要和前期“风暴轩逸”的话题密切结合，于是“轩逸爱心之约慈善拍卖抗灾文艺晚会”的主题便浮出水面了。

晚会活动现场对轩逸三款不同配置的车型进行慈善拍卖，高于底价的全部车款，通过东莞慈善机构，捐赠给广东遭受台风袭击的灾区人民，通过车与爱心捐赠的结合宣传来提升东风日产及东莞东神的品牌形象和美誉度，借助赈灾此热点话题所开成的良好口碑，迅速让“东风日产、东莞东神、轩逸上市、爱心捐赠、慈善拍卖”的字眼为人们所熟知，充分吸引广大市民的眼球，塑造一个引人注目的社会公众热点，吸引各大媒体争相报道，立即成为消费者和行业内关注的话题，促使新车上市宣传效果的最大化。

其次，在场地的选择上，东莞东神选择在全亚洲享有盛名的豪华剧院——东莞玉兰大剧院举行高标准、高质量的上市仪式。在这样一个高贵优雅的场所举行上市仪式，与轩逸“富有内涵而令人心动的优雅轩车”的产品特性交相辉映，把轩逸的高贵表现得淋漓尽致。同时整个晚会的节目演出全部由荣获国际多个大奖的中国歌舞团东莞分团的原班人马倾力出演，让现场的每一位观众感觉到这不仅仅是一个简单的上市仪式，更是一场感受艺术魅力高水准晚会。

最后，为了让没有亲临晚会现场的消费者共同感受“风暴轩逸”的巨大影响力，东莞电视台收视率最高的第三频道黄金时间对晚会进行节目录播，促进轩逸上市宣传效果的最大化，对轩逸"优雅轿车"的品牌特性进行彻底诉求。同时各大媒体的争相报道，让轩逸犹如一场台风，席卷到东莞的千家万户。

7.4.4.3 汽车的安全性仍是广告宣传的重心

克莱斯勒公司一直在强调它的具有特色的安全气囊装置，并在广告中大力宣扬；通用汽车公司在其广告中也突出"整体安全"的观点，大力宣传制动防抱死系统。沃尔沃轿车在安全方面一直是形象最佳的轿车。1991 年，沃尔沃公司在 30 分钟的广告节目中，列举了一大堆沃尔沃轿车在有关事故中损害极小的数字，并向人们展示了沃尔沃轿车保险杠撞进墙内后，驾驶员和乘客能顺利脱险的经过，以此来证明沃尔沃轿车在安全方面的优良性能。

据调查，美国公司强调汽车安全性，日本公司强调性能价格比，而欧洲则强调高科技特点。但所有销往北美的汽车都十分注意汽车安全性宣传。

7.4.4.4 广告媒体新颖化

由于传统媒介的作用正在缩小，而有线电视、电视录像、计算机和影片等媒体的作用正在增强。因此，汽车制造商正在设法接近新媒介，如手机接收汽车的有关信息、在计算机服务系统中加入广告以及利用机场闭路电视系统进行宣传等。而随着各种通信手段和传播媒介的出现和普及，汽车制造商、销售商也将越来越脱离传统媒介而使用那些由计算机控制的新媒介。

总之，广告具有很强的表达力、渲染力、鼓动力和灌输作用。一条适时得体的广告，对企业产品功德无量，企业要善于利用广告把厂家的真诚好意和真情合作告诉顾客。

7.5 谋划营销新闻事件

追求公关的有效性，是营销公关中始终不渝的目标。确认这样一种公关价值观，对营销人员来说，要学会谋划营销新闻事件的策略和技巧。

7.5.1 谋划营销新闻事件的基本原则

在营销公关中，新闻事件谋划与艺术创作是不能同日而语的。艺术创作可以有两种基本的创作手法：一是现实主义的创作手法，创作人员的编创在源于生活的前提下高于生活；二是浪漫主义的创作手法，创作人员的编创可以发挥充分的想像力。

在营销公关活动中，谋划新闻事件必须遵循两个基本原则：

7.5.1.1 真实性原则

真实性原则是指营销人员在谋划新闻事件的公关活动中必须从事实本身出发，做到"三有"：一有客观存在的人与事；二有事情发展的全过程；三有符合逻辑的结果。真实性原则同时也内含着三个"不能"：一是不能对事实进行伪造；二是不能对事实进行移花接木式的"嫁接"和"组装"；三是不能抓住点滴事实进行人为的夸大或编造。

7.5.1.2 新闻性原则

新闻性原则是指营销人员在谋划新闻事件的公关活动中，必须注意从客观事实中推出

"四有"内涵的人与事,即:有最近发生的时间特点;有鲜为人知的内容特点;有出乎人们意料之外的情节特点;有引起公众普遍注意的结果特点。

谋划营销新闻事件既要坚持真实性原则,又要坚持新闻性原则。因为,真实而为人所常见,没有新闻性,不会引起公众的注意力,不具有传播价值;同样,不真实的新闻,不具有普遍性和典型性,也不具有吸引公众的凝聚力。

7.5.2 汽车营销新闻谋划要点

汽车营销新闻事件的谋划,在操作上有许多要点,其中以下八个要点是营销人员需要特别注意的:目标要明确;对象要找准;遇事要敏感;创意要鲜明;手法要独创;推出要适时;结果要预测;人员要投入。

7.5.3 逆向公关出新闻

在商战中,首先能打开市场的就是那些采用逆向公关方法的企业。因为,逆向公关可以达到如下效果:第一,它能吸引公众的注意力;第二,它能把公众的注意力从对销售方法的关注转向对产品本身的兴趣,从而诱发需求欲;第三,它能使公众通过对其销售方法的认识和肯定进而承认企业本身,从而为企业在商战中取胜提供了现实性和可能性。

7.5.4 顺向公关出高招

事实上,谋划营销新闻事件并非都需要逆向公关才有成效,顺向公关同样也可以达到争取公众最大化的效果,但谋划的内容和形式必须有所突破、有所创新。只有突破性和冒尖性的顺向公关,才能使营销对象产生注意力,使消费者去重新审视自己将要选择的消费行为,进而去改变原有的行为路线,发生有利于企业的消费行为;否则,企业设立的目标就可能在顺向公关中被公众所埋没和忽视。

例如,在激烈的市场竞争中,有些商业企业违反竞争规则和商业道德对消费者实行暴利销售,各地政府采取了反暴利措施,用以维护消费者的利益和保护正当竞争的企业。在反暴利销售中,某商店率先推出"十点利"销售活动。所谓"十点利"销售,就是把自己出售的商品,一律用10%的商业利润来确定价格。

应该说"十点利"活动具有顺向轰动效应。所谓顺向,是指它顺应了政府的反暴利销售的倡导,符合了消费者反暴利心理需求。之所以有轰动性,一是因为它的反暴利行为独树一帜,既给消费者带来了利益,也给自己的职业道德树立一良好的形象;二是因为对"十点利"的不同意见和争论,又提高了该商店的社会知名度,使之形象升值。

7.5.5 借用典故出名气

在谋划新闻事件中,必须注意依托典故来提高企业知名度和产品知晓度。这是因为,典故所包括的历史内容和文化内涵,具有知识、道德和艺术的功能,从而使人们得到感性的品味和理性的启迪。企业在创品牌名、定商标、制图案、做广告、选销售点等等一系列的营销活动中,应该充分依托典故的公关效应。例如,我们可以把一个产品的品牌名与一个神话联系起来，以增强它对消费者的吸引力；我们也可以把一个商标的图形、色彩和某一个历史事件联系起来，以引起消费者的注意力；我们还可以把一个广告的用语和某一个成语典故联系起来，以提高消费者的购买欲；我们再可以把一个销售点和某一历史名人在此时此地的生活、活动联系在一起，利用消费者对名人的纪念和崇拜心理激发他们的购买欲。

总之，典故出神奇，它是营销公关中造就新闻事件的重要润滑剂，足可利用和开发。

7.6 汽车营销人员的培训

7.6.1 培训汽车营销人员的必要性

据不完全统计，全国约有汽车营销人员10万人，近年来还在不断扩大，这是一支数量可观的队伍。由于多年来计划经济运行模式，重生产技术，忽视经营销售，所以汽车营销队伍无论从数量上和质量上都远不能满足现代社会主义市场经济运行方式中汽车营销的要求。

7.6.1.1 营销人员文化业务素质上有很大差距

汽车营销技术性很强，要求营销人员懂管理、懂营销、懂技术。现有不少业务人员这几方面知识差距都不小，有些营销人员连汽车基本性能表中列出的数字的含义都不懂，也不明白营销过程中一些经济常识，所以很难胜任现代营销工作。

7.6.1.2 老经验不适应新要求

原有的汽车营销人员多年来在计划经济运行方式下工作，形成了一套“官商”作风，这与当前社会主义市场经济新形势下进行经营销售，在指导思想、工作方针、工作方法、工作作风上是完全不一样的。因此汽车营销人员必须不断学习、培训提高，才能适应新形势的要求。

7.6.1.3 培养技贸结合型人才

现代汽车营销工作需要懂经济、懂技术的技贸结合型人才。从现有营销队伍分析，真正学过汽车专业的人很少，大多是学管理、商业、经济的，还有学机械、电气、自动化的，这样学过汽车专业的人不懂经营销售和管理，学过经营管理、市场营销的不懂汽车技术，即使从学校出来的正规大中专以上毕业生，还有一个知识不全面、要进行培训提高的过程。因此，要造就一大批合格的汽车营销人员，就要培训技贸结合型的人才，即懂经营销售方面的市场经济知识和管理知识，又要懂汽车结构原理和维护保养方面的技术知识，两者缺一不可，这是时代的要求。

7.6.1.4 汽车营销和管理队伍的政治素质亟待提高

汽车营销人员服务于汽车销售第一线，在为企业创收获利的同时还应该懂得文明经商，要遵守社会主义商业道德，维护消费者的合法权益，要贯彻国家的有关政策法令(如《反不正当竞争法》、《公司法》、各种税收规定等)，上级对汽车营销有许多特殊规定(如轿车经营权、反对就地倒买和随意大幅度涨价的规定、不允许经营走私车的规定)等。由于近年来汽车营销队伍发展较快，新人较多，对许多政策规定不熟悉，也有待培训提高、熟悉有关政策规定。

7.6.2 汽车营销是光荣而重要的岗位

经济效益是企业一切活动的中心，而销售是实现经济效益的主要途径。汽车生产企业生产的汽车要送到用户和消费者手里，必须通过商品交换，而商品交换必须通过汽车营销人员的辛勤劳动才能实现。生产企业要通过销售回收资金，取得应得的利润，才能继续生产和扩大再生产。汽车营销工作做好了不仅能够加速资金周转，节省流通费用，提高商业经济效益，而且能够缩短社会再生产和扩大再生产周转期。因此，汽车营销工作是社会生产总过程和社会生活中不可少的必要劳动。所以汽车经营销售是光荣而重要的岗位，汽车营销人员只有在优胜劣汰的市场竞争中，认识市场、适应市场、驾驭市场，才能赢得市场，从而为企业获取较大的利润。

7.6.3 整车销售人员的培训

对销售人员进行有关知识、技能、方法的训练，以及有关价值观念、意识形态的教育，是改善销售人员的工作行为、增进顾客满意感、提高公司销售业绩的基本保证。因此，必须对销售人员训练重要性有充分的认识，并能根据销售人员的需要，选择有效的训练内容和方法。

汽车销售人员的训练不仅仅是针对那些没有经验、第一次步入销售职业的新销售人员，而且对于那些已有一定经验的老销售人员，也有一个不断提高的问题。对销售人员进行训练的优点主要有：

7.6.3.1 增强销售技能，提高销售业绩水平

对销售人员进行训练的基本目标之一，就是向受训人员传授一些必要的技能，以提高他们的销售业绩，使企业取得更大的效益。再好的产品，如果缺乏必要的销售技能，也很难实现其使用价值。试想当顾客不了解产品的品质，或者对销售宣传采取不信任态度时，他怎么能够产生购买行为。通过销售训练，新的销售人员可以在很短的时间内掌握老销售人员所拥有的技能，也可以使好的销售技能在销售队伍中迅速传播，从而大大缩短新销售人员“成长”的时间，使销售经验能够成为大家共享的资源。

7.6.3.2 提高销售人员素质，维护企业形象

销售人员接触顾客、推销产品时，其代表的是整个企业的形象。顾客会从销售人员的知识、素质、着装和言谈举止中，去判断他所代表的企业及其产品。优秀的销售人员，能向顾客传递企业的经营理念，并赢得顾客的信任和尊重，从而能在顾客心目中塑造良好的企业形象。然而那些未经训练、素质低劣的销售人员，有可能会做出一些危害企业利益的事，如不适当的承诺、贿赂客户、随意降价、欺骗顾客等，从而损害企业形象和长期利益。为了维护和建立企业的良好形象，企业必须让销售人员了解企业的经营理念，特别是营销哲学，熟悉企业的产品和政策以及市场的需求特征，并有步骤地对销售人员的着装、言谈举止加以规范和训练。

7.6.3.3 消除自卑和恐惧感，培养销售人员独立工作的能力

销售工作经常会面临挫折甚至遭到羞辱。销售人员必须具备坚强的意志和非凡的耐

心，能够忍受孤独和压力，具有不怕吃苦的精神。面对销售职业的这些挑战，有些销售人员可能会缺乏自信，感到自卑和恐惧。特别是那些刚走出校门、没有工作经验的新人，很可能会怀疑自己选错了职业，甚至会怀疑自己的能力。如何消除这种心理？重要的途径就是销售训练。通过销售训练，让销售人员对即将从事的工作形成正确的认识，树立信心，掌握必要的销售技能，培养独立推销的能力。自信心和能力较强的销售人员，具有较高的预期和估计，他们会更加努力地工作。

7.6.3.4 鼓舞士气，降低离职率

一般来说，士气高昂的销售人员，往往有令人满意的销售业绩，而业绩优异的销售人员，也能形成高昂的销售士气。如果销售人员明确了他们所肩负的期望，做好了从事销售工作的必要准备，他们在工作中的挫折感就会少一些。销售训练可以帮助销售人员做好销售的准备工作，提高业绩水平，从而减少工作上的挫折感，起到增强销售士气的作用。

当销售训练能产生高昂的士气、骄人的业绩时，销售队伍中的离职率就相对要低。相反，没有经过培训的、年轻的、缺乏经验的销售人员，就可能因为各方面的准备不足而丧失信心，甚至离开销售队伍。

7.6.3.5 培养创造力，改善顾客关系

销售人员活动于顾客与公司之间，是联系两者的纽带。公司生产的产品，能否最大限度地给顾客带来效用，使顾客满意，有赖于销售人员能否产生服务顾客的创造力。销售人员的创造力，主要来源于他所具备的现代营销意识，所掌握的营销理论、方法以及有关产品和市场的知识。

如果销售人员能够创造性地为顾客服务，使顾客满意，他与顾客的关系就能长久稳定。特别是当销售人员能熟练、迅速地排除异议，帮助顾客解决问题时，那么顾客的忠诚度就会很快形成。相反，如果销售人员只是机械地执行公司政策，"为卖而卖"，那么顾客需求就得不到满足，顾客的忠诚度也将难以培养。

7.6.3.6 提高时间和地区管理能力，增进效率

在许多销售训练中，都有一门关于销售人员如何安排时间和行动路线的课程。例如：用多少时间访问现有顾客，用多少时间访问潜在的新顾客？每一类顾客的访问频率应是多少？什么是覆盖所辖区域的最有效办法？什么样的旅行路线在旅行距离和时间上最有效？这些问题，可以通过销售训练，使销售人员掌握科学的管理方法，增进工作效率。

思考题

1. 汽车营销公关的含义、特点和主要对象是什么？
2. 简述汽车营销广告的含义和基本特点。
3. 简述汽车营销新闻谋划要点和谋划营销新闻事件的基本原则。
4. 汽车营销公关的作用是什么？
5. 如何理解汽车营销岗位是光荣而且重要的岗位？
6. 为什么说把握汽车营销公关时机是实现营销公关有效性的重要条件？

8 汽车产品与法律责任

8.1 汽车产品质量法规

8.1.1 汽车形式认证制度

8.1.1.1 ISO9000 系列标准

国际标准化组织（ISO）下属的质量管理和质量保证技术委员会 1986 年发布了 ISO8402《质量——术语》标准，1987 年发布了 ISO9000《质量管理和质量保证标准——选择和使用指南》、ISO9001《质量体系——设计开发、生产、安装和服务的质量保证模式》、ISO9002《质量体系——生产和安装的质量保证模式》、ISO9003《质量体系——最终检验和试验的质量保证模式》、ISO9004《质量管理和质量体系要素——指南》等 6 项标准，通称为 ISO9000 系列标准。

根据 ISO9001 标准制定的 TS16949 技术规范指导书，是专门面向汽车产业特别制定并发行的，汽车企业可以按照此规范接受 ISO9000 系列标准的评审并获得认证。

为了使 1987 年版的 ISO9000 系列标准更加协调和完善，ISO/TC167 质量管理和质量保证技术委员会于 1990 年决定对标准进行修改，提出了《90 年代国际质量标准的实施策略》（国际上通称为《2000 年展望》）。

2000 年 12 月 15 日，ISO/TC167 正式发布了 2000 年版本的 ISO9000 系列标准。该标准的修订充分考虑了 1987 年和 1994 年版标准，以及现有其他管理体系标准的使用经验，因此，使质量管理体系更加适合组织的需要，可以更适应组织开展商业活动的需要。

一般地讲，ISO 汽车标准有几大类：术语标准、符号与标记标志、尺寸标准、测试标准和车载通讯标准等。

ISO/TS16949 是由国际汽车特别工作组（ITAF）成员与国际标准化组织 TC176 委员会批准出版，参照美国的 QS9000 认证标准、意大利的 AVSQ 认证标准、法国的 EAQF 认证标准、德国的 VDA6.1 认证标准，由美国和欧洲汽车行业的供应商们达成一致，确立的统一标准。

世界各地许多汽车厂商已经实施该标准，通过评审的企业逐年增加，正逐渐成为事实上的全球汽车制造的行业标准。

8.1.1.2 强制性产品认证制度

（1）强制性产品认证制度　强制性产品认证制度是各国政府为保护广大消费者人身和

动植物生命安全、保护环境、保护国家安全，依照法律法规实施的一种产品合格评定制度，它要求产品必须符合国家标准和技术法规。强制性产品认证是通过制定强制性产品认证的产品目录和实施强制性产品认证程序，对列入《目录》或《公告》中的产品实施强制性的检测和审核。凡列入强制性产品认证目录内的产品，没有获得指定认证机构的认证证书，没有按规定加施认证标志，一律不得进口、不得出厂销售和在经营服务场所使用。如欧盟的CE认证、美国的UL认证、芬兰和瑞典的安全认证、法国NF认证、挪威和丹麦的安全认证等。

(2) 我国政府对汽车产品认证的法规　2001年，原国家机械局的部分职能转移到国家经贸委后，国家经贸委在对汽车行业管理方面推出的重要举措之一就是废止从1985年开始实施的汽车产品《目录》管理制度，改用国际通行的形式认证制度管理，产品能否上市将由检测机构的检测结果决定。

国家认监委2001年第3号公告发布了《强制性产品认证实施规则》(共47份)，其中《机动车辆类(汽车产品)强制性认证实施规则》(编号：CNCA-02C-023：2001)经过修改和完善，现已重新发布，新规则编号为CNCA-02C-023：2002，自发布之日起实施，原规则同时废止。

目前我国的汽车强制性标准主要通过国家经贸委的汽车产品公告管理强制实施。国家经贸委定期对汽车产品强制实施公告管理，即对汽车产品实施"3C"认证，也是中国在加入WTO后对汽车产品的管理与国际接轨的一项重要措施。今后国家将逐步削弱直至取消"公告"和"目录"形式的汽车企业生产准入审批制度，转为对汽车产品安全、环保性能实施监督的国际性操作惯例。

"强制性产品认证"就是人们现在俗称的"3C认证"制度。"中国强制认证"的英文全称为China Compulsory Certification，简称3C。这项强制性产品认证制度是我国按照世贸组织"统一认证标志"的原则，为保护广大消费者人身安全、保护环境、保护公共安全，依法实施的一种产品合格评定制度。目前，汽车整车产品和安全带、轮胎、玻璃等被列在3C认证的范围内。

按照新规定，从2003年8月1日起，国家认证认可监管委员会将对这些产品的认证开始实施执法监督。国内企业出厂、进口《目录》内的产品必须获得强制性产品认证证书，并加贴强制性产品认证标志后方可出厂、进口；经销商、进口商也不得再购进、进口和销售未获得新证书及未加贴新标志的《目录》内产品。如果相关企业不尽早实施认证，2003年8月1日后将被处以3万元以下罚款。首批强制性认证的产品共19类132种，其中包括汽车和摩托车。

(3) 车辆产品强制性认证制度的特点　新的车辆产品强制性认证制度具有四个特点：

① 符合政府机构改革和市场经济发展的要求。

② 符合国际通行做法，实现了国民待遇原则，兑现了我国加入WTO的有关承诺。

③ 有明确的法律依据和完善的管理机制，明确了产品的生产企业及合格评定机构应承担的相应的法律责任。

④ 严格遵循国际准则，工作程序公正、透明，解决了产品的一致性和执法监督问题。

到目前为止，一汽大众、上海通用、上海大众、嘉陵摩托、德国大众、日本丰田等国内外汽车企业，已经获得中国强制性产品认证证书。

(4) 全球汽车技术法规协定书　2000 年 10 月 10 日，我国政府签署了《全球汽车技术法规协定书》接受书，正式加入该协定书。到目前为止，全球已有 16 个国家及经济一体化组织签署了该协定书。正是由于全球性协定书的主要内容只涉及修订和实施全世界统一的汽车技术法规，而不涉及对汽车产品的相互认可问题，因此该协定书相对有利于发展中国家。该协定书技术上也充分考虑了发展中国家的实际情况，在全球性汽车技术法规中除要求有较高的安全、环保、节能和防盗的水准外，还规定了适合发展中国家实施的较低的要求（即严格性和性能的替代水准）和相应试验的规程。

8.1.2　汽车碰撞（被动）安全性检验制度

在 20 世纪 70 年代前汽车技术的发展，主要集中在提高动力性、操纵稳定性、舒适性、制动性以及提高灯光、视野等方面，这些均可称为主动安全性。当汽车发生碰撞事故之后，如何减少人员伤亡，被称为汽车碰撞（被动）安全性。

汽车安全是任何一位驾驶员都非常关心的问题，也是未来汽车发展的三大主题（安全、节能、环保）之一。未来汽车设计考虑更多的是以人为出发点，真正实现以人为本，而不单纯局限于汽车本身。汽车实车碰撞试验是综合评价汽车碰撞安全性能最基本、最有效的方法，也是各国政府对汽车产品的安全性能实施管理的重要内容之一。

发达国家在 20 世纪 70 年代后期就开始制定和执行有关汽车碰撞（被动）安全性的技术法规。我国早在 1989 年就公布了有关汽车碰撞（被动）安全性的国家标准，但由于种种原因，未能强制执行。根据国家质检总局和国家认证认可监督管理委员会发布的《强制性产品认证管理规定》、《强制性产品认证标志管理办法》等规定，从 2003 年 8 月 1 日起，凡进口到中国的汽车，无论在原产地进行过多少次严格的碰撞试验，都必须在中国的土地上重新再进行一次碰撞试验。

1998 年 6 月 18 日，富康轿车在清华大学汽车工程研究所进行的整车安全性碰撞试验取得成功，被誉为中国轿车第一撞。从此，我国汽车的整车安全性碰撞试验被提上重要日程，并开始与国际惯例接轨。

2001 年 5 月，国家计委决定放开轿车价格，国家不再干预，企业自主经营，这就把国内汽车制造厂摆在了与国际汽车同行同台竞技的舞台上。为了增加国产轿车的竞争力，越来越多的国内厂家开始重视和采纳国外汽车碰撞试验。据清华大学碰撞实验室提供的资料，“台车模拟碰撞试验台”对座椅、安全带、安全气袋等进行了三百多次试验，并对近 60 辆各种品牌的国产轿车进行整车正撞、横撞和追尾碰撞等试验。

8.1.3　汽车安全检查标准

8.1.3.1　机动车运行安全技术条件

该标准（GB7258-1997）规定了机动车辆的整车及其发动机、转向系、制动系、传动系、行驶系、照明和信号装置等有关运行安全的技术要求，机动车的主要质量参数和外廓尺寸参数。这里机动车只指轿车。

8.1.3.2 进口汽车检验管理办法

为加强进口汽车检验管理工作,根据《中华人民共和国进出口商品检验法》(以下简称《商检法》)及实施条例,我国制定进口汽车检验管理办法。

(1) 进口汽车入境检验检疫机构　国家出入境检验检疫局(以下简称国家检验检疫局)主管全国进口汽车检验监管工作,进口汽车入境口岸检验检疫机构负责进口汽车入境检验工作,用户所在地检验检疫机构负责进口汽车质保期内的检验管理工作。

对转关到内地的进口汽车,视通关所在地为口岸,由通关所在地检验检疫机构按照《进口汽车检验管理办法》负责检验。

进口汽车的收货人或代理人在货物运抵入境口岸后,应持合同、发票、提(运)单、装箱单等单证及有关技术资料向口岸检验检疫机构报检,口岸检验检疫机构审核后签发"入境货物通关单"。

(2) 进口汽车的检验项目　进口汽车入境口岸检验检疫机构对进口汽车的检验包括一般项目检验、安全性能检验和品质检验。

① 一般项目检验。在进口汽车入境时逐台核查安全标志,并进行规格、型号、数量、外观质量、随车工具、技术文件和零备件等项目的检验。

② 安全性能检验。按国家有关汽车的安全环保等法律法规、强制性标准和《进出口汽车安全检验规程》(SN/TO792-1999)实施检验。

③ 品质检验。品质检验及其标准、方法等应在合同或合同附件中明确规定。进口合同无规定或规定不明确的,按《进出口汽车品质检验规程》(SN/TO791-1999)检验。

整批第一次进口的新型号汽车总数大于300台(含300台,按同一合同、同一型号、同一生产厂家计算)或总值大于一百万美元(含一百万美元)的必须实施品质检验。

批量总数小于300台或总值小于一百万美元的新型号进口汽车和非首次进口的汽车,检验检疫机构视质量情况,对品质进行抽查检验。

(3) 进口汽车的检验方式　检验检疫机构对进口汽车的检验,可采取检验检疫机构自检、与有关单位共同检验和认可检测单位检验等方式,由检验检疫机构签发有关检验单证。

对大批量进口汽车,外贸经营单位和收货主管单位应在对外贸易合同中约定在出口国装运前进行预检验、监造或监装,检验检疫机构可根据需要派出检验人员参加或者组织实施在出口国的检验。

经检验合格的进口汽车,由口岸检验检疫机构签发"入境货物检验检疫证明",并一车一单签发"进口机动车辆随车检验单";对进口汽车实施品质检验的,"入境货物检验检疫证明"必须加附"品质检验报告"。

(4) 进口汽车的销售、办证、索赔依据　经检验不合格的,检验检疫机构出具检验检疫证书,供有关部门对外索赔。

进口汽车的销售单位凭检验检疫机构签发的"进口机动车辆随车检验单"等有关单证到当地工商行政管理部门办理进口汽车国内销售备案手续。

用户在国内购买进口汽车时必须取得检验检疫机构签发的"进口机动车辆随车检验

单”和购车发票。在办理正式牌证前，到所在地检验检疫机构登检、换发“进口机动车辆检验证明”，作为到车辆管理机关办理正式牌证的依据。

经登记的进口汽车在质量保证期内发现质量问题，用户应向所在地检验检疫机构申请检验出证。

检验检疫机构对未获得进口安全质量许可证书或者虽然已获得进口安全质量许可证书但未加贴检验检疫安全标志的、未按本办法检验登记的进口汽车，按《商检法》及《商检法实施条例》的有关规定处理。

8.1.3.3 国产新车入户免上检测线

从2001年10月1日起实施国产新车入户免上检测线的范围：

① 新车入户免上检测线的车型为：一汽大众汽车有限公司、神龙汽车有限公司、上海大众汽车有限公司、上海通用汽车有限公司、广州本田汽车有限公司、天津汽车夏利股份有限公司、重庆长安铃木汽车有限公司生产的9座(含9座)以下载客汽车(含轿车)产品；中国第一汽车集团生产的红旗牌轿车系列产品；北京吉普有限公司生产的切诺基牌轿车、越野车产品；长安汽车有限公司生产的五十铃牌轻型载货汽车系列产品。

② 公安交通管理部门在办理上述车辆的注册登记或者核发临时行驶车号牌时，应当严格按照《机动车登记办法》(公安部第56号令)和《机动车登记工作规范》(交通字[2001]37号)的规定审核机动车所有人提交的有关资料，查验车辆，不再进行安全性能检测。出厂日期满2年未办理注册登记的，或者注册登记前因事故损坏的免检车辆，应当进行安全性能检测。

③ 车辆制造企业应当加强出厂车辆的安全性能检测，确保免检车辆符合国家有关法律法规和《机动车运行安全技术条件》(GB7258-1997)的规定。对于社会或者公安交通管理部门普遍反映免检车型存在安全隐患或者产品质量有问题的，将按照有关规定予以处理。

8.1.4 汽车产品召回制度

我国根据《产品质量法》和当前社会实际需要，国家质检总局组织国内有关专家成立课题组，借鉴国际上相对成熟的管理经验，分析我国现实情况，在充分调研的基础上，起草了《缺陷汽车产品召回管理规定》和《家用汽车产品修理更换退货责任规定》，其中《缺陷汽车产品召回管理规定》(以下简称《召回管理规定》)已于2004年3月15日出台。这是我国以缺陷汽车产品为试点首次实施召回制度。

8.1.4.1 汽车召回制度的含义

所谓汽车召回制度(Recall)，就是汽车生产企业发现投放市场的汽车由于设计或制造方面的原因存在缺陷，不符合有关的法规或标准，有可能导致安全及环保问题，必须及时向国家有关部门报告该产品存在的问题、原因、改善措施等，提出召回申请，经批准后对在用车辆进行改造，以消除事故隐患。汽车生产企业还有义务让用户及时了解有关情况。

8.1.4.2 召回制度的形式和《召回管理规定》出台的目的

认证制度中包含着政府的召回制度，它不是民间行为，而是政府行为，这是要特别强调的。世界上有两种汽车认证制度，一种是形式认证，一种是自我认证。召回制度是自我认证制度的组成部分。自我认证制度在美国实行。产品生产出来后，生产企业自己认为符合国家的相关法规，就可以销售，不需要得到政府的生产批准，也不需要政府去做实验，检查其是否符合法规。一旦产品不符合国家的相关法规，政府要通知生产商，生产商可以做出解释；在生产商和政府都确认产品不符合法规后，生产商开始着手召回，但并不是换车，而是将车辆不符合法规的地方更换。所以，召回是自我认证的一部分，但政府要花大量资金维持这个制度。

属于被召回的车辆不是我们国内所认为的假冒伪劣产品，或是质量极差的车，而是厂商在汽车设计和生产过程中，由于设计人员的知识水平、当时的生产状况、公司当时的实力有限，有可能没有预想到会发生问题。在实际使用中出现的问题只有与安全、节能、污染控制和防盗有关，才能被列入召回之列。我国比较适合实施形式认证制度，即企业在产品投产以前，先要拿一个产品做实验，由政府验收批准后，才可以进行生产。政府对已投产的产品进行一致性的监控，保证消费者和社会公众利益不受侵害。自我认证是生产企业自我保证的制度，需要完善的法律、法规保证，需要全民法律意识的普及。

《召回管理规定》是解决由于设计、制造等方面的原因，在某一批次、型号或类别的产品中普遍存在的同一缺陷，政府行政主管部门依照法律、行政法规和部门规章的规定，监督、管理产品的制造者，对其生产和销售的含有对人身和财产安全造成不合理危险的缺陷产品，通知有关消费者和有关责任方，并通过采用修理等处理措施，纠正和消除该产品在设计、制造、销售等环节上产生的缺陷，消除缺陷产品对公共安全产生的威胁。

8.1.4.3 “召回制度”的意义和范围

据统计，目前我国每年因交通事故死亡的人数多达 10.5 万人，其中因车辆本身故障原因造成的事故约占 7%～10%。汽车作为复杂的机电一体化产品，在设计和制造过程中出现缺陷可以理解，但是出问题后，生产企业及时公告并承担相应的维修和赔偿责任也是责无旁贷。

我国为什么要实行汽车召回制度？《召回管理规定》在第一章的总则中说：为加强对缺陷汽车产品召回事项的管理，消除缺陷汽车产品对使用者及公众人身、财产安全造成的不合理危险，维护公共安全、公众利益和社会经济秩序，根据《中华人民共和国产品质量法》等法律制定本规定。

在中华人民共和国境内生产、进口、销售、租赁、修理汽车产品的制造商、进口商、销售商、租赁商、修理商，应当遵守本规定。本规定中所称制造商，指在中国境内注册，制造、组装汽车产品并以其名义颁发产品合格证的企业，以及将制造、组装的汽车产品已经销售到中国境内的外国企业。具体为：

① 销售商，指销售汽车产品，并收取货款、开具发票的企业。

② 租赁商，指以营利为目的，提供汽车产品给他人使用，收取租金的自然人、法人或其他组织。

③ 修理商，指为汽车产品提供维护、修理服务的企业和个人。

④ 进口商，指从境外进口汽车产品到中国境内的企业。进口商可以视同为汽车产品制

造商。

⑤ 车主，包括以使用为目的依法享有汽车产品所有权；或者采用分期付款方式购买汽车产品，根据分期付款合同在未付清全部车款前尚未获得汽车产品所有权，但已获得完全使用权的自然人、法人或其他组织；或者根据租赁合同，获得汽车产品使用权的承租人。

《召回管理规定》对所规定的汽车产品的解释是，指按照国家标准《汽车和挂车类型的术语和定义》(GB/T3707.1)中所规定的，用于载运人员、货物，由动力驱动，或者被牵引的道路车辆(不包括农用运输车)。

8.1.4.4 召回制度分类

(1) 主动召回　汽车产品的制造商对其生产的缺陷汽车产品需要履行召回义务，并承担相应的费用；进口商、销售商、租赁商应当协助制造商履行召回义务；车主、使用者及其他人因缺陷汽车产品所受损失以及其他相关争议的解决，根据其与制造商或销售商、租赁商等约定，或者适用其他法律、法规。

售出的汽车产品存在《召回管理规定》所称缺陷时，制造商应按照本规定中主动召回或指令召回管理程序的要求，组织实施缺陷汽车产品的召回。

所谓的缺陷，是指由于设计、制造等方面的原因而在某一批次、型号或类别的汽车产品中普遍存在的具有同一性的缺陷，具体包括汽车产品存在危及人身、财产安全的不合理危险，以及不符合有关汽车安全的国家标准、行业标准两种情形。

制造商自行发现，或者通过企业内部的信息系统，或者通过销售商、修理商和车主等相关各方关于其汽车产品缺陷的报告和投诉，或者通过主管部门的有关通知等方式获知缺陷存在，可以将召回计划在主管部门备案后，按照《召回管理规定》中主动召回程序的规定，实施缺陷汽车产品召回。

(2) 指令召回　制造商在获知缺陷存在而未采取主动召回行动的或者确认制造商有隐瞒产品缺陷、以不当方式处理产品缺陷的；或者确认制造商未将召回计划向主管部门备案即进行召回的，主管部门应当要求制造商按照指令召回管理程序的规定，进行缺陷汽车产品召回。

8.1.4.5 召回制度的管理

国务院质量监督检验检疫部门为管理缺陷汽车召回的行政主管部门；各省、自治区、直辖市质量技术监督部门和各直属检验检疫部门，根据主管部门的工作部署和要求开展与缺陷汽车召回的有关监督管理工作。

汽车该不该实施召回，必须经权威机构检测、分析后才能作出判断。国家质检总局公布了有资格承担缺陷汽车产品检测与实验的首批 11 家机构的名单。这 11 家检测机构包括：上海市机动车检测中心、长春汽车检测中心、襄樊达安汽车检测中心、重庆中交机动车检测中心、重庆汽车检测中心、机械工业工程机械军用改装车试验场、青岛市产品质量监督检验所等。

与此同时，主管部门将聘请专家组成专家委员会，并由专家委员会实施对汽车产品缺陷的调查和认定。根据专家委员会的建议，主管部门可以委托国家认可的汽车产品质量检验机构，实施有关汽车产品缺陷的技术检测。主管部门还将对制造商进行的召回过程加以监督。

8.1.4.6 实施召回的可能性和确认实施召回

汽车产品有以下几种情况的,可以实施召回:

① 经检验机构检验安全性能存在不符合有关汽车安全的国家标准、行业标准的。

② 因缺陷已给车主或他人造成人身或财产损害的。

③ 虽未造成车主或他人人身或财产损害,但经检测、实验和论证,在特定条件下缺陷仍可引发人身或财产损害的。

主管部门根据其指定的信息系统提供的分析、处理报告及建议,认为必要时可将相关缺陷的信息通知制造商,并要求制造商确认其产品是否存在缺陷及是否需要进行召回。

制造商在接到主管部门的通知后,并确认汽车产品存在缺陷后,应当以书面报告形式向主管部门提交报告,并按照程序实施召回。

制造商能够证明其产品不需召回的,可不必采取召回行动,但应向主管部门提供详细的论证报告。主管部门应当通过缺陷汽车产品信息系统继续跟踪观察。

主管部门有权责令召回。经调查、检验、鉴定确定汽车产品存在缺陷而制造商又拒不召回的,主管部门应当及时向制造商发出指令召回通知书,通知制造商判定依据、结论和召回指令。对于外国制造企业生产的汽车,主管部门同时会同国家外经贸主管部门发布对缺陷车辆暂停进口的公告,海关停止办理该类车辆的进口报关手续。

制造商应当在接到指令召回通知书之日起 3 日内,通知销售商停止销售该汽车产品,在 10 日内向销售商、车主发出关于主管部门通知该汽车存在缺陷的信息。

制造商对主管部门的决定等具体行政行为有异议的,可依法提请行政复议或提起行政诉讼。在行政复议和行政诉讼期间,主管部门通知中关于制造商进行召回的内容暂不实施,但制造商仍须履行规定的义务。

制造商应在发出召回行动计划书 30 天内开始召回,缺陷汽车的召回一般应在 90 天内完成。制造商有合理原因未能在此期限内完成召回的,应向主管部门提出延长期限的申请,主管部门可根据制造商申请适当延长召回期限。

对每一辆完成召回的缺陷汽车,制造商应保存符合《召回管理规定》要求的召回记录单。召回记录单一式两份,一份交车主保存,一份由制造商保存。

8.1.4.7 对缺陷汽车产品召回的期限

《召回管理规定》对缺陷汽车产品召回的期限做了明确规定:整车为自交付第一个车主起,至汽车制造商明示的安全使用期止;汽车制造商未明示安全使用期的,或明示的安全使用期不满 10 年的,自销售商将汽车产品交付第一个车主之日起 10 年止;对于汽车产品安全性零部件中的易损件,明示的使用期限为其召回时限;汽车轮胎的召回期限为自交付第一个车主之日起 5 年。

8.1.4.8 制造商的义务和消费者的权益

制造商应按照国家标准《道路车辆识别代号》(GB/T16735-16738)中的规定,在每辆出厂车辆上标注永久性车辆识别代码 VIN;应当建立、保存车主信息(如车主姓名、通讯地址、所购汽车的 VIN 等)的有关记录档案。

制造商应当建立收集产品质量问题、分析产品缺陷的管理制度,保存有关记录,并向主管部门报告有关汽车产品缺陷的信息。

制造商应当建立汽车产品技术服务信息通报制度,明示有关车辆故障排除方法,车辆维护、维修方法,服务于车主、销售商、租赁商、修理商,通报内容应当向主管部门指定机构备案。制造商应当配合主管部门对其产品可能存在的缺陷进行调查,提供调查所需的有关资料,协助进行必要的技术检测。制造商应当向主管部门报告其汽车产品存在的缺陷,不得以不当方式处理其汽车产品的缺陷。

车主有权向主管部门、有关制造商、销售商、租赁商或者进口商投诉或反映汽车产品存在的缺陷,并可向主管部门提出开展缺陷产品召回的相关调查的建议。包括汽车使用人在内的任何单位和个人,均有权向主管部门和地方管理机构报告汽车产品可能存在的缺陷。

8.1.4.9 拒不召回处理的法律责任

制造商违反相关《召回管理规定》、不承担相应义务的,主管部门应当责令其改正,并予以警告。销售商、进口商、租赁商、修理商违反规定、不承担相应义务的,主管部门可以酌情处以警告、责令改正等处罚,情节严重的,地方管理机构可处以1 000元以上5 000元以下罚款。

制造商故意隐瞒缺陷的严重性的;试图利用《召回管理规定》的主动召回程序,规避主管部门监督的;由于制造商的过错致使召回缺陷产品未达到预期目的而造成损害再度发生的,主管部门可处10 000元以上30 000元以下的罚款。

从事缺陷汽车管理职能的管理机构及其工作人员,受其委托进行缺陷调查、检验和认定的工作人员,徇私舞弊,违反保密规定,给经营者或车主及他人造成损害的,依国家赔偿法或其他法律的规定承担损害赔偿责任;直接责任人徇私舞弊、贪赃枉法、构成犯罪的,依法追究刑事责任。

有关专家作伪证,检验人员出具虚假检验报告,或捏造散布虚假信息的,取消其相应资格;造成损害的,承担赔偿责任;构成犯罪的,依法追究刑事责任。

8.2 汽车产品与商标法

8.2.1 商标与汽车标识

8.2.1.1 商标

商标是企业用以标明自己所生产或经营的商品,并使该商品与他人制造或销售的商品有所区别的文字、图案、颜色等因素结合的一种标志。

不同种类的产品不论有无商标都容易识别,但同一种类的产品,比如轿车,没有商标(表现为车辆标识)就无法识别。商标是商品经济的产物,是随着商品生产的发展而发展起来的。

商标有以下功能:

① 商标具有表示商品来源的作用。

② 商标具有广告宣传的作用。

③ 作为产品或服务的一种标志，商标依附于产品和服务而存在。

8.2.1.2 汽车企业的商标——汽车标识

(1) 汽车标识是商标的表现形式　汽车标识以丰富多彩的文字和图案组成，因其历史文化背景以及创意不同而表现得多姿多彩，它和其他企业的产品标识一样，都是商品商标的表现形式。在视觉感受和品牌辨识时代，产品标识(企业标识的表现形式)成为引导企业走向成功的一个重要因素。一个小小的标识承载着丰富的质量、信誉和文化内涵，传播、塑造了一个个的世界级品牌和企业，并带动了这些企业市场份额的扩张。汽车消费市场中的消费者正是以他们心中对某些汽车标识(商标)的倾向性来作为挑选汽车的依据。

(2) 汽车标识的品牌效应的内涵　汽车标识(商标)的内在要素影响一个企业成功的条件是多方面的，有机遇把握、技术、资本、市场营销、品牌传播、政策支持、竞争策略等，但质量、效率、成本、产品创新、营销公关、信誉、资本运作却是现代市场下任何企业竞争制胜的必由之道，也是企业经营的关键要素。无论在何种体制和制度下，能够在以上要素有比较大优势的企业都可以在竞争中脱颖而出，汽车行业也不例外，通过各种经营手段塑造自己的品牌并把自身的品牌凝结到一个小小的标识上。

(3) 汽车标识(商标)的文化内涵　由于汽车文化结构的复杂性，对于定位单一市场的汽车企业，其企业定位和产品定位比较一致，所以企业标识可以直接体现汽车产品的文化特点。而对于定位于多个细分市场的企业，由于不同的市场文化内涵不同，为了使其标识能够被所定位的多个细分市场接受，就需要选择能够包容多个细分市场文化特点或者体现多个市场文化共性的标识。

汽车文化的形成是消费者需求和汽车厂商互动的结果。市场细分是人类文明的充分发展在营销中的体现，而汽车市场特别是轿车市场是对这一论断的充分证明。现在每个知名汽车厂商不仅有自己的市场定位和形象定位，而且又发展出不同系列的产品线，以满足不同文化追求的汽车消费群体。汽车企业也把自己的精神追求和文化追求定位以精炼的方式体现糅合于企业标识当中。

知名汽车企业“奔驰公司”和“丰田公司”对企业自我定位的最基本的做法就是首先遵守现代文明社会的一个基本规律，用一个有效的图形来作为企业的标识，在具体的经营中逐渐塑造起自身的品牌内涵，这样企业的品牌内涵就包容在小小的企业标识中了；之后企业的标识作为优异与信誉的标志开始成为企业发展的助推器，而且企业标识所蕴含的内涵随着企业的持续经营不断加强和深化，与企业的发展形成良性的循环。汽车作为现代社会中体现人类文化的载体之一，在汽车厂商的自我定位和其市场营销中的理念传播上得以充分的证明。

对于现代汽车文化，归纳起来可以从三个方面体现，即汽车文化的三要素：

实用功能特征——速度、安全、经济、耐用等；

生活体验特征——舒适、动感、休闲、温馨等；

人性美学特征——权力、地位、财富、声望等。

上述三要素的实现支持了汽车标识(商标)知名度的提高。

(4) 汽车标识(商标)的市场认可　汽车企业提供给顾客的产品不只是一个交通工具——汽车本身,还应包括汽车的质量、造型、维修服务等,即要以自己的产品整体来满足顾客的全面要求,表现为:

① 有一支技术熟练的员工队伍和对产品和部件进行严格的质量检查制度。产品的构想、设计、研制、试验、生产直至维修都突出质量标准。

② 车型不断变换,新的工艺技术不断应用到生产上。

③ 有一个完整而方便的服务网,这个服务网包括两个系统,一是推销服务网,二是维修站。通过服务与产品品质提高品牌知名度,提高汽车标识(商标)的市场认可度。

汽车标识(品牌)的根本作用是作为企业文化和品牌内涵的载体在企业的经营范围内传播企业的理念和品牌内涵,汽车标识(商标)的设计不能触及各国和各民族的禁忌,也不能让任何不同文化倾向的民族产生有关民族的、宗教的、风俗的联想倾向。而是要不同文化的民族对此标识产生企业希望的联想,而且要快速产生联想。

8.2.2 《商标法》与汽车标识

汽车标识(商标)一经注册即成为注册商标。注册商标作为一种知识产权,其产生、使用、转让和消灭都要受法律调整。在我国,商标受《中华人民共和国商标法》和《商标法实施细则》的调整。

8.2.2.1 商标法概述

(1) 商标法　指规定商标的组成、注册、使用、管理和商标专用权的保护的法律规范的总称。我国目前施行1982年8月23日五届人大常委会二十四次会议通过并经全国人大常委会作了二次修改的《中华人民共和国商标法》以及1983年3月10日由国务院颁布并作了三次修改的《商标法实施细则》。

(2) 商标权　指商标所有人在一定期限内依法享有商标使用的专有权。商标权有如下特点:

① 商标权是无形财产权,这种权利只有在商标注册后才有效。

② 商标使用权:只有商标所有人才有专用注册商标的权利。

③ 商标处分权:商标权所有人可以转让或出售其注册商标。

④ 商标禁止权:商标所有人有权禁止他人未经许可在相同或类似的商品或服务上使用与自己的注册商标相同或类似的商标。受到法律保护的商标,任何其他人不得仿冒,商标所有人可以向任何人要求停止侵权行为并赔偿损失。

(3) 商标权的保护　指当自己商标专用权受到侵害时,向国家有关部门请求保护并获得赔偿的权利。主要为了防止他人使用的商标与自己的注册商标相混淆,禁止他人擅自在核定的商品上使用与注册商标相同或相类似的商标。对注册商标的保护,仅限于核定注册的商标和核定使用的商品。但根据《商标注册马德里条约》,对驰名商标的保护并不要求注册,也不要求必须局限于在同种或类似的商品上使用。我国是《商标注册马德里条约》的成员国,有义务遵守此协定,保护驰名商标。

(4) 商标注册和商标时效　经商标局核准注册的商标为注册商标,商标注册人享有商标专用权,受法律保护。商标使用人应当对其使用商标的商品质量负责。

外国人或者外国企业在中国申请商标注册的,应当按其所属国和中华人民共和国签订的协议或者共同参加的国际条约办理,或者按对等原则办理,并应当委托国家指定的组织代理。

注册商标的有效期为十年,自核准注册之日起计算。注册商标有效期满,需要继续使用的,应当在期满前六个月内申请续展注册;在此期间未能提出申请的,可以给予六个月的宽展期。宽展期满仍未提出申请的,注销其注册商标。每次续展注册的有效期为十年。

(5) 注册商标的转让　注册商标的转让人和受让人应当共同向商标局提出申请。受让人应当保证使用该注册商标的商品量。转让注册商标经核准后,予以公告。

商标注册人可以通过签订商标使用许可合同,许可他人使用其注册商标。许可人应当监督被许可人使用其注册商标的商品质量,被许可人应当保证使用该注册商标的商品质量。经许可使用他人注册商标的,必须在使用该注册商标的商品上标明被许可人的名称和商品产地。商标使用许可合同应当报商标局备案。

(6) 注册商标专用权的保护及法律责任　注册商标的专用权,以核准注册的商标和核定使用的商品为限。有《商标法》规定的侵犯注册商标专用权的行为的被侵权人可以向县级以上工商行政管理部门要求处理,有关工商行政管理部门有权责令侵权人立即停止侵权行为,赔偿被侵权人的损失。侵犯注册商标专用权,未构成犯罪的,工商行政管理部门可以处以罚款;构成犯罪的,除赔偿被侵权人的损失外,依法追究刑事责任。

8.2.2.2　汽车标识(商标)侵权行为的表现形式

(1) 私换汽车标识　指一些车主利用某些车辆外形的相似和汽车商标市场管理不严,自己拆掉原车车辆商标,即车标,换上名车的车标。

产生上述现象的主观原因是车主的爱慕虚荣心理,他们追求时尚,爱慕高档车,但法律意识淡薄。私换车标一般情况下不会构成民事侵权,可是一旦给注册商标专用权人造成经济损失,就构成侵权。《商标法实施条例》第 50 条第一款规定,“在同一种或者类似商品上,将与他人注册商标相同或者近似的标志作为商品名称或者商品装潢使用,误导公众的”,属于侵犯注册商标专用权的行为。

另外,《机动车运行安全技术条件》规定:“车辆在车身前部外表面的易见部位上应至少装置一个能永久保持的商标或厂标,在车身外表面的易见部位上应装置能识别车型的标志。车辆必须装置能永久保持的产品标牌,产品标牌应固定在一个明显的、不受更换部件影响的位置,其具体位置应在产品使用说明书中指明。”由此可见,私自换标有悖此规定。

换标车只是更换了其他品牌车辆的商标,并没有改变车辆的内部结构,这样的车在每年的车辆年度检测时将不能顺利过关。汽车商标不能随便更换,其商标必须与车辆相符。换标车辆有可能被怀疑为被盗车而被扣押。

汽车换标如此容易还有个重要原因就是车标管理存在漏洞,导致一些汽配商家在利益驱动下,置法律于不顾,非法经营汽车换标业务,对私换车标起了推波助澜的作用。

擅自为车主更换车标,这种行为违反了《商标法》,构成商标侵权行为,一经发现将被依法没收非法所得并被处以罚款。此外，有三种情节严重的行为还有可能构成犯罪，即：未经许可使用他人商标；明知是假冒商标的商品还进行销售；非法制造或买卖他人商标。

(2) 制造和销售假车标　由于名牌车标价格太高，市场就出现了仿制的假名牌车标。仿制的车标是用专门的模具仿造的，表面电镀质量明显较差，而且大多都是用塑料制成的，不能跟原厂生产的合成材料或金属材料的车标相媲美，但由于其价格相对便宜，因此假车标很有市场。此外，假车标市场的兴旺也为不法之徒销赃大开了方便之门。

(3) 仿冒汽车配件商标　汽车配件商标侵权行为的主要表现形式有：

① 假冒他人商标。

② 销售侵犯他人商标专用权的汽车配件。

③ 擅自在汽车维修点和汽配销售处使用他人商标及标志，目的在于招揽生意。

④ 有些销售商擅自使用知名汽车商标作为企业字号，混淆、误导市场消费。

8.2.2.3　加强汽车标识(商标)的保护

我国《商标法》第 52 条第 3 款规定“伪造、擅自制造他人注册商标标识或者销售伪造、擅自制造的注册商标标识的”属侵犯注册商标专用权的行为，假标制造者和销售者应立即停止这种行为。

追求知名品牌带来的产品之外的满足感，是消费者的正常心理。随着消费者品牌意识的不断提升，汽车商标成了品牌的点睛之笔。一旦私换车标、制售假车标和仿冒汽车配件商标的行为进一步发展到猖獗的地步，注册商标专用权人、生产企业一定会诉诸法律。对此，应教育广大车主正视这一问题，莫因一时虚荣而造成后患。有关执法部门应从源头抓起，整治混乱的汽车商标市场，杜绝换标、制售假车标和仿冒汽车配件商标的违法行为，加强商标保护。

我国人民法院最近受理的日本丰田汽车诉浙江吉利汽车商标侵权案，虽然以吉利汽车胜诉而告终，但也说明了国外汽车企业对保护企业品牌的高度重视，值得我们借鉴。

思考题

1. 车辆产品强制性认证制度有哪些特点？
2. 形式认证和自我认证有什么共同点与不同点？依据中国现行的相关法律、法规，你认为我们应采用哪一种更合乎国情？
3. 召回制度有哪些类型？如何进行召回制度的管理？
4. 汽车标识(商标)侵权行为有哪些表现形式？其法律责任是什么？

9 汽车营销业务与法律规范

9.1 汽车产品售后法律责任

汽车产品售后法律责任是指销售者将汽车产品出售后，依法承担的义务和责任。根据《中华人民共和国产品质量法》、《中华人民共和国消费者权益保护法》、《中华人民共和国合同法》和《中华人民共和国民法通则》、《中华人民共和国仲裁法》（以下简称《仲裁法》）、《中华人民共和国民事诉讼法》（以下简称《民事诉讼法》）等规定，销售者对产品瑕疵承担担保责任，对产品缺陷承担赔偿责任，同时，享有依法追偿自己所受到损失的权利以及产品质量民事纠纷处理的义务。

9.1.1 售后服务的义务

汽车产品售出后，根据国家法律、法规规定，对不同的汽车产品、不同情况，销售者应当承担免费服务或者收费服务。服务的内容包括修理、更换和退货。

9.1.1.1 免费服务

免费服务是销售者承担产品瑕疵担保责任的方式。瑕疵是指产品不具备良好的特性，不符合明示的产品标准，或者不符合以产品说明、实物样品等方式表明的质量状况，但是产品不存在危及人身、财产安全的不合理危险。产品瑕疵担保责任是指在产品买卖关系中，一方当事人，如出卖产品的人，为了全面履行买卖关系中所承担的义务，向对方当事人，如买受产品的人，做出的承诺或者保证。汽车产品的免费服务是指汽车产品售后厂商和销售商在汽车销售合同中承诺的保修期内的服务。

《产品质量法》第四十条规定："售出的产品有下列情形之一的，销售者应当负责修理、更换、退货；给购买产品的消费者造成损失的，销售者应当赔偿损失。"

我国行政法规规定，列入《实施三包的部分商品目录》的产品，销售者应当承担修理、更换、退货（以下称为"三包"）的责任和义务。这里所称的部分商品，是以家用电器为主的20种商品，如电视机、手机和摩托车等。对实施"三包"的部分商品，《部分商品修理更换退货责任规定》第五条规定：销售者应当履行的义务是法定义务，销售者不得推诿。

汽车产品是特殊的流动商品，目前尚未列入《实施三包的部分商品目录》，但产品瑕疵的担保责任，也应该受《产品质量法》所制约。

9.1.1.2 收费服务

对于无瑕疵、无缺陷的汽车产品，属下列情况之一者，不实行"三包"，但是可以实行收费修理：

① 车主因使用、维护、保管不当造成损坏的；

② 非承担三包修理者拆动造成损坏的；

③ 无“三包”凭证及有效发票的或已过了“三包”期的；

④ “三包”凭证型号与修理产品型号不符或者涂改的；

⑤ 因法定不可抗拒力因素造成损坏的。

9.1.2 赔偿责任

赔偿是指产品侵权损害的赔偿，即是指因产品缺陷对他人造成了人身伤害或者财产损害时，侵害人应当承担补偿受害人损失的民事责任。

9.1.2.1 缺陷

缺陷是指产品存在危及人身、他人财产安全的不合理的危险。产品有保障人体健康和人身、财产安全的国家标准和行业标准的，缺陷是指不符合该标准。

9.1.2.2 赔偿责任

一般来说，产品造成他人人身、财产损害的，应由产品的生产者承担侵权赔偿责任。但是，销售者在《产品质量法》第 42 条规定的情况下，应当承担赔偿责任，即“由于销售者的过错使产品存在缺陷，造成人身、他人财产损害的，销售者应当承担赔偿责任。销售者不能指明缺陷产品的生产者，也不能指明缺陷产品的供货者的，销售者应当承担赔偿责任。”

9.1.2.3 赔偿的诉讼时效和请求权期限。

《产品质量法》第 45 条规定：“因产品存在缺陷造成损害，要求赔偿的诉讼时效期间为 2 年，自当事人知道或者应当知道其权益受到损害时起计算。因产品存在缺陷造成损害要求赔偿的请求权，在造成损害的缺陷产品交付最初消费者满 10 年丧失；但是；尚未超过明示的安全使用期的除外。”

诉讼时效是指权利人在法定期间内不行使权利，即丧失请求法院依诉讼程序强制义务人履行义务的权利。

9.1.3 追偿

追偿是指追偿损失。《产品质量法》第 40 条对产品瑕疵担保责任规定：“销售者依照前款规定负责修理、更换、退货、赔偿损失后，属于生产者的责任或者属于向销售者提供产品的其他销售者(以下简称供货者)的责任的，销售者有权向生产者、供货者追偿。”第四十三条对产品侵权损害赔偿责任规定：“因产品存在缺陷造成人身、他人财产损害的、受害人可以向产品的生产者要求赔偿，也可以向产品的销售者要求赔偿。属于产品生产者的责任，产品的销售者赔偿的，产品的销售者有权向产品的生产者追偿。属于产品的销售者的责任，产品的生产者赔偿的，产品的生产者有权向产品的销售者追偿。”

《产品责任法》对受害人获得赔偿后，应当承担赔偿义务的责任人以及应当获得追偿自己所受损失的权利人作出明确规定。《产品质量法》第 40 条规定：生产者之间，销售者之间，生产者与销售者之间订立的买卖合同、承揽合同有不同约定的，合同当事人按照合同约定执行，即生产者之间、销售者之间、生产者与销售者之间订立买卖合同、承揽合同时，已经明确约定事后处理纠纷的事项，那么生产者、销售者、供货者应当按合同约定追究责任。销售者在这种情况下是否还具有追偿的权利，应当按合同约定而定。

9.1.4 纠纷的处理

处理是指产品质量民事纠纷的处理。产品质量民事纠纷是生产者、销售者与消费者之间的以及他们相互之间因产品质量问题而发生的争论或纠纷。

《产品质量法》第47条规定："因产品质量发生民事纠纷时，当事人可以通过协商或者调解解决。当事人不愿通过协商、调解解决或者协商、调解不成的，可以根据当事人各方的协议向仲裁机构申请仲裁；当事人各方没有达成仲裁协议或者仲裁协议无效的，可以直接向人民法院起诉。"

《产品质量法》规定，纠纷处理有四种途径，即协商、调解、仲裁和起诉。

9.1.5 其他

2004年是我国加入世贸组织及颁布新汽车产业政策后，推进汽车产业法制化管理进程最重要的一年，国家和政府有关部门出台、制定、草拟了20多个与汽车产业相关的法律法规、规章和条例。其中商务部的第二次修改稿《家用汽车产品修理更换退货责任规定（草案）》（简称《三包草案》）是我国汽车产业法制化管理进程的重要举措。

这个草案的出台将会对我国汽车的生产、销售、售后服务产生很大的影响。对于汽车生产者、销售者、修理者来说，该草案明确规定了他们对汽车产品的三包责任，即对汽车产品的包修、包换、包退的责任；同时规定，制造商自行销售汽车产品的视同销售商，进口商视同制造商；销售商、制造商、修理商应当保证汽车产品符合使用性能、安全性能要求；销售商、制造商、修理商之间订立的合同，不得免除其依照法律、法规和该草案规定应当向消费者承担的三包责任；对未列入该规定的汽车产品，其修理、更换、退货按照《中华人民共和国产品质量法》等法律法规，以及销售商、制造商、修理商对消费者的承诺或者约定执行。

9.2 汽车营销与保险

9.2.1 贷款保险

《汽车贷款管理办法》是2004年3月22日经中国人民银行第5次行长办公会议和2004年8月9日中国银行业监督管理委员会主席会议审议通过并公布，自2004年10月1日起施行的部门规章。此前，在1998年，中国人民银行发布过《汽车消费贷款管理办法》，允许国有独资商业银行试点开办汽车消费贷款业务。1999年，中国人民银行又发布《关于开展个人消费信贷的指导意见》，允许所有中资商业银行全面开展消费贷款业务。

近年来，汽车消费信贷业务快速发展，但受国内征信体系不完善、贷款市场竞争不规范、汽车价格波动等诸多因素影响，汽车贷款的风险逐渐暴露，1998 年《汽车消费贷款管理办法》中的许多条款明显不能适应新的市场变化。

新修改的《汽车贷款管理办法》和 1998 年发布的《汽车消费贷款管理办法》相比，有很大变化：

① 扩大了贷款人的范围，将贷款人由国有独资商业银行扩大为包括各商业银行、城乡信用社以及获准经营汽车贷款业务的非银行金融机构。

② 将借款人细分为个人、汽车经销商和机构借款人，对不同借款人申请汽车贷款规定了不同的资质条件，提出了相应的风险管理要求。其中，对个人借款人首次明确除中国公民以外，还包括在中国境内连续居住一年以上(含一年)的港、澳、台居民以及外国人。

③ 针对不同类型的汽车贷款，规定了不同的贷款期限、贷款最高限额和相应的风险防范措施。

④ 强化了对汽车贷款的风险管理。

汽车是流动性很强的商品，没有保险或担保为汽车贷款分担风险，银行一般是不敢涉足贷款业务的。目前国内各类银行对贷款对象界定非常严格：一是必须为银行的优质客户；二是必须有房产等抵押物。国家公务员因其容易控制贷款风险，也会给予授信贷款。汽车消费信贷在国外非常普遍，主要是因为他们有一套完整的信用体系，并严格按照这一体系规范运作。而在国内，目前尚未建立这样的信用体系，在这种情况下，银行一般不愿承担贷款风险，保险公司对此类业务也基本关上了大门，专业汽车销售公司更不可能为汽车贷款提供担保。

9.2.1.1 汽车消费贷款保险

(1) 汽车消费贷款保险含义 汽车消费信贷即对申请购买车的借款人发放的人民币担保贷款，这是金融机构通过汽车销售商向贷款购车者一次性支付车款所需的资金，并联合保险和公证机构为购车者提供保险和公证。

这里指的保证贷款是指保证人按《担保法》规定的保证方式以第三人承诺在借款人不能偿还贷款本息时，按规定承担连带责任而发放的贷款。保证人为借款者提供的贷款担保为不可撤销的全额连带责任保证，也就是指贷款合同内规定的贷款本息和由贷款合同引起的相关费用。保证人还必须承担由保证合同引发的所有连带民事责任。

以贷款购买汽车的中国公民、企业、事业单位法人根据中国人民银行《汽车贷款管理办法》规定，与被保险人订立《汽车消费贷款合同》。

被保险人指为投保人提供贷款的国有商业银行或经中国人民银行批准经营汽车消费贷款业务的其他金融机构。

(2) 保险人的责任、免除责任 投保人逾期未能按《汽车消费贷款合同》规定的期限偿还欠款满一个月的，视为保险责任事故发生。保险责任事故发生后 6 个月，投保人不能履行规定的还款责任，保险人负责偿还投保人的欠款。

由于《保险法》规定或贷款保险合同中规定的情形；由于投保人不履行《汽车消费贷款合同》规定的还款保险期限和保险金额义务而导致的罚息、违约金，所造成投保人不按期偿还欠款，导致被保险人的贷款损失；由于被保险人对投保人提供的材料审查不严或双方签订的《汽车消费贷款合同》及其附件内容进行修订而事先未征得保险人书面同意，导致被保险人不能按期收回贷款的损失，保险人不负责赔偿。

(3) 保险期限　保险的保险期限是从投保人获得贷款之日起，至付清最后一笔贷款之日止，但最长不得超过《汽车消费贷款合同》规定的最后还款日后的一个月。

保险金额为投保人的贷款金额(不含利息、罚息及违约金)。

(4) 投保人须履行的义务　投保人必须在本合同生效前，履行以下义务：一次性缴清全部保费；必须依法办理抵押物登记；必须按中国人民银行《汽车贷款管理办法》的规定为抵押车辆办理车辆损失险、第三者责任险、盗抢险、自燃险等保险，且保险期限至少比汽车消费贷款期限长6个月，不得中断或中途退保。

(5) 资信审查　被保险人发放汽车消费贷款的对象必须为贷款购车的最终用户。被保险人应按中国人民银行《汽车贷款管理办法》严格审查投保人的资源情况，在确认其资信良好的情况下，方可同意向其贷款。资信审查时应向投保人收取以下证明文件，并将其复印件提供给保险人，内容包括：个人的身份证及户籍证明原件，工作单位人事及工资证明或居委会出具的长期居住证明；法人的营业执照、税务资信证明等等。被保险人应严格遵守国家法律、法规，做好欠款的催收工作和催收记录。

(6) 被保险人的义务　被保险人的义务主要有：

① 被保险人与投保人所签订的《汽车消费贷款合同》内容如有变动，必须事先征得保险人的书面同意。

② 被保险人在获得保险赔偿的同时，应将其有关追偿权益书面转让给保险人，并协助保险人向投保人追偿欠款。

③ 被保险人不履行《汽车消费贷款合同》第10条至第14条规定的各项义务，保险人有权解除保险合同或不承担赔偿责任。

(7) 赔偿处理

① 当发生保险责任范围内事故时，被保险人应立即书面通知保险人。如属刑事案件，应同时向公安机关报案。

② 索赔：被保险人索赔时应先行处分抵押物抵减欠款，抵减欠款不足部分由保险人按《汽车消费贷款合同》规定的赔偿办法予以赔偿。被保险人索赔时如不能处分抵押物，应向保险人依法转让抵押物的抵押权，并对投保人提起法律诉讼。被保险人索赔时，应向保险人提供相关的有效单证，在符合规定的赔偿金额内实行20%的免赔率。关于抵押物的处分及价款的清偿顺序按《抵押合同》的规定处理。保险合同生效后，不得中途退保。发生保险责任事故后，被保险人从通知保险人发生保险责任事故当日起6个月内不向保险人提交规定的单证，或者从保险人书面通知之日起一年内不领取应得的赔款，即作为自愿放弃权益。在机动车辆发生全损后，投保人获得的机动车辆保险赔偿金应优先用于偿还机动车辆消费贷款。

③ 保险费及费率：保险期限1年、2年、3年、4年、5年，费率分别为1%、2%、3%、4%、5%；保险费=保险金额×保险费率。

9.2.1.2　汽车信贷服务

(1) 汽车信贷服务成为市场竞争的一个重要方面　2003年末，银监会颁布实施《汽车金融公司管理办法》和《汽车金融公司管理办法实施细则》。自此，备受关注的汽车金融公司进入实际操作阶段。

汽车金融公司是一种从事汽车消费信贷业务并提供相关汽车金融服务的专业机构。我国加入世贸组织时承诺，允许设立非银行金融机构从事汽车消费信贷业务，这对于促进汽车消费市场业务主体多元化和汽车金融服务专业化、完善我国金融体系、加速我国金融市场与国际市场接轨具有积极意义。

《汽车金融公司管理办法实施细则》规定，汽车金融公司向金融机构借款的利率，比照同业往来利率执行；发放汽车贷款的利率，可在中国人民银行公布的法定利率基础上最高上浮不得超过30%、最多下调不得超过10%；汽车金融公司对单一借款人的授信余额与注册资本的比例不得超过15%；对最大10家客户的授信余额不得超过注册资本的50%；对单一股东及其关联人授信余额不得超过其在汽车金融公司出资额的100%；对关联人不得发放信用贷款；对关联人的授信条件不得优于其他借款人同类授信的条件。

(2) 贷款购车需要提高的证明

① 贷款购车需要提交相关的证明资料。身份证号、姓名的书写一定要和户口本相一致，否则就需要由分期付款购车者辖区的派出所出具确认证明。如果证件过期，必须由派出所出具临时身份证，购车者的户口本如果有变更还要复印变更页。

② 收入证明需要加盖单位公章或者是劳资部门印章的原件。

③ 关系证明是指购车者的结婚证、离婚证和未婚证明。如果购车者是夫妻同一户则不需要提供结婚证。担保人可以是购车人的配偶，但如果购车者属于下面的情况(之一)就需要另外提供担保人了：非上海市城镇居民户口；年龄超过60岁；无工作单位；未婚；担保人为军人等。作为担保人需要提供的资料是身份证明。

(3) 汽车消费贷款额度　根据银行的有关规定，消费者向银行申请汽车消费贷款，有一定借款限额限制。具体情况如下：以质押的国库券、金融债券、国家重点建设债券、银行出具的个人存单，或由银行、保险公司提供连带责任保证的，消费者可以申请的贷款最高限额为所购车辆价款的80%。以所购车辆、房屋、其他地上附着物等不动产，或以依法取得的国有土地使用权作为抵押的，向银行申请贷款的最高限额为车款总价的70%。提供第三方连带责任保证方式(银行、保险公司除外)的，向银行申请贷款的最高限额为购车价款总额的60%。

(4) 汽车消费贷款期限　购买不同品牌的汽车可以申请贷款的期限也不相同。一般，法人借款期限最长不超过3年，自然人最长不超过5年。如果消费者所购车辆是用于出租营运、汽车租赁、客货运输等经营用途的，最长期限不能超过2年。

如果想以贷款形式购买汽车，首先要确认所购汽车的经销商是不是银行指定的特约经销商，否则无法申请汽车消费贷款。

(5) 申请汽车消费贷款的程序　申请汽车消费贷款的程序具体流程是：

① 到银行信贷部门提出申请，并填写《汽车消费贷款申请表(自然人)》。

② 向银行信贷部门提供相关的资料原件和复印件。

③ 银行信贷部门审查合格后同意贷款的，消费者便可以与银行签订《汽车消费借款合

同》,并办理贷款的担保及保险手续。在签订借款合同时,消费者还要填写汽车消费贷款转存凭证(个人汽车消费贷款转存凭证格式与个人住房消费贷款相同)。与此同时,消费者将购车首期款划入经销商账户。银行信贷部门与消费者签订借款合同时,有效支款期一般规定为 15 个工作日,最长不超过 30 个工作日。

④ 银行信贷部门向经销商出具《汽车消费贷款通知书》,经销商在收到《汽车消费贷款通知书》及首期款收款凭证后,消费者便可以在经销商处提车,经销商协助消费者到有关部门办理缴费及领取牌照等手续。此外,经销商还要在《汽车消费贷款通知书》所规定的时限内将购买发票、各种费用凭证原件及行驶证复印件直接交予经办银行。

值得注意的是,在我国分期付款购车者不能当天提车。经销商和金融机构需要有信用调查的过程。在没有完全付清付款款项以前,客户只拥有汽车的使用权和占有权,而所有权归金融机构。

9.2.2 车辆保险

9.2.2.1 车辆保险

(1) 保险价值　保险价值是指财产本身的实际经济价值。车辆损失险的保险价值是以投保时该车型新车在市场中的正规销售价为准。保险金额是保险合同中所提供的保险保障的货币额度,它是车主所能得到赔偿的最高限额。车辆保险中,车辆损失险的保险金额与保险价值相同时被视为足额投保,在车辆发生部分损失时,保险公司按实际损失 100%的额度赔付。若保险金额低于保险价值时则视为不足额投保,在发生部分损失时,保险公司按实际损失×保险金额/保险价值的额度赔付。

(2) 无赔款优待　无赔款优待是一种奖励制度,对于在上一个保险期限未发生赔案的车辆,在本年续保时可享受无赔款减收保险费优待,优待金额为本年续保险种应交保费的 10%。无赔款优待是以扣减保险费的形式来体现的。对于连续几年无事故的车,保监会规定优待金额为 10%。享受无赔款优待应具备的条件有:保险期限满一年;保险期内无赔款;保险期满前办理续保。

(3) 保险业务中争议的处理方式　按《保险法》的规定,对保险业务中发生的争议,可采取协商和解、仲裁和司法诉讼三种方式处理。

对于投保人发生的争议,可以依据合同中的仲裁条款提交仲裁机构仲裁。目前国内的仲裁机构主要有国家工商行政管理局和地方各级工商行政管理局设立的各级经济合同仲裁委员会。如果就仲裁问题双方依旧不能达成一致,就可以向人民法院提出诉讼。

9.2.2.2 车辆保险种类

汽车保险的种类有:

(1) 强制保险　机动车交通事故责任强制保险。

新交强险已于 2008 年 2 月 1 日开始实施。新交强险增加了有责赔偿额度,适当减少了无责赔偿额度,使总赔偿限额提高至 12.2 万元。

① 有责医疗赔付增加。根据新交强险,车辆在道路交通事故中有责任的赔偿限额为:死亡伤残赔偿限额 11 万元;医疗费用赔偿限额 1 万元;财产损失赔偿限额 2 000 元人民币。

旧交强险分别为 5 万元、8 000 元和 2 000 元。

车辆在道路交通事故中无责任的赔偿限额为:死亡伤残赔偿限额 1.1 万元、医疗费用赔偿限额1 000元、财产损失赔偿限额 100 元。旧交强险分别为 1 万元、1 600 元和 400 元。

② 无责财产赔付减少。备受关注的交强险"无责财产赔付"最终确定为限额 100 元。

交强险实行"无责赔付"是《道路交通安全法》原第 76 条所明确的:交通事故发生后,无责方被保险人要在交强险无责赔偿限额内,对全责方的人身伤亡和财产损失进行赔付。正因如此,才产生了"别人撞了我,我没责任反而要赔 400 元"和修理厂撺掇车主或保险公司员工骗赔等不合理现象。有的专家指出,在国外,交强险基本就是保障生命,不保障财产的。

2007 年 12 月 29 日,全国人大常委会对《道路交通安全法》第 76 条作出修改,规定交通事故发生时,机动车一方没有过错的,承担不超过 10%的赔偿责任。因此,交强险"无责财产赔付"作出较大幅度下调,从原来的 400 元降至 100 元。

③ 费率平均降幅 10%。新的交强险费率对 42 个车型中的 16 个进行了费率下调,下调幅度从 5%到 39%不等。颇受关注的 6 座以下家庭自用汽车基础费率由原先的 1050 元/年下调至 950 元/年。如果投保人的行车安全记录良好,没有发生交通事故,按年可以享受 10%的优惠;连续 3 年没有发生有责任的道路交通事故,则最终只需要支出 665 元。

④ 无责物损赔付简化。目前,中保协正组织各保险公司及时修订《交强险承保理赔实务规程》,并从 2008 年 2 月 1 日起在全国范围内全面实施交强险无责财产赔付简化处理机制。

2 000 元以下的物损交通事故无须报警,当事人可直接向保险公司索赔;一方或双方物损在 2 000 元以上、总计 3 万以下的交通事故,当事人应先撤离现场再及时报警。

(2) 商业保险　又分为基本险与附加险。

① 基本险。车辆损失险;第三者责任险;车上人员责任险;全车盗抢险。

② 附加险。自燃损失险;玻璃单独破碎险;新增加设备损失险;车载货物掉落责任险;车身油漆单独损伤险;涉水损失险。

9.2.2.3　保险范围

(1) 营业车辆

① 不得投保第三者责任险。

② 不得承保不计免陪特约险。

③ 外地牌照车不保;使用年限达五年以上的车辆,或四年以上的出租汽车,原则上不予承保。第三者责任险最高赔偿限额:客车:50 万元;出租车:20 万元;货车:20 万元。

(2) 非营业车辆　不得承保土方车及环卫清运车。

(3) 摩托车

① 私人用车不保车辆损失险。

② 不得承保全车盗抢险。

③ 外地牌照车不保。

④ 使用年限达五年以上的摩托车,原则上不予承保。

(4) 各类新车　必须提供发动机号及车架号,才能承保,只提供一个要素时,不得承保全车盗抢险。承保全车盗抢险时，必须在保单“特别约定”栏中加注：“全车盗抢险保险责任从本车取得正式牌照号码后生效。”

(5) 有关验车承保的规定

① 凡新车购置价(含购置费)超过 40 万元的进口车辆，在承保前应由投保人填写《机动车辆保险申报单》。

② 对投保第三者责任险最高赔偿限额大于等于 100 万元的车辆，在承保前必须填写“承保验车单”，并拍照存档。

③ 续保日期与前一保险期限衔接，或中途投保车辆损失险或全车盗抢险的车辆，均需验车。检验时除了对被验车辆拍照外，还需填写《机动车辆保险申报单》并附在投保单后面。

④ 验车人必须在“车辆检验情况”一栏中注明对车辆状况的评价，并对车况存在的问题作文字说明。

⑤ 从 2003 年 4 月 1 日起，上海车险业开始使用全新的车险手续费发票。新的车险条款出台后，整体费率将有所下降，而车险手续费也超过原来 8%的规定。

9.2.3 理赔程序

(1) 一般保险索赔程序　一旦发生保险事故，被保险人需要做以下几件事：

① 立即通知公安交通部门并保护好现场和向保险公司报案。协助保险公司对车辆查勘、照相、定损。

② 备齐必要的单证，及时向保险公司申请索赔。

③ 保险公司结案后，尽快领取赔款。领取时要携带被保险人及取款人身份证。

(2) 撞车索赔　保险车辆发生碰撞、倾覆等事故后，应立即保护现场，向事故发生地的公安交通管理部门报案并在 48 小时内通知保险公司。会同保险公司和有关人员(第三方)逐项清理、定损。向保险公司索赔时应提供保险单正本、事故证明、事故责任认定书、事故调解书、判决书、损失清单和有关费用单据。保险公司按被保险人在事故中的责任比例负责赔偿。

(3) 车盗索赔　如果被保险人的车不幸被盗窃或抢劫，应在 24 小时之内向当地公安部门报案，同时在 48 小时内通知保险公司，并在保险人指定的报纸上登报声明。

向保险公司索赔时，必须提供保险单正本、机动车行驶证、购车原始发票、车辆购置附加费凭证、车钥匙、出险地县级以上公安刑侦部门出具的盗抢案件证明和车辆已报停手续。如果机动车行驶证、购车原始发票、车辆购置附加费凭证丢失，被保险人不但要开具比较复杂的证明，而且每缺少一项，增加 0.5%的免赔，缺少车钥匙加 5%的免赔率，不但减少了赔款金额，而且会在领取赔款时平添许多麻烦。盗抢险的结案速度要慢一点，因为条款规定，保险车辆全车被盗抢，经县级以上公安刑侦部门立案证实，满三个月未查明下落保险公司才负责赔偿。

(4) 车在外地出险　如果被保险人的车在外地出险，同样要保护好现场，立即向当地的公安交通管理部门和保险公司在当地的机构报案并在 48 小时内通知被保险人的承保公司，说明保单、出险时间、地点、原因及经过。承保公司一般要求当地机构代查勘，这时被保险人一定要注意让当地公司按规定程序照相，出具代查勘报告，问清何时、如何转交给承保公司。回到驻地后再到保险公司填出险通知书并索赔。

(5) 车辆自燃索赔　当被保险人的车因本车电器、线路、供油系统发生故障或者运载货物自身起火燃烧，如果被保险人投保了车辆自燃险，其索赔手续与车辆碰撞相同，被保险人只需再提供一份当地公安消防部门的火灾鉴定证明。

(6) 撞伤第三者或车上人员受伤索赔　如果被保险人在行驶过程中，不小心造成他人伤亡事故，或者本车上人员受伤，应及时向公安交通管理部门和保险公司报案。事故结案前，所有费用均由被保险人先行支付。但是因为条款规定，对被保险人自行承诺或支付的赔偿金额，保险人有权重新核定或拒绝赔偿，所以在支付前，最好得到保险公司的同意，以免在索赔时发生麻烦。索赔时提供保险单正本、公安交通部门出具的事故责任认定书、事故调解书和伤残证明以及各种有关费用单据。

(7) 第三方不肯赔偿　如果被保险人的车由于第三方的责任发生碰撞、倾覆情况，需要公安交通管理部门先确认责任，然后被保险人必须先向第三方索赔。如果第三方不予支付，被保险人应向人民法院提起诉讼。经人民法院立案后，书面请求保险公司先赔偿的，应向保险公司提供人民法院的立案证明，保险公司按保险合同的约定先行赔付。被保险人还必须签具权益转让书，将向第三方追偿的权利部分或全部转让给保险公司，并积极协助保险公司向第三方追偿。如果放弃向第三方索赔，而直接向保险公司索赔，保险公司将不予受理。

(8) 被保险人立即通知和施救的义务　被保险人在发生了保险事故后，应当立即通知保险人，将发生保险事故的事实以及损害发生的情况通知保险人及其代理人。其目的是让保险人能够及时调查保险事故发生的原因，查证损失情况，并采取适当的措施来防止损失的扩大，用以避免因延误时间而增加调查的困难、防止被保险人隐瞒或消灭证据等欺诈行为。如果被保险人在保险事故发生后，经过一段合理的时间，并且能够通知而没有向保险人及其代理人发出通知的，即违反了这一义务，保险人有权因此而拒绝赔偿。

施救的义务是指被保险人在保险事故发生时，应当采取必要的合理的措施进行抢救，防止或减少保险标的的损失。虽然被保险人的损失可以从保险人那里得到约定的赔偿，但是出于保护社会财富，防止被保险人谋取不当利益，保险立法规定了此项义务。为了督促被保险人切实履行这项义务，我国保险立法赋予了保险人在保险事故发生后有权通知被保险人采取合理的措施防止或减少损失。被保险人在收到这一通知后，应当按照保险人的通知要求进行相应的处理。同时，与此相对应，被保险人对于其履行施救义务中支出的必要费用有权要求保险人予以承担。如果违反这一义务，保险人对于由此造成的损失扩大部分，不承担赔偿责任。

(9) 被保险人提供索赔单证的义务　为了获取保险人的赔付，被保险人在提出索赔要求的时候，应当按照有关保险立法和保险合同的规定，向保险人提交有关的索赔单证，以此证明保险事故发生的事实和损失数额。否则，保险人将拒绝接受其索赔请求。

9.2.4 保险金额和赔偿限额

(1) 车辆的保险价值　车辆的保险价值根据新车购置价确定。车辆损失险的保险金额可以按投保时保险价值或实际价值确定,也可以由被保险人与保险人协商确定,但保险金额不得超过保险价值,超过部分无效。第三者责任险的每次事故最高赔偿限额分5万、10万、20万、50万、100万五个赔偿档次,被保险人可以自愿选择投保。

(2) 调整保险金额或赔偿限额　在保险合同有效期内,被保险人要求调整保险金额或赔偿限额,应向保险人书面申请办理批改。

(3) 赔偿处理　被保险人索赔时,应当向保险人提供保险单、事故证明、事故责任认定书、事故调解书、判决书、损失清单和有关费用单据。

保险车辆因保险事故受损或致使第三者财产损坏,应当尽量修复。修理前被保险人必须会同保险人检验,确定修理项目、方式和费用;否则,保险人有权重新核定或拒绝赔偿。车辆损失险按以下规定赔偿:

① 全部损失:按保险金额计算赔偿,但保险金额高于实际价值时,以不超过出险当时的实际价值计算赔偿。

② 部分损失:以保险价值确定保险金额的车辆,按实际修理费用计算赔偿;保险金额低于保险价值的车辆,按保险金额与保险价值的比例计算赔偿修理费用。

上述车辆损失赔偿以不超过保险金额为限。如果保险车辆按全部损失计算赔偿或部分损失一次赔款达到保险金额时,车辆损失险的保险责任即行终止。

保险车辆发生第三者责任事故时,按《道路交通事故处理办法》及有关法律、法规和保险合同的规定,在保险单载明的赔偿限额内核定赔偿数额。对被保险人自行承诺或支付的赔偿金额,保险人有权重新核定或拒绝赔偿。

9.2.5 机动车第三者责任保险适用问题

9.2.5.1 机动车第三者责任保险的涵义

机动车第三者责任保险源于德国、瑞典及挪威,它是机动车辆相关人依照保险合同缴纳保险费,而于被保险人允许的合格驾驶人员在使用保险车辆过程中发生意外事故,致第三者遭受人身伤亡或财产损毁,依法应由被保险人承担赔偿责任时,保险人依保险合同约定予以赔付的一种保险。其保险人为依法经营该险种之商业保险公司;投保人乃保险费缴纳义务人;被保险人系依法应负赔偿责任之人,而非灾害直接发生之对象;第三者即投保人、被保险人、保险人以外,因保险车辆发生意外事故遭受人身伤亡或财产损失之受害者。

机动车第三者责任保险具有以下特性:

(1) 强制性　目前,英、美、法、日、韩等国及我国港、澳、台地区均通过专门立法或于民法典中规定机动车辆第三者责任保险的强制性。我国新近颁布实施的道路交通安全法亦于第17条规定,"国家实行机动车第三者责任强制保险制度",由此确定了机动车第三者责任保险强制保险的法律属性。该种强制性,又称法定性,与志愿性相对而言,即基于国家社会政策、经济政策维护社会大众利益的需要,通过颁布法律、行政法规形式强制投保。机动车辆第三者责任保险实施强制保险，通过强制投保而将社会分散资金集聚起来，逐步形成具有保障实力的经济补偿功能系统，不仅有利于保障受害人合法权益，保护车辆所有人、驾驶人的正常生产经营，也有利于交通事故的迅捷、妥善解决，避免矛盾激化。

(2) 商业性　保险依经营目的不同，分为商业保险与社会保险。商业保险经营的目的，不仅是“消化损失，分散风险”，还在于营利；而社会保险经营的目标，“不在于营利，而在于推行社会安全政策”，具有公益性质。就我国现行机动车辆第三者责任保险而言，其保险人为商业保险公司，保险费由投保人负担，保险费的计算以危险大小及保险金额多寡为基准，保险金给付的多寡，是依据保险合同，不是依法律规定。可见，实施强制保险，只是国家通过行政管理职能完善社会保障体系手段之一，与其商业性质并不矛盾。

(3) 损害补偿性　损害补偿性是相对定额给付性而言的，是指于保险事故发生后，由保险人评定被保险人的实际损失而赔付保险金，无损失，即无赔付。该类保险设立的宗旨在于满足被保险人因损害发生所产生的需要，使被保险人于遭受灾害、发生意外事故时获得经济补偿。作为责任保险之一，机动车第三者责任保险以机动车辆所有人对第三者的赔偿责任为保险标的，其财产上的损失非因被保险人的财物或无形利益直接受到损害，而是因被保险人对第三者负有损害赔偿责任发生。机动车第三者责任保险以补偿被保险人实际损失为限，即以补偿被保险人对第三者所负赔偿责任为限，是一种典型的损害补偿保险。尤值一提的是，它所给予的补偿是十分有限的，“强制保险作为一种只是实现最基本的保障目的的社会制度而存在”，它所提供的仅仅是维护交通事故受害第三者最基本利益的一种保障。

9.2.5.2　暂时性保险金的垫付

《道路交通安全法》第75条规定，“医疗机构对交通事故中的受伤人员应当及时抢救，不得因抢救费用未及时支付而拖延救治。肇事车辆参加机动车第三者责任强制保险的，由保险公司在责任限额范围内支付抢救费用；抢救费用超过责任限额的，未参加机动车第三者责任强制保险或者肇事后逃逸的，由道路交通事故社会救助基金先行垫付部分或者全部抢救费用，道路交通事故社会救助基金管理机构有权向交通事故责任人追偿。”依体系解释方法，该条文所谓“抢救”限于对“受伤人员”的救护，侧重于对生命的拯救，不包括一般性护理更不包含对财产的挽救。

据此，保险公司负有预付保险金以支付受害人抢救费用的义务。于保险公司财产安全和受害人生命安全之间，道路交通安全法优先保护受害人之生命安全。《道路交通安全法实施条例》第90条规定，“投保机动车第三者责任强制保险的机动车发生交通事故，因抢救受伤人员需要保险公司支付抢救费用的，由公安机关交通管理部门通知保险公司。”此外，《道路交通安全法》第75条还规定了道路交通事故社会救助基金管理机构对交通事故责任人具有追偿权。

9.2.5.3　保险公司的赔付数额

《道路交通安全法》第76条规定，“机动车发生交通事故造成人身伤亡、财产损失的，由保险公司在机动车第三者责任强制保险责任限额范围内予以赔偿。超过责任限额的部分，按照下列方式承担赔偿责任：……”其中，责任限额即保险金额，亦即保险人承担赔偿或给付保险金责任之最高限额。依保监发[2000]16 号文件《机动车辆保险条款》第 9 条，第三者责任险每次事故最高赔偿限额应根据不同车辆种类选择确定：在不同区域内，摩托车、拖拉机的最高赔偿限额有 2 万元、5 万元、10 万元和 20 万元四个档次；其他车辆的最高赔偿限额分为 5 万元、10 万元、20 万元、50 万元、100 万元和 100 万元以上六个档次，且最高不超过 1 000万元。

9.2.5.4 保险公司于交通事故损害赔偿纠纷中的诉讼地位

我国《保险法》第 51 条第 1 款规定，“保险人对责任保险的被保险人给第三者造成的损害，可以依照法律的规定或者合同的约定，直接向该第三者赔偿保险金。”保险公司依此规定，可直接向第三者给付保险金，但并非第三者直接向保险公司请求给付。考虑我国现状，机动车第三者责任保险合同并无直接赔付保险金于受害第三者的规定；《道路交通安全法》第 76 条只是规定保险公司应于保险责任范围之内负责赔偿，并未赋予受害第三者的保险金赔付请求权。根据我国现有立法，除非保险合同另有约定外，受害第三者并无直接向保险人请求给付保险金的权利。

保险公司对诉讼标的没有独立请求权，但其与案件处理结果具有法律上的利害关系。机动车辆第三者责任保险的性质，是被保险人转嫁其损失赔偿责任的保险，而保险人保险金的赔付建立于被保险人事故责任比例大小和应负赔偿责任多少之上。交通事故损害赔偿纠纷的处理结果与保险公司利害攸关。此外，将保险公司作为第三人参加诉讼，有利于降低诉讼费用和律师费用，同时亦将节约司法中人力、物力、财力、时间等资源，实现司法资源配置效益最大化；并且，在道路交通事故损害赔偿诉讼中解决保险赔偿问题，将有助于减少裁判矛盾，实现司法统一。

9.3 汽车营销与合同法

合同是平等主体的自然人、法人、其他组织设立、变更终止民事权利义务关系的协议。合同的订立是设立合同法律关系的第一步，只有订立了合同，而后才存在合同的履行问题，才能产生合同预期的经济目的和法律后果。合同一经合法成立即产生法律效力，在双方(或多方)当事人之间产生权利义务关系。

目前汽车销售、置换、租赁、维修以及相关的借贷、保险等市场所发生的法律关系中，当事人的权利义务均以合同(或协议)的方式体现，因而，《合同法》在规范汽车消费市场行为、保护经营者和消费者的合法权益、促进汽车产业健康有序发展等方面发挥了重要作用。

9.3.1 《合同法》在汽车消费市场合同中的适用

《合同法》在汽车消费市场合同的适用方面，比较重要的有合同法律关系主体资格、合同的形式和合同的内容。

9.3.1.1 合同法律关系主体资格

我国《合同法》及有关法律规定，合同订立的主体资格要符合法律的规定。合同主体是指参加合同法律关系、享有权利并承担义务的当事人，包括具有民事主体资格的自然人、法人和其他组织。《合同法》规定，订立合同的主体应具备相应的民事权利能力和民事行为能力。《合同法》还规定：订立合同的民事主体可以委托他人代理订立合同。因此，汽车消费市场合同法律关系主体资格涉及以下方面：

(1) 民事权利能力和民事行为能力　民事权利能力是法律赋予民事主体享有民事权利和承担民事义务的资格。民事权利能力是民事主体生存和进行民事活动的基础，是进行市场交易的法律基础。

自然人的民事权利能力始于自然人出生，终于自然人死亡；法人的民事权利能力始于法人成立，终于法人消灭。

民事行为能力是指民事主体以自己的行为享有民事权利和承担民事义务的能力。

根据我国法律，年满18周岁的成年人为完全民事行为能力人(16周岁以上不满18周岁的公民，以自己的劳动收入为主要生活来源的，视为完全民事行为能力人)，10周岁以上的未成年人或不能完全辨认自己行为的精神病人为限制民事行为能力人，不满10周岁或不能辨认自己行为的精神病人为无民事行为能力人。参与汽车消费市场合同法律关系的自然人必须具有民事权利能力和民事行为能力。

法人的民事行为能力的范围不能超出其民事权利能力允许的范围，也就是法人必须在法律、行政法规规定的，或者核准、登记的业务范围内开展业务活动，法人的民事行为能力的范围和它的民事权利能力范围是一致的。

目前我国汽车消费市场正日趋规范，通过法律、法规来规范市场主体(主要是经营者)资格十分重要，在20世纪80年代，国家计委和国家工商行政管理局就对汽车消费市场经营者的资质条件、交易形式、销售价格等都作了严格的规定。国家工商行政管理局曾近十次分批公布全国准许小轿车经营的单位的名单。

(2) 民事代理　民事主体可依法通过代理人来实施某项法律行为。所谓代理是指代理人在代理权限范围内，以被代理人的名义实施民事法律行为，法律责任由被代理人承担的法律制度。代理包括法定代理、指定代理和委托代理，其中委托代理被广泛运用于汽车消费市场的销售、置换、租赁、贷款等方面。

9.3.1.2　合同的主要形式(主要是格式合同)

合同的形式指缔约当事人达成协议所采用的形式，包括书面、口头和其他形式。汽车消费市场的经营活动大多采用格式合同。

(1) 格式合同的含义　格式合同是指使用格式条款的合同。格式条款是当事人为了重复使用而预先拟订，并在订立合同时未与对方协商的条款。由于格式条款是一方预先拟订的条款，为订立合同而向对方出示时只是其单方意思表示，因此只有在合同成立时才能成为合同条款。

(2)《合同法》对提供格式合同一方的特别限制　《合同法》规定：采用格式条款订立合同的，提供格式条款的一方应遵循公平原则确定当事人之间的权利义务，并采取合理的方式提请对方注意免除或限制其责任的条款，按照对方的要求，对该条款予以说明。

(3)《合同法》规定了格式条款的解释规则　《合同法》规定：对格式条款的理解发生争议的，应当按照通常的理解予以解释。对格式条款有两种以上解释的应当作出不利于提供格式条款一方的解释。格式条款和非格式条款不一致的，应当采用非格式条款。上述两项规定从维护公平交易、保护弱者出发对参与汽车消费市场活动的消费者有利。

9.3.1.3 合同的主要内容

《合同法》规定，合同内容由当事人约定，一般包括以下条款：当事人的名称或者姓名和住址；标的；数量；质量；价款或者报酬；履行期限、地点和方式；违约责任；解决争议的方式。

汽车消费市场合同主体双方在合同订立前应仔细斟酌，特别是消费者要对对方提供的格式条款加以研究推敲，因为合同条款是否准确、完备，决定了合同能否成立、生效以及能否顺利履行和产生纠纷能否有依据解决等重要问题。汽车销售合同主要内容中的最基础的条款——汽车商品名称和品质介绍如下：

(1) 汽车销售的商品名称　汽车商品的名称、品质、数量和包装是交易双方当事人权利、义务指向的标的，也是汽车商品交易合同的首要条款。在汽车销售中，每笔交易都有其具体的内容，买卖双方必须就商品的名称、品质、数量及其包装进行商洽并在合同中具体订明。

(2) 汽车商品名称的作用　根据有关的法律和国际惯例，对交易标的物的描述，是构成汽车商品说明的一个主要组成部分，是买卖双方交接货物(汽车)的基本依据，它关系到买卖双方的权利和义务。如果卖方交付的货物不符合约定的品名或说明，买方有权提出损害赔偿要求，直至拒收货物或撤销合同。因此，描述合同标的物的具体名称具有重要的法律和实际意义。在一般汽车销售合同中，对于品名条款并无统一的规定，具体内容由交易双方酌情商定。

(3) 注意事项　在具体的汽车销售合同中，一般是在“商品名称”或“品名”的标题下，列明交易双方成交贸易商品的具体名称，同时还要注明其性能、生产日期、型号等。规定此项条款时，应当注意：

① 品名必须明确具体。在表达品名条款内容时，要能确切反映交易标的物的特点，避免空泛、笼统的规定，以减少合同履行时的纠纷。

② 对汽车商品的实际情况做出实事求是的规定。合同条款中规定的品名，必须是卖方能够供应、买方需要的商品，凡做不到或不必要的描述性词句不应列入，以免给履行合同带来不必要的麻烦。

③ 尽可能使用国际上通用的名称。对国内行话与国际统一名称有区别的商品要使用国际上通用的名称。对于某些新技术、新商品的定名及其译名，应力求准确、易懂，并符合国际上的习惯称呼，避免交易双方误解。

④ 选用合适的品名。汽车贸易的商品品名不同，所受进出口限制不同，存在着交付关税和运费的差别。在确定商品的品名时，应选择对己方有利的名称，能够方便进出口、降低关税和节省运费开支。

(4) 汽车商品的品质　汽车商品的品质指的是其内在性能和外观形态的综合。前者包括物理性能、机械性能、动力性、经济性、通过性、舒适性、安全性等；后者包括外形、结构、色泽、款式等。

在汽车销售合同中，品质条款是卖方交货和买方收货最基本的依据。有关品质条款的内容，必然会涉及表示品质的方法。表示品质的方法很多，一般是单独使用，有时也可酌情混合使用，要视具体商品，如整车、零部件、整套设备等合理选择。普通汽车商品，可以凭说明书和图样买卖；著名汽车商品，可凭商标或牌号买卖。

在汽车商品的生产、制造、安装过程中，质量指标出现一定的误差是难以避免的。特别是整车产品的经济性、动力性、平顺性、通过性、最大爬坡度等，常存在一定误差；汽车配件的尺寸、表面粗糙度以及机械性能如硬度、强度等，也不可避免地有误差。在汽车销售合同中，应规定品质机动幅度与品质公差。

在汽车销售中，订立品质条款时，要注意以下问题：

① 要注意科学性和灵活性。科学性是指主要品质指标要科学，灵活性是指品质指标订得留有余地。

② 在引进汽车整车及生产线或生产设备时，要把零、配件的供应办法及生产技术附件写入合同条款中，以保证配件的正常和及时供应，确保生产的正常进行。

③ 汽车商品的主要品质项目指标要规定得具体、详细，必要时要订明制造时所使用的材料。

④ 要从生产实际出发，合理确定品质标准。品质条款必须根据销售的要求并结合生产的可能来确定。即不应订得过高，造成生产和履约上的困难；也不能订得过低，影响商品的售价和销售，甚至降低汽车商品的信誉。

⑤ 要贯彻我国对外贸易的各项方针政策，体现平等互利的原则，防止签订在政治上及经济上对我方不利的条款。

9.3.2 汽车消费市场的主要合同

9.3.2.1 汽车销售合同（或协议）

汽车销售包括新车的批发和零售、二手车交易。汽车经销商必须经国家工商行政管理局核准、登记取得经营汽车业务的资格。汽车经销商应根据合法、平等互利，协商一致、等价有偿的原则与消费者签订合同。

参照我国《合同法》关于合同主要条款的规定，汽车销售合同的主要内容如下：

① 购销双方信息：如名称、地址、邮编、联系电话等。

② 产品信息：如制造商名称、车种、型号、颜色、价格。其中价格构成包括：车价、购置费用、保险费等。

③ 履行的日期、地点、方式：如按约定的日期交车、交车的地点。交车方式是指购方自行提车还是销方送车上门（购方委托他人提车应提供代理人的个人信息资料）。

④ 质量和数量：质量一般按交付时符合原产地的出厂标准履行；但由于购方人为损坏，则由购方自行承担责任。数量是指所购车辆数。

⑤ 价款支付方式：签约时可使用现金、支票或信用卡交易；也可先缴预付款，待交货时缴清余款。销方应开具收据。

⑥ 违约责任：违约责任条款由双方依法在合同中约定。

⑦ 合同争议的解决方法：合同争议可通过和解、调解、仲裁和诉讼等方式解决。

⑧ 售后服务条款。

9.3.2.2 《上海市汽车买卖合同》

由上海市工商行政管理局、上海市汽车销售行业协会共同制定的《上海市汽车买卖合同》(下称《示范合同》)于 2004 年 11 月初正式向上海市推广。

(1) 销售合同与服务合同分开　销售合同与服务合同分开是《示范合同》最大的进步。2004 年 1～2 月上海市消费者权益保护委员会接到 69 起关于汽车消费的投诉,而其中真正涉及违反合同本身的投诉并不多,主要是关于汽车产品和汽车服务的投诉。将销售合同与服务合同分开有利于进一步细分责任。对消费者来说,由于《委托服务协议》明确了各项服务的内容和收费,可避免购车过程中常出现的“服务费是一笔糊涂账”的情况:对经销商来说,通过该协议可以向消费者说明服务也是经销商的业务范围,之所以提供免费的服务,实质是经销商为促进汽车销售而提供的增值服务。同时,由于经销商与消费者签订的是委托合同,因此经销商只对服务的过程负责,而不对服务的结果负责,明确服务的最终责任承担者为消费者本人。

(2) 经销商欺诈消费者可退车　针对这些汽车销售市场“猫腻”现象,《示范合同》加强对汽车销售过程中欺诈行为的处罚力度。《示范合同》第 8 条违约责任中第 5 项规定:经国家授权的汽车检验机构鉴定,乙方所购汽车确实存在设计、制造缺陷,如甲方(指经销商)无过错,乙方(指购车者)有权向生产厂要求赔偿,甲方有积极协助的义务。若甲方在该车有缺陷或存在其他特殊的使用要求时,应该明示告知而未明示告知,则应承担相应赔偿责任。甲方如有故意隐瞒汽车产品质量、以次充好、提供虚假材料等欺诈行为,乙方有权要求退车并赔偿损失。

(3) 瑕疵车可直接找经销商　《示范合同》第 8 条第 3 项明确规定,如经销商交付的汽车不符合说明书中表明的质量标准,有权要求经销商承担无偿修复,或补偿损失、或减少价款的违约责任。这就明确了消费者一旦遇到产品瑕疵,不再需要找生产企业而可以直接找经销商就地解决。另外《示范合同》的违约责任中还强调:“因车身超重、尾气不合格等情况导致乙方(购车人)无法上牌照,乙方有权退车并要求甲方赔偿损失。”这就为消费者解除了因车身超重、尾气不符合新规定等因素带来的“政策风险”。

(4) 消费者对代办保险可放心　以前销售合同中对代办保险约定不明,出现很多车险陷阱,骗保、假保单等情况时有发生。《示范合同》附件二的委托服务协议书中,对代办保险进行了详细而明确的约定,如保险公司名称和所在地、保险期限、险种和保费等都详细列出,使消费者投保车险得到保障。另外合同中还规定,经销商在为消费者代办车辆上牌服务过程中发生事故,应该先由保险公司理赔,不足部分应该由经销商负责。

《示范合同》还对保险公司的免责也进行了约定,如果发生保险事故时保险车辆尚未取得公安交管部门合法的行驶证或者号牌,保险公司不得免除赔偿责任。也就是说,假如车辆是临时牌照或者牌照空白期,发生保险事故后保险公司也应该理赔。

(5) 完善车辆交接手续　《示范合同》在附件中附加《车辆交接单》和《车辆验收备忘录》。《车辆交接单》主要是消费者和经销商之间关于车辆和随车文件如发票、合格证、购置税凭证等文件类的交接;《车辆验收备忘录》则主要是消费者对于汽车产品质量问题的验收状况,如外观是否完好、灯光是否亮等项目的验收清单。

(6) 增加一种分期付款方式　以前汽车消费过程中的付款方式主要有两种，即一次性付款和按揭付款。而《示范合同》还出现第三种付款方式——分期付款。在《示范合同》第3条付款方式中，规定了三种付款方式可供选择：一次性付款、汽车消费贷款和分别付款。随着买方市场的来临和信用体制的完善，分期付款将很快成为一种可行的、适合市场需求的新的付款方式。

(7) 不可抗力免责条款　国家加强宏观调控需紧缩贷款，消费者因无法贷款将经销商告上了法庭；保险公司保费涨价，消费者拒付超出原约定保费部分；车管所停电致使经销商无法上牌，不能在约定期限内交车，消费者要求赔偿……汽车销售过程是个复杂的过程，受到方方面面因素的制约。以往，一些消费者认为这些都是经销商服务不到位，甚至认为是经销商的违约行为，应该承担责任，而《示范合同》本着公平的原则，将这些经销商无力左右的事作为不可抗力加入了免责条款中，避免许多本不该发生的纠纷。

(8)必须提供中文说明书　《产品质量法》规定了生产企业必须提供中文说明书，但是在汽车销售过程中，一些产品由于数量很少，特别是一些进口的特种工程车，往往不附有中文说明书。虽然提供英文说明书的卖方必须在事先得到买方的认可，但是，在使用中一旦出现质量问题，很有可能会因为没有中文说明书而产生翻译上的歧义，很难维护消费者的权益。为此，《示范合同》明确规定提供中文说明书是生产企业的义务。

(9) 多种解决争议的方法　《示范合同》规定甲乙双方在签订合同过程中发生争议，可以协商解决，也可请求销售行业协会或者消保委主持调解；而协商不能解决或者调解不成的，可以由两种方式解决：申请仲裁和依法起诉。仲裁可以选择上海仲裁委员会、国际经贸仲裁委员会上海分会和仲裁委员会；而诉讼则可以向车辆交接地、甲方所在地、乙方所在地的人民法院起诉。

(10) 车辆5次以上修理不好可退车　《示范合同》特别醒目地在第7条"关于修理、更换、退货的规定"中用了9项进行详细叙述，这是整个合同文本11条中叙述最详尽的一项。

其中第3项规定："在车辆使用1年或行驶2万公里内同一严重安全性能故障累计修理2次仍未排除故障，或关键总成因质量问题累计更换2次后仍无法使用，乙方有权退车。"另外，在第4项中还规定："在车辆使用1年或行驶2万公里内，同一关键零件或总成因质量问题，累计修理2次仍不能恢复使用；或由于质量问题及修理，使得该车停用的累计工作日超过60日(扣除进口零件进货在途时间)，或累计修理5次以上(不含5次)仍不能正常行驶，甲方应负责为乙方换车或退车。"

9.3.2.3　与汽车销售合同有关的委托代理合同或委托代理条款

(1) 代理汽车消费贷款购车合同(或协议)　购销双方可订立销方受购方委托代理汽车消费抵押贷款和上牌一条龙事宜的合同。经银行审定、抵押贷款手续完备后，购方将除车价外的有关费用缴入对方账户后，销方可按要求发车。

此外尚可根据双方意见签订其他委托代理条款。

(2) 在汽车销售合同中专列委托代理条款，大致有以下项目：代办保险；代缴车船税和购置税；上牌；代缴养路费。改装和装潢；其他。

9.3.2.4 汽车租赁合同(或协议)

汽车租赁合同(或协议)根据租期的长短分短租合同和长租合同。

(1) 短期租赁合同　短期汽车租赁合同(或协议)具体有如下内容:

① 双方信息:

• 出租方信息:名称、地址、联系方式。

• 承租方信息:姓名、出生年月、地址、联系电话、驾照号码(驾龄要求)、外籍人士护照号码等。

② 租车费率,有两种方式:

• 按不同车型计算日租金(从租车起按24小时计)。超时费率另计。

• 每天限制公里数。超公里另计。

③ 发车时车况:

• 发车时公里数。

• 发车时存油数。

• 发车时有关出租车辆的其他情况。

④ 保险:

• 基本险(由出租方承担,计入租金):包括车损险和第三者责任险。

• 盗抢险:该险由承租方自愿投保。如发生被保事件,一般车全赔,高级别的车由承租方承担一部分。不保则由承租方赔偿。

⑤ 付费方式:可使用信用卡、现金、支票付费。租车尚需交付一定押金。

⑥ 客户注册手续规定(本项不是合同必须体现的部分):

• 凭身份证、户口簿、驾驶证租车。

• 承租人是独身还须提供担保人(不能是直系亲属)及其信息。

• 其他事项。

⑦ 替代车情况:租车后如发生坏车、故障等情况的应急措施。

⑧ 收车情况:包括还车时间、公里数、存油数,车况等。

(2) 长期汽车租赁合同(或协议)　长租汽车租赁合同(或协议)大多属单位用车,该合同有两种基本形式:承租方自备驾驶员(自驾);出租方随车配备驾驶员(带驾,也称包车)。具体有如下内容:

① 双方信息:

• 出租方信息:名称、地址、联系方式。

• 承租方信息:单位名称或姓名、地址、联系电话,单位经办人联系方式。

② 租期:租车期为某年某月某日至某年某月某日。

③ 租金:使用月租金方式。出租方也可根据客户指定的要求购买新车,采购过程约需一个月左右,在此之前可给客户提供一辆替代车,其租金可由客户选择使用月租金或日租金。

④ 维修保养:承租方所租车辆行驶达到规定里程可联系出租方相关部门请求保养。保养期间由出租方向承租方提供一辆替代车。(事故车替代由客户自行承担替代车费用)。

⑤ 保险：

• 基本险(由出租方承担，计入租金)：包括车损险和第三者责任险。

• 盗抢险：承租方自愿投保。如发生被保事件，一般车全赔，高级别车由承租方承担一部分。不保则由承租方赔偿。

• 事故险：发生车祸：客户先垫付车祸损失费用，保险公司理赔后再由公司返还客户。

⑥ 费用支付方式：出租方每月发出付款通知后，承租方租金应按规定的期限到账。

⑦ 违约责任(具体规定略)。

⑧ 除上述合同条款外，还有合同不体现部分如下：

• 关于续借：合同到期，如需继续租车，在新的合同签订前，以日租金租车。

• 其他规定。如：未经协商一致，双方均不能提前结束合同，否则，要承担违约责任。又如，承租方需出租方配备驾驶员，必须承担驾驶员工资、餐饮津贴、通信费补贴和加班费等费用。

9.3.3 合同的法律责任及其风险防范

9.3.3.1 合同无效的法定情形

我国《合同法》第52条规定，有下列情形之一的，合同无效：

① 一方以欺诈、胁迫的手段订立合同，损害国家利益。

② 恶意串通，损害国家、集体或者第三人利益。

③ 以合法形式掩盖非法目的。

④ 损害社会公共利益。

⑤ 违反法律、行政法规的强制性规定。

9.3.3.2 可变更或撤销的合同

我国《合同法》第五十四条规定：下列合同，当事人一方有权请求人民法院或者仲裁机构变更或者撤销：因重大误解订立的；在订立合同时显失公平的。

一方以欺诈、胁迫的手段或者乘人之危，使对方在违背真实意思的情况下订立的合同，受损害方有权请求人民法院或者仲裁机构变更或者撤销。

9.3.3.3 合同的违约责任

合同的违约责任是当事人一方不履行合同义务或者履行合同义务不符合约定的，应当承担继续履行、采取补救措施或者赔偿损失的民事责任。

(1) 合同违约行为的类型　根据我国《合同法》的规定，须承担违约责任的行为可分以下四种类型：

① 履行不能：指归因于债务人的事由不能履行或拒绝履行合同义务。

② 履行迟延：指履行期已经届满而能够履行的债务，因可归于债务人的事由未为给付所发生的迟延。

③ 履行不当：指债务人没有完全按照合同的内容所为的履行。

④ 履行拒绝：指债务人在债务成立之后履行期限届满前，能够履行而拒绝履行的意思

表示。

(2) 承担违约责任的方式　承担违约责任的方式有三种：强制实际履行；支付违约金；损害赔偿。

(3) 合同的风险防范　为降低因合同违约引发的风险，保护当事人的合法权益，应当注意合同的风险防范：

① 认真审查对方资信。

② 区分合同成立和合同生效的概念。

③ 防止无效代理。

④ 掌握合同订立的形式。

⑤ 注意合同无效的五种情形。

⑥ 当事人可以在合同中约定违约金。

⑦ 当事人可以依照《中华人民共和国担保法》在订立合同时选择合同的担保方式，并签订担保合同（或协议）。

⑧ 注意所有权转移和标的物的风险转移。

9.4 机动车登记、变更、退牌法规

9.4.1 注册登记

为机动车领取机动车号牌、《机动车行驶证》和《机动车登记证书》，机动车所有人向机动车所有人住所所在地的车辆管理所申请登记称为注册登记，俗称上牌。

机动车新车上牌必须具备的证件有：与申领牌证车辆种类相符的新增机动车《领照单》、《机动车报废证明》、《上海市机动车转籍更新申请表》、《失窃机动车注销牌证登记表》；单位的车辆提交企业代码证，私车提供本人身份证、户口簿；境外人员必须是在沪投资，并提交有效的暂住证、居留证或台胞证、领馆证。

9.4.1.1 新车上牌需办理的手续和证件

① 来历凭证：经车管所档案科备案，可在二手车市场上牌的全国统一机动车销售发票第四联。

② 整车出厂合格证。

③《机动车注册登记申请表》。

④ 机动车所有人身份证明原件及复印件，企事业单位需提供组织机构代码 IC 卡。

⑤ 车辆购置税完税证明。

⑥ 由代理人申请登记的提交代理人身份证明原件及复印件。

⑦ 经驻场民警查验确认车辆识别代号、发动机号码无凿改嫌疑，并在车辆识别代号、发动机号码拓印骑缝处盖章的《机动车登记业务流程记录单》。

9.4.1.2 二手车上牌需办理的手续和证件

① 二手车经营公司开具的销售发票。

②《机动车注册登记申请表》。

③ 机动车所有人身份证明原件及复印件，企事业单位需提供组织机构代码IC卡。

④ 经驻场民警查验确认车辆识别代号、发动机号码无凿改嫌疑并在车辆识别代号、发动机号码拓印骑缝处盖章的《机动车登记业务流程记录单》(装入专用纸袋并密封)。

⑤ 经驻场民警查验签字的《上海市机动车退牌更新申请表》第四联。

⑥新增上牌额度单或更新凭证(沪C牌照除外)。

另外，上海2003年3月1日实施排放新标准，上海的机动车污染物排放提前实施相当于欧Ⅱ标准的新标准。按照这一规定，2003年3月1日后，没有达到这一标准的新车将不能在本市上牌。其主要针对3.5吨以下的轻型汽车以及3.5吨以上的柴油发动机汽车。

上海大众和上海通用生产的轿车，其尾气排放均已达到欧Ⅱ标准，部分车型达到欧Ⅳ标准。国内其他汽车企业如一汽大众、广州本田、神龙、风神等所生产的汽车均达到欧Ⅱ标准。至于目前的在用汽车，将遵循“新车新标准，老车老标准”的规则，只需满足当时的法定标准即可。而对于市场尚存的部分未达新标准的汽车，国家仍允许在其他尚未实施新标准的地区使用。

车辆用户应根据上海市环境保护局定期发布的机动车达标车型目录确定所购新车是否允许上牌。车辆用户如果在本地购买新车，可以通过销售商或汽车交易市场了解所购车型是否符合新标准的规定，是否已列入达标车型目录。

如果从外地购车后准备在本地上牌使用，必须先查清楚所购车型是否列入达标车型目录，再确定是否购买。在外省市购买的机动车达不到新标准的规定，是不允许在上海市申请上牌。除了不能申请上牌，在退回所购车辆时，还会遇到申请退返购置税等复杂手续。

9.4.2 退牌

机动车车主在更新车辆时为保持原机动车号牌将原机动车号牌保留而将原机动车转出而办理的手续。

9.4.2.1 退牌需办理的手续和证件

①《机动车登记证书》。

②《机动车行驶证》。

③《机动车登记表(副表)》

④ 机动车号牌。

⑤ 车辆照片。

⑥《上海市机动车退牌更新申请表》。

⑦ 原机动车所有人身份证明原件及复印件。

⑧ 经驻场民警查验确认车辆识别代号、发动机号码无凿改嫌疑并在车辆识别代号、发动机号码拓印骑缝处盖章的《机动车登记业务流程记录单》(装入专用纸袋并密封)。

⑨ 香港、澳门特别行政区居民、台湾居民、“Z”字号牌车辆、外国人的外籍号牌车辆必须提供《中华人民共和国海关监管车辆解除监管证明书》或车管所档案科出具的《联系单》。

⑩ 代理人身份证明复印件。

9.4.2.2 车辆不准退牌的规定

① 已达报废年限的。

② 定期年检失效的。

③ 抵押、查封等原因在计算机系统或资质档案中注明不准过户、不准转籍的。

④ 海关监管车辆未解除监管的。

⑤ 企事业单位车辆自登记之日起未满两年的。

9.4.3 转籍

已注册登记机动车的所有人的住所迁出原车辆管理所管辖区的，或者机动车所有权发生转移且现机动车所有人的住所不在原车辆管理所管辖区的，现机动车所有人向机动车管辖地车辆管理所申请转出登记，并向转入地车辆管理所申请转入登记称为转籍。

9.4.3.1 机动车辆转籍(转出登记)手续和证件

(1) 机动车辆转籍所需凭证及手续

①《机动车登记证书》。

②《机动车行驶证》、《机动车登记表(副表)》；机动车号牌(退牌车除外)。

③ 现机动车所有人身份证明原件及复印件。

④《机动车过户、转入、转出登记申请表》。

⑤《机动车转籍更新申请表》或《上海市机动车退牌更新申请表》。

⑥ 经驻场民警查验确认车辆识别代号、发动机号码无凿改嫌疑并在车辆识别代号、发动机号码拓印骑缝处盖章的《机动车登记业务流程记录单》(装入专用纸袋并密封)。

⑦ 来历凭证：二手车销售发票或人民法院、仲裁机构出具的已经生效的《调解书》、《判决书》、《裁定书》、《仲裁裁决书》及相应的《协助执行通知书》。

⑧ 过入方为处级以上机关事业单位的必须提供《编制证》。

⑨ 海关监管机动车辆必须提供《中华人民共和国海关监管车辆解除监管证明书》。

⑩ 代理人身份证明复印件。

⑪车管所规定的其他资料。

(2) 车辆不准转出的规定

① 已达报废年限的。

② 定期年检失效的。

③ 品牌、型号、规格结构不符合国家公告、目录的。

④ 抵押、查封等原因在计算机系统或纸质档案中注明不准转出的。

⑤ 海关监管车辆来解除监管的。

(3) 其他事项　1995 年 11 月 1 日之前，1997 年 8 月 1 日至 2000 年 10 月 1 日之间登记的车辆需提供车辆出厂合格证。

9.4.3.2 机动车辆转籍(转入登记)手续

(1) 外省市车辆转入本市应具备的资格条件

① 因债务纠纷经法院判决财产所有权转移的应出具法院的判决书、裁定书或调解书。

② 外省市在沪投资的大型企业(集团)应出具上海市协作办公室批文。

③ 外省市居民户籍迁入本市的(包括蓝印户口),且有原地自用的车辆,应出具迁移证明及本市户籍证明。

④ 外籍人或港澳台同胞在沪投资的,且在原地自用的车辆,按注册登记的条件出具相应凭证。

⑤ 车辆未到报废年限。

⑥ 车辆实际状况与档案登记内容一致。

⑦ 非监控机动车、非监管车辆。

⑧ 除外省市在沪投资的大型企业(集团)外,货车不准转入本市。

(2) 所需证件和资料　符合上述条件的、外省市车辆需转入本市的还须提供下列资料:

① 机动车所有人和代理人身份证明原件和复印件。

② 机动车保险凭证(其中必须投第三者责任险)。

(3) 转入本市的机动车辆原档案应具有的资料

①《机动车注册/转入登记表》原件。

②《机动车注册登记申请表》原件。

③《机动车行驶证》原件。

④ 机动车所有人和代理人的身份证明复印件。

⑤ 变更或过户相应的申请表和《机动车登记业务流程记录单》原件。

⑥ 机动车来历凭证原件或复印件,其中全国统一机动车销售发票、《协助执行通知书》和国家机关出具的调拨证明必须是原件。

⑦《机动车过户、转出、转入登记申请表》和相应的《机动车登记业务流程记录单》原件。

⑧ 国产机动车整车出厂合格证原件;进口机动车进口凭证原件。

⑨ 海关监管机动车的《中华人民共和国海关监管车辆解除监管证明书》原件。

⑩ 车辆购置税的完税证明或免税证明副联原件。

⑪《机动车登记证书》原件(未封入档案袋内,由机动车所有人提供)。

符合上述条件并备齐以上资料的外省市机动车需转入本市的,去公安车辆管理所考验场办理相关手续,领取本市机动车行驶证和号牌。

9.4.4　过户

已注册登记机动车的所有权发生转移,且原机动车所有人和现机动车所有人的住所在同一车辆管理所管辖区的,现机动车所有人向机动车管辖地车辆管理所申请登记称为过户。过户也就是机动车在所有权转移时,依照法定手续更换物主姓名的过程。

9.4.4.1　机动车过户所需证件及手续

①《机动车登记证书》。未获得《机动车登记证》的必须提交原机动车所有人身份证明原件及复印件,机关、企事业单位需提供组织机构代码 IC 卡。

②《机动车行驶证》。

③《机动车登记表(副表)》。

④ 车辆照片。

⑤ 机动车所有人(过入方)身份证明原件及复印件,机关、企事业单位需提供组织机构代码 IC 卡。

⑥《机动车过户、转入、转出登记申请表》。

⑦ 经驻场民警查验确认车辆识别代号、发动机号码无凿改嫌疑并在车辆识别代号、发动机号码拓印骑缝处盖章的《机动车登记业务流程记录单》(装入专用纸袋并密封)。

⑧ 来历凭证:旧机动车销售发票或人民法院、仲裁机构出具的已经生效的《调解书》、《判决书》、《裁定书》、《仲裁裁决书》及相应的《协助执行通知书》。

⑨ 过入方为处级以上机关事业单位的必须提供《编制证》。

⑩ 香港、澳门特别行政区居民、台湾居民、"Z"字号牌车辆、外国人的外籍号牌车辆必须提供《中华人民共和国海关监管车辆解除监管证明书》或车管所档案科出具的《联系单》。

⑪ 代理人身份证明复印件。

9.4.4.2 车辆不准办理过户手续的规定

① 已达到报废年限的。

② 定期年检失效的。

③ 法院等执法部门查封、暂扣及财产抵押等原因车辆档案在计算机系统中注明"不准过户"的。

④ 右方向盘的。

9.4.4.3 其他事项

① 过户的车辆需在定期检验有效期内。

② 单位车辆自初次登记之日起满两年才可过户给个人。

③ 公务车自初次登记之日起满三年方可办理过户。

9.4.5 其他汽车销售政策法规

9.4.5.1 《汽车品牌销售管理实施办法》

2005 年 4 月 1 日起由商务部颁布的《汽车品牌销售管理实施办法》正式实行。该办法实施以后,没有得到汽车厂家授权许可证的企业将不能在工商局注册销售汽车。

(1) 同时强调两个品牌 《汽车品牌销售管理实施办法》的第 26、27 条明确规定,经销商必须在经营场所的突出位置设置汽车供应商授权的店铺名称、标识、商标等,并不得以任何形式从事非授权品牌汽车的经营。这就意味着今后经销商在卖车时除了要强调卖的是什么车以外,还要强调是谁在卖车。老百姓买车时如果只看到某某车专卖的字样,那就不是厂家授权的经销商,或者说不是合格的经销商。新的品牌管理办法同时强调了厂家和经销商两个品牌,有利于消费者从最直接的渠道买到车,同时能够树立经销商的品牌认知度,使汽车销售走向品牌化。

(2) 未对经销商建店定具体标准 在新的《汽车品牌销售管理实施办法》中未对经销商

建店的规模做具体规定是个进步，使厂家对经销商的审核从简单的4S规模向更全面的综合能力转变。同时，《汽车品牌销售管理实施办法》的实行将会使进口车的经销商进一步减少，车源和销售渠道会逐渐被少数大的经销商所控制。

(3) 市场走向有序引导消费者成熟　《汽车品牌销售管理实施办法》的实行将会使汽车流通行业从无序走向有序，经销商授权销售的体制会使汽车销售从单一的价格竞争逐步过渡到多元化竞争。消费者的意识也会从单纯的追求价格向追求服务、品牌转变，因此，《汽车品牌销售管理实施办法》将会引导消费者向成熟理性转变。

9.4.5.2 《汽车贸易政策》公开征求公众意见和建议

为建立统一、开放、竞争、有序的汽车市场，2005年8月商务部发布《汽车贸易政策》，国家将鼓励二手车流通。

国家支持有条件的汽车品牌经销商等经营主体经营二手车，以及在异地设立分支机构开展连锁经营。国家将简化二手车交易、转移登记手续，加快二手车市场的培育。同时，国家将实施二手车自愿评估制度，积极规范二手车鉴定评估行为。除涉及国有资产的车辆外，二手车的交易价格由买卖双方商定，当事人可以自愿委托具有资格的二手车鉴定评估机构进行评估，供交易时参考。除法律、行政法规规定外，任何单位和部门不得强制或变相强制对交易车辆进行评估。从事二手车拍卖和鉴定评估经营活动应当经省级商务主管部门核准流通。

《汽车贸易政策》共分为总则、政策目标、汽车销售、二手车流通、汽车配件流通、汽车报废与报废汽车回收、汽车对外贸易、其他等共8章49条。到2010年，我国将建立起与国际接轨并具有竞争优势的现代汽车贸易体系。

9.4.5.3 旧机动车交易管理办法

为加强二手车流通管理，规范二手车经营行为，保障二手车交易双方的合法权益，促进二手车流通的健康发展，依据国家有关法律、行政法规，商务部、公安部、工商总局、税务总局联合发布了《二手车流通管理办法》并于2005年10月1日正式实施。

(1) 与原有的规定相比，《二手车流通管理办法》的重要变化　《二手车流通管理办法》最重大的变化在于打破垄断格局，引入竞争机制，实现经营主体多样化。取消二手车交易场所的限制，及时引入汽车品牌经销商等经营主体，实现经营主体多元化，一是有助于打破垄断，建立竞争机制，提高交易规模及服务水平，改善消费环境，实现资源的优化配置；二是有助于充分利用现有营销网络和较成熟的运营管理体系，发挥规模优势，加强质量管理，确保所售二手车的质量符合国家有关规定；三是有助于为消费者提供售后服务，保障消费者的利益；四是有助于为二手车市场提供丰富的经营资源并促进新车销售，进一步增强汽车市场活力。为此，《二手车流通管理办法》明确规定，符合相关条件的汽车品牌经销商等经营主体均可依法申请从事二手车经营。

其次是简化二手车交易程序。当前，一些地方行政部门自行出台各种政策，导致政出多门，交易手续烦琐，一辆车要完成交易和转移登记手续需要10多道程序，给消费者带来诸多不便。为方便交易，加快二手车流通，《二手车流通管理办法》取消了不必要的交易环节。

(2) 经营主体实现多样化，二手车交易市场将面临新的挑战　二手车交易市场是目前我国二手车流通的主要渠道，经过几年的培育和发展，已形成一定规模，不少交易市场运作已开始走向规范，对方便交易、降低交易成本及二手车流通的发展起到了一定的推动作用。二手车交易市场作为流通的载体，应当是为二手车买卖双方提供交易和相关服务的场所。为规范二手车交易市场的运作，创造公平竞争的交易环境，继续发挥交易市场在二手车流通中应有的作用，《二手车流通管理办法》对二手车交易市场的功能作了相应的调整，并明确规定二手车直接交易和通过二手车经纪机构进行二手车交易，应当由二手车交易市场经营者按规定向买方开具税务机关监制的统一发票，作为其转移登记的凭据。

不容置疑，品牌经销商等经营主体的引入必将对二手车交易市场的发展产生较大的冲击。但是，应当看到，经营主体多样化，对拓展流通渠道、扩大二手车市场将起到积极的促进作用。有竞争才会有发展，新的经营主体的引入有助于促进二手车交易市场规范运作，提高服务水平。《二手车流通管理办法》实施后，二手车交易市场仍将成为二手车流通的重要渠道。因此，二手车交易市场经营者应根据其自身特点，抓住机遇，转变观念，把强化和拓展市场的服务和管理功能作为企业长远发展的方向，以利于为交易双方创造公平竞争的交易环境，提供更加便利和优质的服务，进而不断发展和壮大自己。

(3)《二手车流通管理办法》针对二手车交易行为不规范的问题所作规定　一是增加二手车交易的透明度，经营企业不得隐瞒车辆的有关真实情况，保证车辆来源的合法性和车辆的性能质量达到国家有关规定；二是提高服务质量和水平，承诺相应的质量保证和售后服务；三是规范经纪机构的经营行为，通过二手车车经纪机构进行二手车交易的，应当由二手车交易市场经营者按规定向买方开具税务机关监制的统一发票。

(4) 有关二手车统一发票的通知　目前，二手车交易尚未实施全国统一发票，这样不利于进行监管，容易造成税收流失，并给公安交通管理部门办理二手车转移登记带来不便。为促进二手车流通规范化，办法规定二手车经销企业、拍卖企业、二手车交易市场经营者应当按规定向买方开具税务机关监制的统一发票，并作为公安交管部门办理二手车转移登记的凭据。为配合其实施，税务总局已下发了《关于统一二手车销售发票式样问题的通知》，规定 2005 年 10 月 1 日起正式启用二手车统一发票。

(5)《二手车流通管理办法》对二手车鉴定评估的规定　从评估机构来看，发达国家二手车市场规范和完善的一个重要因素就是具有实力雄厚、被社会认可的中介机构和素质高的评估师队伍。我国二手车鉴定评估机构的建立才刚刚起步，评估人员的数量和整体素质均与发达国家有较大差距。为促进二手车市场的快速健康发展，一方面要积极培育和建立二手车鉴定评估、信息咨询等中介服务机构，加快培养鉴定评估专业人才，另一方面要建立和完善二手车鉴定评估机构准入制度，严格准入，以利于提高二手车鉴定评估机构的整体水平。《二手车流通管理办法》规定，设立二手车鉴定评估机构必须具有相应的资质，并按规定的程序申办。

从评估规范来看，当前我国二手车鉴定评估缺乏科学合理和统一的规范，鉴定评估随意性大，评估结果可信度低，难以确保评估结果的客观、真实、公平、公正，失去了评估自身的意义。《二手车流通管理办法》规定要依据国家法律法规开展二手车鉴定评估业务。为配合其实施，提高二手车鉴定评估的质量和水平，规范二手车鉴定评估机构的评估行为，有关部门正着手研究制定易于操作、能真实反映评定结果的二手车鉴定评估机构鉴定评估标准，使鉴定评估机构工作有章可循，评估结果对客户具有参考价值。《二手车流通管理办法》中还规定除属国有资产的二手车外，二手车鉴定评估应按照买卖双方自愿的原则，不得强行评估。

(6)《二手车流通管理办法》为保证信息通畅作出相关规定　当前，缺乏信息支撑和沟通是阻碍二手车流通发展的突出问题之一。我国二手车交易日趋活跃，但大多数二手车市场交易信息封闭，没有形成全国统一的交易信息网络，影响了二手车的流通。《二手车流通管理办法》对建立和完善二手车档案制度和信息报送、公布制度做了规定，并力图在此基础上充分利用现代信息技术，建立全国性的二手车信息网络，提高二手车合法性、安全性信息查询效率，促使各地二手车信息资源有效流动。

9.5 汽车营销货款的收付

在汽车营销中，车款的收付是买卖双方的基本权利和义务，影响到买卖双方的资金周转和融通以及各种金融风险和费用的负担，直接关系到买卖双方的经济利益。因此，它是购销合同中的重要条款，也是交易结算的重要内容。汽车贸易款的收付主要涉及支付工具、付款时间、地点及支付方式等内容。买卖双方必须对上述内容在合同中做出明确规定，以保障双方的权益。

9.5.1 支付工具

在汽车营销中，由于涉及的金额较大，支付时很少使用现金，一般是采用支付工具通过银行进行转账结算，支付工具包括汇票、本票和支票三种方式。

9.5.1.1 汇票

(1) 汇票(Bill of Exchange, Draft, B/E) 的概念　汇票是出票人签发的，委托付款人在见票时或者在指定日期无条件支付确定金额给收款人或者持票人的票据。由此可见，汇票是这样一种票据：

① 汇票有三个基本当事人，即出票人(Drawer)、付款人(Payer)和受款人(Payee)。由于这三个当事人在汇票签发时既已存在，所以属于基本当事人，缺一不可。但随着汇票的背书转让、汇票上设立保证等，被背书人、保证人等也便成为了汇票的当事人。

② 汇票是由出票人委托他人支付的票据，是一种委托证券，而非自付证券。

③ 汇票是在指定到期日付款的票据。指定到期日付款包括见票即付、定日付款、出票后定期付款、见票后定期付款四种形式。

④ 汇票是付款人无条件支付票据金额给持票人的票据。这里的持票人包括收款人、被背书人或受让人。

(2) 汇票的种类　我国《票据法》将汇票分为银行汇票和商业汇票。前者是指银行签发的汇票，后者则是指银行之外的企事业单位、机关、团体等签发的汇票。

① 银行汇票。银行汇票一般由汇款人将款项交存当地银行，再由银行签发给汇款人持

往异地办理转账或支取现金业务。单位、个体经营户和个人需要使用各种款项，均可使用银行汇票。银行汇票当事人包括：

• 出票人。这是指“签发行”。根据我国现行做法，只有参加了“全国联行往来”的银行才能签发汇票，即充当出票人。

• 受款人。这是指收款人。收款人可以是汇款人，也可以是其他人。汇款人不是汇票上的当事人，而是与出票人有因果关系的人，与签发行的关系是委托关系。

• 付款人。这是指汇票中的兑付行。

② 商业汇票。商业汇票是指收款人或付款人（ 或承兑申请人 ）签发，由承兑人承兑，并于到期日向收款人或被背书人支付款项的票据。商业汇票按承兑人的不同，可以分为商业承兑汇票和银行承兑汇票。商业承兑汇票是指由收款人签发并经付款人承兑，或由付款人签发并承兑的票据。在商业承兑汇票的当事人包括：

• 出票人。指交易中的收款人，即卖方；或者交易中的付款人，即买方。

• 承兑人。出票人如是卖方，承兑人为买方；出票人如是买方，买方本身为承兑人。

• 付款人。一般是买方的开户银行。

• 受款人。是交易中的收款人，即卖方。

③ 银行承兑汇票。银行承兑汇票是指由收款人或承兑申请人签发并由承兑申请人向开户银行申请，经银行审查同意承兑的票据。在银行承兑汇票中，汇票上的当事人包括 ：

• 出票人。一般是承兑申请人。

• 付款人和承兑人。是承兑行，即承兑申请人的开户银行。

• 受款人。是与出票人签订购销合同的收款人，即卖方。

(3) 汇票的内容　汇票是一种要式证券，出票（Issue）行为是一种要式行为，故汇票的作成必须符合法定的格式。汇票的格式就是做成汇票后表现于汇票之上的内容。该内容可分为绝对应记载事项、相对应记载事项和非法定记载事项。根据我国《票据法》第22条的规定，汇票的绝对应记载事项包括七个方面的内容。如果汇票上未记载七个方面事项之一的，汇票无效。

汇票的具体内容如下：

① 表明“汇票”的字样。

② 无条件支付的委托。

③ 确定的金额。

④ 付款人名称。

⑤ 收款人名称。

⑥ 出票日期。

⑦ 出票人签章。这是指出票人在票据上亲自书写自己的姓名或盖章。如果出票人不在汇票上签章，汇票无效。

(4) 汇票的承兑、转让和背书汇票的使用　汇票除了包括出票、提示和付款程序外，还经常需要当事人办理承兑、转让和背书手续。

① 汇票的承兑(Acceptance)。汇票的承兑是指汇票付款人承诺在汇票到期日支付汇

票金额的票据行为。承兑是汇票特有的制度。汇票是一种由出票人委托他人付款的委托证券,出票人的出票行为完成之后,由于其是一种单方法律行为,故对付款人并不当然产生约束力。只有在付款人表示愿意向收款人或持票人支付汇票金额后,持票人才可在汇票到期日向付款人行使付款请求权。承兑就是这样一种明确付款人的付款责任,确定持票人票据权力的制度。

② 汇票的转让(Transferable)。汇票的转让是指持票人以背书或仅凭交付的方式而将票据权利让与他人的一种票据行为。票据权力与票据是不可分的,因而汇票的转让也就是票据权力的转让。一般而言,票据转让主要有背书交付和单纯交付两种。背书交付指持票人以转让票据权力为目的,按法定的事项和方式记载于票据上的一种票据行为。单纯交付指持票人未在票据上作任何转让事项的记载,直接将票据交与他人的一种法律行为。我国《票据法》规定汇票转让只能采用背书的形式,不能仅凭单纯交付的方式,否则就不产生票据转让的效力。

③ 汇票的背书 (Endorsement)。汇票的背书是指汇票的收款人或持票人将票据权利转让给他人或将一定的票据权利授予他人,而在票据背面或者粘单上记载有关事项并签章的行为。背书是一种要式行为,必须符合法定的形式,即其必须作成背书并交付,才能有效成立。

9.5.1.2 本票

(1) 本票 (Promissory Note)的概念　本票是出票人签发的,承诺自己在见票时无条件支付确定的金额给收款人或者持票人的票据。本票是由出票人约定自己付款的一种自 付证券,基本当事人只有两个,即出票人和收款人,在出票人之外不存在独立的付款人。出票人完成出票行为之后,即承担了到期日无条件支付票据金额的责任,不需要在到期日前进行承兑。

(2) 本票的种类 依照不同的标准,可对本票作不同分类。根据我国《票据法》第 73 条第 2 款和第 76 条规定,本票仅限于银行本票,且为记名式本票和即期本票。

银行本票是银行签发的,承诺自己在见票时无条件支付确定的金额给收款人或者持票人的票据。单位和个人在同一票据交换区域需要支付各种款项,均可以使用银行本票。银行本票分为定额银行本票和不定额银行本票。根据《支付结算办法》的规定,定额银行本票面额为 1 000 元、5 000 元、10 000 元和 50 000 元四种。

(3) 本票体例的规定　本票作为票据的一种,具有与其他票据相同的一般性质和特征,《票据法》总则中的内容均适用于本票。汇票中的有关规定,如出票、背书、保证、付款、追索权等具体制度,都适用于本票。

(4) 本票的出票　本票的出票包括做成票据和交付票据。本票的出票行为是以自己负担支付本票金额的债务为目的的票据行为。因此,本票的出票人必须具有支付本票金额的可靠资金来源,并保证支付。由此可见,本票出票人是票据金额的直接支付人,与汇票的承兑人相同,与汇票的出票人只承担担保责任是不同的。

本票的出票人在出票时,除自身具有良好的资信状况外,还应该在按照规定收妥款项后,方可签发本票。由于法律对本票出票人的资信状况有一定要求,所以究竟何人能作为出票人是有一定的规定的。本票出票人的资格由中国人民银行审定，具体管理办法由中国人民银行规定。根据我国《支付结算办法》第100条的规定，银行本票的出票人为经中国人民银行当地支行批准办理银行本票业务的银行机构。由此可见，银行本票的出票人是经过人民银行批准设立的银行机构，非银行金融机构不得签发银行本票。

(5) 本票的格式　本票出票人出票，必须按一定的格式记载相关内容。与汇票一样，本票的记载事项也包括绝对应记载事项和相对应记载事项。

(6) 见票付款　银行本票是见票付款的票据。收款人或持票人在取得银行本票后，随时可以向出票人请求付款。但为了防止收款人或持票人久不提示而给出票人造成不利，我国《票据法》第79条规定了本票的付款提示期限，即："本票自出票日起，付款期限最长不得超2个月。"持票人依照前述规定的期限提示本票的，出票人必须承担付款的责任。这与汇票的出票人的地位不同，本票的出票人是票据的主债务人，负有向持票人绝对付款的责任。

如果本票的持票人未按照规定期限提示本票的，则丧失对出票人以外的前手的追索权。这里所指的出票人以外的前手是指背书人及其保证人。由于本票的出票人是票据上的主债务人，对持票人负有绝对付款责任，除票据时效届满而使票据权利消灭或者要式欠缺而使票据无效外，并不因持票人未在规定期限内向其行使付款请求权而使其责任得以解除。因此，持票人仍对出票人有付款请求权和追索权，只是丧失对背书人及其保证人的追索权。

9.5.1.3　支票

(1) 支票（Cheque，Check）的概念　支票是出票人委托银行或者其他金融机构见票时无条件支付一定金额给受款人或者持票人的票据。支票的基本当事人有三个：出票人、付款人和收款人。支票是一种委付证券，与汇票相同，与本票不同。支票与汇票、本票相比有两个显著的特点：以银行或者其他金融机构作为付款人；见票即付。

(2) 支票的种类　我国《票据法》按照支付票款方式，将支票分为普通支票、现金支票和转账支票。

① 普通支票。普通支票既可以用来支取现金，亦可用来转账。普通支票用于转账时应当在支票正面注明。注明方式一般是在支票上划线，未划线者可用于支取现金。

② 现金支票。专门用于支取现金的支票。可另行制作现金支票。现金支票只能用于支取现金。

③ 转账支票。支票专门用于转账的，可以另行制作转账支票。转账支票只能用于转账，不得支取现金。

在实践中，我国一直采用的是现金支票和转账支票，没有普通支票。为了方便当事人并借鉴国外的方法经验，我国《票据法》规定了普通支票的形式。

(3) 支票体例的规定　与本票一样，我国《票据法》只对支票的个性方面的问题作出规定；而有关一般性的问题，则应用总则中的有关规定和汇票中的相关规定。

(4) 支票的管理　汽车营销收账是汽车营销中非常重要的环节。越来越多的汽车营销企业把能否及时、足额地收回外账作为衡量汽车营销人员绩效的重要指标。支票是汽车营销中使用最多的票据，汽车营销业务人员在收支票时要注意以下事项，以免票据退票给企业带来财务损失。

① 关于签名盖章。出票人在支票上签名盖章，是负担票据债务的一种具体表示，当支票退票时，要负起出票人的责任，偿还支票上所记载的金额。签名盖章要盖在支票上出票人栏的位置；盖在其他地方，就不发生签名盖章的效力，属于不合格支票。实际操作中，收票人应注意以下几点：

• 没有签名盖章的支票不能收。鉴章空白的支票是"不完全票据"，这种票据无法律效力。

• 签名或盖章模糊不清的支票不能收。鉴章不清楚或不明的支票会被银行退票。

• 支票上签章处只有出票人的指印，没有其他签名或盖章，最好拒收。支票上的签名能以盖章的方式代替，但不能以捺指印代替签名。

• 图章颠倒的支票是有效的，可以收受。

• 盖错印章涂销后，再加盖正确印鉴的支票可以收。出票人在盖错的印鉴上打上涂销印记，这枚印鉴视为没有记载，只要第二次所盖的印鉴和银行留底的印鉴相同，而且账户内有足够存款，这张支票是安全的。

② 关于出票时间应注意：

• 没有填写出票年月日的支票，最好不收。缺少出票年月日的支票是无效支票，出票人不必负任何的票据责任。如果出票人授权收票人代填日期，收票人在收受支票时，应要求出票人出具"授权书"作为证明，否则有可能被认为伪造有价证券。

• 出票年月日改写后，必须在改写处盖章。

③ 关于支票金额　金额是支票必须记载的事项之一，也是票据债务人员担保范围的指标。支票的金额应以大写数字来书写，以示慎重，并可以防止涂改。因此，金额一经填写，就不能改写，否则，支票无效。

对于支票金额应注意以下问题：

• 票面大写金额栏内漏写"元"字的支票，不可接受。我国通用的币制单位有元、角、分。只有记载数字，而无"元"的记载，其金额难以确定。

• 大写金额经涂改的支票是无效支票，绝对不能接收。

• 支票上大写金额不应当写零，而多写零的支票，尽可能不要收受。金额位数连续有几个零时，应只写一个零字。比如 50 005 元，应写成"伍万零五元整"。

• 票面金额填写"拾元整"的支票，不可收受。银行对有关支票金额的写法有特别的要求，10 元应写为"壹拾元整"。

• 支票上金额 20 元的正确大写写法是"贰拾元"。如果写成"廿"，银行会以退票方式处理。

9.5.2　支付方式

在汽车营销中可以采用多种支付方式，主要有汇付、托收、信用证、银行保证函等几种常用方式。

9.5.2.1　汇付

在汽车营销货款的支付方式中，汇付（Remittance）是指付款人用汇兑的方法，通过第三者把其应付给对方的款项交付给对方。买方直接付款的支付方式中，一般都是通过汇付方式，将款项交给对方。由于这种支付方式费用较大，又缺乏付款的保证，所以一般只用于小额货款或其他附属款项的支付。在实践中汇付可分为以下三种：

(1) 信汇 (Mail Transfer, M/T)　信汇是指付款人委托其所在地有关银行，用邮政通信的方法，委托对方所在地的有关银行，向对方付款。在汽车外贸业务中多以航空邮寄。

(2) 电汇 (Telegraphic Transfer, T/T)　电汇是指付款人将其应付给对方(受款人)的款项，交给其所在地可办理电汇业务的银行，委托该银行用电报通知，并再委托对方所在地的有关银行将应付款转付给对方。与信汇相比，电汇速度快，卖方可以较快收到货款，但买方要负担较高的电汇费用，因此，通常在合同中有明确要求时，才使用电汇。

(3) 票汇 (Demand Draft, D/D)　票汇是指由付款人购买其所在地（国）的银行汇票并寄给对方，对方到受票人处兑现的方法。

9.5.2.2 银行托收

托收 (Collection) 是指以一般商业信用为基础，收款人以自己开出的汇票为凭证，委托第三者(银行)代其向外地的付款人收款的支付方式。

由于在支付过程中，银行不负保证责任，所以从信用性质来说，托收属于商业信用，而不是银行信用。在采用托收方式时，卖方在收取货款方面是有一定风险的，且承兑交单比付款交单的风险更大。因为采用承兑交单方式时，买方只要承兑了汇票，就可以取得装运单据，并可凭单据提走货物。在这种情况下，一旦买方拒付货款，或破产倒闭，卖方便会遭受重大损失。而采用付款交单的方式，如买方拒不付款赎单，卖方仍可以把货物另行出售。因此，付款交单比承兑交单对卖方更有一定的保障。但是当遇到买方拒不付款赎单时，由于货物已经运出，托收银行又不负责提货、存储、保管、代为转售等事宜，这就需要支出一笔额外费用，卖方仍会遭受重大损失。因此，托收方式对收款人提供的保证较差，在使用上不如信用证付款方式广泛。

9.5.2.3 信用证方式

(1) 信用证 (Letter of Credit, L/C) 的含义　在国际汽车贸易中，由于买卖双方分处异国，货物往往需要很长时间的运输。这样，必然会出现两个问题：一方面买卖双方互不信任，都担心对方一旦违约或破产使自己遭受钱货两空的损失，因而不愿意先把货物或货款交给对方；另一方面，双方都不愿意在货物运输期间积压自己的资金。所以卖方希望在发货之后就立即取得货款，而买方则希望在收到货物之后，甚至售出货物之后才支付货款。虽然在托收方式中，承兑交单能够部分解决这个问题，但由于汇票的贴现银行是汇票的合法执票人，如汇票到期时遭到买方拒付，贴现银行有权对作为汇票出票人的卖方进行追索，追回其贴现给卖方的货款，因而缺乏对卖方的保障作用。同时，如果买方信誉不是很强，其承兑的汇票也很难向银行贴现。为了解决这些问题，就需要有一个在资信和财力上更强有力的第三者——银行从中保证，使卖方发货后能即时收到货款，买方付款后能即时取得货物。

信用证实际上就是银行出具的一种保证信件，是银行根据申请人(买方)的请求，开给受益人(卖方)的一种保证承担支付货款责任的书面凭证。信用证付款方式是指在货物贸易中，货物买卖双方凭银行开立的信用证发货和付款的过程。

(2) 信用证的内容　信用证的基本内容主要包括以下几项：

① 信用证的当事人。主要包括开证申请人(Applicant)、开证银行(Opening Bank，Issuing Bank)、通知银行(Advising Bank，Notifying Bank)和受益人(Beneficiary)的名称、地址。

② 信用证种类和号码。载明是否不可撤销的信用证、是否保兑的信用证，标明开证编号。

③ 信用证的金额。规定信用证应交付的最高金额。根据一般规则，信用证的金额和开出的汇票金额相等。有时汇票的金额可以少于信用证上的金额，目的是使买方能把货款的部分余额留在自己手中，暂时不付给卖方，如货到检验后发现卖方所交货物在品质或数量上与合同不符，买方可以在这项余额中扣除。

④ 汇票条款。主要规定汇票金额、种类、份数及付款人的名称。根据国际上的习惯，卖方接到信用证后要开出汇票，有时也可以不开汇票，拿各种单证和信用证到银行议付货款。开证行对于它所开出的信用证，不论其是否出具汇票都应承担付款义务。

⑤ 单据条款。明确规定汇票要跟随哪些单据，写明单据的种类和份数。银行仅凭单据付款，对单据项下的货物与合同项下的单据不符概不负责。信用证所要求的单据主要是提单、保险单和商业发票，有时还包括商品检验证书和原产地证书。

⑥ 装运条款。规定装运期限、装运港和目的港的名称以及是否允许分批装运和转船等。

⑦ 信用证的有效日期。信用证应规定有效日期，超过该日期，开证行可以以信用证过期为理由解除付款义务。

⑧ 交单日期。是指卖方发出货后向议付行议付货款、交付单据的日期。受益人必须在该到期日或到期日以前向银行提交装运单据。

⑨ 开证行保证条款。规定卖方按信用证内容按时发货，银行保证付款。

(3) 信用证的运转程序　信用证的使用一般要经过以下几个程序：

① 买方向其所在地银行提出开证申请，交付一定的开证押金，请银行向受益人开出信用证。

② 开证银行按照申请书内容，开立以卖方为收益人的信用证，并且通过卖方所在地银行把信用证通知或送交卖方。

③ 卖方收到信用证后，对信用证内容进行审查，查看信用证内容是否符合合同的规定。经过审查后，卖方认为信用证与合同一致，则发运货物，取得与货有关的各种单证（提单、商品检验单、保险单等)，开出汇票，然后持信用证、单证和汇票到议付银行议付货款。议付银行收到单证、汇票以后，经过审查，认为这些单证符合信用证内容的规定，把货款付给卖方。

④ 议付银行付款后把信用证、汇票及有关单证移交开证银行。

⑤ 开证银行收到单证汇票后，就把货款寄给议付银行。此时卖方就收了货款。

⑥ 开证行付款后把单证、汇票一起寄交买方，买方付款赎单。买方这时要付款，否则因为单证在银行手里无法提货。

从以上几个程序可以看出信用证是把卖方交货、买方付款两个方面结合起来，从而使两个环节互相制约的。从第一道程序来看，在货物买卖中，买方必须先要求银行开出信用证，即保证付款的凭证，只有在这种情况下卖方才能发出货物；如果银行不发出信用，则卖方不发货。这对买方付款是一种制约。从第二道程序来看卖方收到信用证后必须发货，否则取不到各种单据也就不能到议付银行议付货款。如果买方不向议付银行付款，就拿不到各种单证，没有单证则不能提货。

(4) 银行的保证作用　在信用证付款方式下，银行能起到一定的保证作用，具体表现在：

① 对卖方的保证作用 。由于卖方发货后取得各种单证、汇票，到议付银行议付货款，债权得以实现。即使以后买方破产、无偿付能力也和卖方无关系。

② 对买方的保证作用。买方开出由银行担保的信用证后，银行只有在取得代表货物所有权的单证，才能向卖方议付。同时银行只有向买方交付货物单证时，买方才付款。因此买方不会承担货、款两空的风险。

③ 对开证银行自身的保证作用。开证银行向卖方议付，取得代表货物所有权的单证后，如果买方拒收货物或破产，银行可以通过处理货物和已经收取的保证金获得抵偿。

9.5.2.4　银行保证书

银行保证书 (Letter of Guarantee，L/G)是指银行以第三者的身份保证委托人如未向受益人履行义务时，由担保银行承担保证书中所规定的付款责任。银行保证书的内容根据不同的交易而各异，形式和条款也无统一格式，对当事人的权利和义务以文件本身条文进行解释和处理。常见的银行保证书有以下两种：

(1) 投标保证书 (Tender Guarantee)　投标保证书是采用国际招标方式采购货物或接受承包工程时，银行应投标人的申请开给招标人的保书，保证投标人在开标前中途不撤标或修改投标条件，中标后不拒绝签约。否则，银行负责赔偿招标的损失。

(2) 履约保证书 (Performance Guarantee)　履约保证书是银行应货物买卖等经济合同的一方当事人的申请，向另一方当事人开立的保书，保证委托人违约时，给予受益人一定的款项。它分为进口保证书和出口保证书。前者指银行应进口方的申请，开给出口方的信用文件，保证出口方按合同交货后进口方如期付款；否则，由担保银行负责偿付。后者是银行应出口方的申请，开给进口方的保证文件，保证出口方未能按合同付货物时，担保银行无条件退付进口方定金或预付款。

9.5.3　发票的管理

发票作为经济交往中基本的商事凭证，是财务会计核算的原始凭证和税务稽查的重要凭据。为了加强发票管理，强化税收征管，维护正常的经济秩序，经国务院批准，财政部于1993年12月23日颁布了《中华人民共和国发票管理办法》(以下简称《发票管理办法》)。认真学习和贯彻《发票管理办法》，对于加强发票管理和财务监督，保障国家税收收入，促进社会主义市场经济体制的建立和发展，都具有重要的意义。

9.5.3.1　全国统一发票监制章

全国统一发票监制章是税务机关管理发票的法定标志，其形状、规格、内容、印色由国家税务总局规定。除经国家税务总局或国家税务总局省、自治区、直辖市税务分局和省、自治区、直辖市地方税务局(国家税务总局省、自治区、直辖市税务分局和省、自治区、直辖市地方税务局以下统称省级税务机关)依据各自的职责批准外,发票均应套印全国统一发票监制章。

9.5.3.2 《发票管理办法》的特点

《发票管理办法》主要有以下特点:

(1) 统一了对内对外的发票管理制度 《发票管理办法》作为《征管法》的配套行政法规,在适用范围上与《征管法》是一致的,无论是内资企业单位和个人,还是外商投资企业、外国企业以及来华投资或者经营的其他单位和个人均适用。从而,使内、外适用不同发票管理制度的做法成为历史。这将有利于发票的集中统一管理,有利于新税制特别是增值税凭发票抵扣税款制度的正确贯彻执行,有利于促进公平竞争,扩大对外开放。

(2) 强化了税务机关的发票管理职能 针对当前发票管理存在的问题和税务机关发票管理职能弱化的现状,《发票管理办法》在发票的印、领、用、存、查、罚等各环节都强化了税务机关的管理职能,如发票印制权限集中到税务机关,增加了税务机关对外省、自治区、直辖市来本辖区临时从事经营活动的单位和个人实行领购发票提供保证人或者保证金制度,赋予税务机关采取发票防伪措施和进行检查的权力,并使之具体化等。这些规定有效增强了税务机关强化发票管理的能力。

(3) 规范了发票管理程序 《发票管理办法》作为一部兼具实体法和程序法性质的行政法规,对税务机关和印制、使用发票的单位和个人在发票印、领、用、存、查、罚等各个环节的管理和被管理行为都进行了严格的规范,明确了各自的义务、权利(权力)以及应当承担的法律责任。

9.5.3.3 发票的基本联次和基本内容

发票的基本联次为三联,第一联为存根联,开票方留存备查;第二联为发票联,收执方作为付款或收款原始凭证;第三联为记账联,开票方作为记账原始凭证。增值税专用发票的基本联次还应包括除增值税专用发票外,县(市)以上税务机关根据需要可适当增减联次并确定其用途。

发票的基本内容包括:发票的名称、字轨号码、联次及用途,客户名称,开户银行及账号,商品名称或经营项目,计量单位、数量、单价、大小写金额,开票人,开票日期,开票单位(个人)名称(章)等。有代扣、代收、委托代征税款的,其发票内容应当包括代扣、代收、委托代征税种的税率和代扣、代收、委托代征税额。增值税专用发票还应当包括:购货人地址、购货人税务登记号、增值税税率、税额、供货方名称、地址及其税务登记号。

9.5.3.4 账票申请

购票申请应载明单位和个人的名称,所属行业,经济类型,需要发票的种类、名称、数量等内容,并加盖单位公章和经办人印章。税务机关对用票单位和个人提供的财务印章和发票专用章的印模应留存备查。发票领购簿的内容应包括用票单位和个人的名称、所属行业、经济类型、购票方式、核准购票种类、发票名称、领购日期、准购数量、起止号码、违章记

录、领购人签字(盖章)、核发税务机关(章)等内容。

购票方式是指批量供应、交旧购新或者验旧购新等方式。

9.5.3.5 使用发票的注意事项

不符合规定的发票是指开具或取得的发票是应经而未经税务机关监制,或填写项目不齐全、内容不真实、字迹不清楚,没有加盖财务印章或发票专用章,伪造、作废以及其他不符合税务机关规定的发票。

填开发票的单位和个人必须在发生经营业务并确认营业收入时开具发票,未发生经营业务一律不准开具发票。

开具发票后,如发生退货需开红字发票的,必须收回原发票并注明"作废"字样或取得对方有效证明;发生销售折让的,在收回原发票并注明"作废"字样后,重新开具销售发票。单位和个人在开具发票时,必须做到按号码顺序填开,填写项目齐全,内容真实,字迹清楚,全部联次一次复写、打印,内容完全一致,并在发票联和抵扣联加盖单位财务印章或者发票专用章。开具发票应当使用中文。民族自治地方可以同时使用当地通用的一种民族文字。外商投资企业和外国企业可以同时使用一种外国文字。

使用发票的单位和个人应当妥善保管发票,不得丢失。发票丢失,应于丢失当日书面报告主管税务机关,并在报刊和电视等传播媒介上公告声明作废。

9.5.3.6 未按规定开具发票的行为

下列行为属于未按规定开具发票的行为:

① 应开具而未开具发票。

② 单联填开或上下联金额、增值税销项税额等内容不一致。

③ 填写项目不齐全。

④ 涂改发票。

⑤ 转借、转让、代开发票。

⑥ 未经批准拆本使用发票。

⑦ 虚构经营业务活动,虚开发票。

⑧ 开具票物不符发票。

⑨ 开具作废发票。

⑩ 未经批准,跨规定的使用区域开具发票。

⑪ 以其他单据或白条代替发票开具。

⑫ 扩大专业发票或增值税专用发票开具范围。

⑬ 未按规定报告发票使用情况。

⑭ 未按规定设置发票登记簿。

⑮ 其他未按规定开具发票的行为。

9.5.3.7 未按规定取得和保管发票的行为

(1) 未按规定取得发票的行为

① 应取得而未取得发票。

② 取得不符合规定的发票。

③ 取得发票时，要求开票方或自行变更品名、金额或增值税税额。

④ 自行填开发票入账。

⑤ 其他未按规定取得发票的行为。

(2) 未按规定保管发票的行为

① 丢失发票。

② 损(撕)毁发票。

③ 丢失或擅自销毁发票存根联以及发票登记簿。

④ 未按规定缴销发票。

⑤ 印制发票的企业和生产发票防伪专用品的企业丢失发票或发票监制章及发票防伪专用品等。

⑥ 未按规定建立发票保管制度。

⑦ 其他未按规定保管发票的行为。

9.5.3.8 未按规定接受税务机关检查的行为

下列行为属于未按规定接受税务机关检查的行为：

① 拒绝检查。

② 隐瞒真实情况。

③ 刁难、阻挠税务人员进行检查。

④ 拒绝接受《发票换票证》或拒绝提供有关资料。

⑤ 拒绝提供境外公证机构或者注册会计师的确认证明。

⑥ 拒绝接受有关发票问题的询问。

⑦ 其他未按规定接受税务机关检查的行为。

思考题

1. 新修改的《汽车贷款管理办法》有哪些变化?
2. 车辆保险种类有哪几类?
3. 简述机动车第三者责任保险的特性。
4. 哪些行为属于未按规定按受税务检查的行为?

汽车营销案例

乔・吉拉德:创世界纪录的汽车推销员

乔・吉拉德,因售出13 000多辆汽车创造了汽车商品销售最高记录而被载入吉尼斯大全。他曾经连续 15 年成为世界上售出新汽车最多的人,其中 6 年平均每年售出汽车1 300辆。

销售是需要智慧和策略的事业,在每位推销员的背后,都有自己独特的成功诀窍。那么,乔的推销业绩如此辉煌,他的秘诀是什么呢?

1. 250 定律:不得罪一个顾客

在每位顾客的背后,都大约站着 250 个人,这是与他关系比较亲近的人:同事、邻居、亲戚、朋友。如果一个推销员在年初的一个星期里见到 50 个人,其中只要有 2 个顾客对他的态度感到不愉快,到了年底,由于连锁影响就可能有 500 个人不愿意和这位推销员打交道,他们知道一件事:不要跟这位推销员做生意。这就是乔・吉拉德的 250 定律。由此,乔得出结论:在任何情况下,都不要得罪哪怕是一个顾客。

在乔的推销生涯中,他每天都将 250 定律牢记在心,抱定生意至上的态度,时刻控制着自己的情绪,不因顾客的刁难,或是不喜欢对方,或是自己心绪不佳等原因而怠慢顾客。乔说得好:"你只要赶走一个顾客,就等于赶走了潜在的 250 个顾客。"

2. 名片满天飞:向每一个人推销

每一个人都使用名片,但乔的做法与众不同:他到处递送名片,在餐馆就餐付账时,他要把名片夹在账单中;在运动场上,他把名片大把大把地抛向空中。名片漫天飞舞,就像雪花一样,飘散在运动场的每一个角落。你可能对这种做法感到奇怪。但乔认为,这种做法帮他做成了一笔笔生意。

乔认为,每一位推销员都应设法让更多的人知道他是干什么的,销售的是什么商品。这样,当他们需要他的商品时,就会想到他。乔抛撒名片是一件非同寻常的事,人们不会忘记这种事。当人们买汽车时,自然会想起那个抛撒名片的推销员,想起名片上的名字:乔・吉拉德。同时,要点还在于,有人就有顾客,如果你让他们知道你在哪里,你卖的是什么,你就有可能得到更多生意的机会。

3. 建立顾客档案:更多地了解顾客

乔说:"不论你推销的是什么东西,最有效的办法就是让顾客相信——真心相信——你喜欢他,关心他。"如果顾客对你抱有好感,你成交的希望就增加了。要使顾客相信你喜欢、关心他,那你就必须了解顾客,搜集顾客的各种有关资料。

乔中肯地指出:“如果你想要把东西卖给某人,你就应该尽自己的力量去收集他与你生意有关的情报……不论你推销的是什么东西,如果你每天肯花一点时间来了解自己的顾客,做好准备,铺平道路,那么,你就不愁没有自己的顾客。”

乔认为,推销员应该像一台机器,具有录音机和计算机的功能,在与顾客交往的过程中,将顾客所说的都记录下来,从中把握一些有用的材料。乔说:“在建立自己的卡片档案时,你要记下有关顾客和潜在顾客的所有资料,他们的孩子、嗜好、学历、职务、成就、旅行过的地方、年龄、文化背景以及其他任何与他们有关的事情,这些都是有用的推销情报。所有这些资料都可以帮助你接近顾客,使你能够有效地跟顾客讨论问题,谈论他们感兴趣的话题。有了这些材料,你就会知道他们喜欢什么、不喜欢什么,你可以让他们高谈阔论,兴高采烈,手舞足蹈…… 只要你有办法使顾客心情舒畅,他们不会让你大失所望。”

4. 猎犬计划:让顾客帮助你寻找顾客

乔认为,干推销这一行,即使你干得再好,别人的帮助也总是有用的。乔的很多生意都是由“猎犬”(那些会让别人到他那里买东西的顾客)帮助的结果。乔的一句名言就是“买过我汽车的顾客都会帮我推销”。

在生意成交之后,乔总是把一叠名片和猎犬计划的说明书交给顾客。说明书告诉顾客,如果他介绍别人来买车,成交之后,每辆车他会得到 25 美元的酬劳。几天之后,乔会寄给顾客感谢卡和一叠名片。这个顾客以后至少每年会收到乔的一封附有猎犬计划的信件,提醒他乔的承诺仍然有效。如果乔发现顾客是一位领导人物,其他人会听他的话,那么,乔会更加努力促成交易并设法让其成为猎犬。实施猎犬计划的关键是守信用——一定要付给顾客 25 美元。

乔的原则是:宁可错付 50 个人,也不要漏掉一个该付的人。

猎犬计划使乔的收益很大。1976 年,猎犬计划为乔带来了 150 笔生意,约占总交易额的三分之一。乔付出了 1 400 美元的猎犬费用,收获了 75 000 美元的佣金。

5. 推销产品的味道:让产品吸引顾客

每一种产品都有自己的味道,乔·吉拉德特别善于推销产品的味道。

与“请勿触摸”的做法不同,乔在和顾客接触时总是想方设法让顾客先“闻一闻”新车的味道。他让顾客坐进驾驶室,握住方向盘,自己触摸操作一番。如果顾客住在附近,乔还会建议他把车开回家,让他在自己的太太、孩子和领导面前炫耀一番。顾客会很快地陶醉在新车的“味道”中。根据乔本人的经验,凡是坐进驾驶室把车开上一段距离的顾客,没有不买他的车的。即使当即不买,不久后也会来买。新车的“味道”已深深地烙在他们的脑海中,使他们难以忘怀。

乔认为,人们都喜欢自己来尝试、接触、操作,人们都有好奇心。不论你推销的是什么,都要想方设法展示你的商品,而且要记住,让顾客亲身参与。如果你能吸引住他们的感官,那么你就能掌握住他们的感情了。

6. 诚实:推销的最佳策略

诚实,是推销的最佳策略,而且是唯一的策略。但绝对的诚实却是愚蠢的。推销容许谎言,这就是推销中的“善意谎言”原则,乔对此认识深刻。

诚为上策，这是你所能遵循的最佳策略。可是策略并非是法律或规定，它只是你在工作中用来追求最大利益的工具，因此，诚实就有一个程度的问题。

推销过程中有时需要说实话：一是一，二是二。说实话往往对推销员有好处，尤其是推销员所说的，顾客事后可以查证的事。乔说："任何一个头脑清醒的人都不会卖给顾客一辆六气缸的车，而告诉对方他买的车有八个气缸。顾客只要一掀开车盖，数数配电线，你就死定了。"

如果顾客和他的太太、儿子一起来看车，乔会对顾客说："你这个小孩真可爱。"这个小孩也可能是有史以来最难看的小孩，但是如果要想赚到钱，就绝对不可这么说。乔善于把握诚实与奉承的关系。尽管顾客知道乔所说的不尽是真话，但他们还是喜欢听人拍马屁。少许几句赞美，可以使气氛变得更愉快，没有敌意，也就更容易成交。

7. 每月一卡：真正的销售始于售后

乔有一句名言："我相信推销活动真正的开始是在成交之后，而不是之前。"

推销是一个连续的过程，成交既是本次推销活动的结束，又是下次推销活动的开始。推销员在成交之后继续关心顾客，将会既赢得老顾客，又吸引新顾客，使生意越做越大，客户越来越多。

"成交之后仍要继续推销"，这种观念使得乔把成交看作是推销的开始：乔在和自己的顾客成交之后，并不是把他们置于脑后，而是继续关心他们，并恰当地表示出来。

乔每月要给他的一万多名顾客寄去贺卡。一月份祝贺新年，二月份纪念华盛顿诞辰日，三月份祝贺圣帕特里克日……凡是在乔那里买了汽车的人，都收到了乔的贺卡，也就记住了乔。

正因为乔没有忘记自己的顾客，顾客才不会忘记乔·吉拉德。

一汽大众的"飞检"

说起飞行检查，大家就会想起体育界的各种"飞检"。但你是否知道，在一汽大众售后服务管理体制中，也有"飞行检查"。

一汽大众的"飞检"是什么？它为什么要进行"飞检"？"飞检"效果如何？

作为国内先进的汽车制造商，一汽大众在引进奥迪品牌的同时，也引进其国际统一的服务管理体系。奥迪品牌在售后服务方面有一套严格的标准，大到保养维修，小到如何接听顾客电话都有详尽的规定，经销商必须经过严格培训，并在服务的各个环节完全执行这套标准。"飞检"就是一汽大众通过在真实用户的车辆上预设故障，送到受检经销商处进行保养维修，以检查经销商的服务技术水平和营销质量是否符合这套标准服务流程。由于这种检查非常突然，事先不向经销商透露任何测试信息，与体育界的"飞检"有异曲同工之妙，因此被称为"飞检"。

"飞检"共设近 30 个检查项目，分为 7 大类，包括从预约到最后跟踪回访等各个环节，细化到了不可思议的地步。例如，用户打来电话，服务人员要在规定铃声之内接起电话，倾听用户表述，提醒用户送车时的注意事项；交车时为用户做详细交代，并在规定时间内回访等。

全部保养维修过程结束后，一套事前设计好的问卷将交由用户填写。用户对经销商进行以上各大类各环节的评价；维修保养质量则通过检查预设故障的完成情况来评定。检查结果出来后，一汽大众会与经销商进行沟通，指出经销商在服务等方面可能存在的问题，并督促经销商及时改善解决。同时，这种检查结果还与经销商的实际经济利益挂钩，以督促经销商保证服务质量。目前，“飞检”是世界汽车行业最先进的管理方法之一，它能够科学、客观地找出售后服务工作中的薄弱环节，并有的放矢地解决问题，有效地提高服务质量和服务诚信度。迄今，全球仅有几家知名汽车厂商采用了这种管理手段。在国内，一汽大众是唯一一家在售后服务管理中采取“飞检”管理手段的汽车厂商。

北京一家一汽大众特许经销商的总经理认为：“这种服务管理手段对我们的服务质量起到了极大的监督作用。由于‘飞检’的隐蔽性，我们每一位服务人员在服务过程中，都尽全力严格按照标准程序进行操作，以保证在‘飞检’中取得良好成绩。”

从 2001 年和至 2003 年间几次“飞检”结果看，奥迪特许经销商在服务技术和服务营销两大方面的成绩在不断提高，其中服务技术的改善特别显著。奥迪 A6 作为在国内生产的国际豪华品牌高档轿车，一直是汽车业的领导者，其售后服务自然也成为焦点。事实证明，这种先进的售后服务质量管理体系是保证奥迪品牌售后服务质量的重要手段，得到了消费者的全面认可。

一汽大众奥迪的“神秘采购”

有车族王律师的业务蒸蒸日上，需要出席的正式场合与会见的大客户越来越多。于是他萌生了买新车的念头。通过反复比较、筛选，王律师最终锁定奥迪品牌。当他打电话到一家一汽大众奥迪特许经销商标准展厅时，电话刚响两声，便传来一个礼貌的声音：“您好，奥迪展厅销售顾问徐娜。”王律师随即说明了自己的需求：“我想买一部车，主要用于商务场合，你能不能给我介绍一下奥迪车型？”徐娜迅速记录了王律师的需求并约定时间请王律师到展厅详谈。

王律师如约而至。徐娜在详细了解了王律师对新车的要求和用途等各方面信息后，向他推荐了奥迪 A6-2.8，并建议选装舒适包，随后对这款车的动力、安全等各方面性能和舒适包的所有装备和功能一一作了说明。光听口头介绍，王律师似乎还有些拿不定主意。徐娜看出王律师的心思，说道：“我们可以为您安排试乘试驾，请您亲身感受一下这款车的性能。”“太好了！”第二天，王律师开上了一辆崭新的黑色奥迪 A6-2.8……

其实，王律师是一名秘密客户，这是一次“秘密采购”过程。秘密采购？是国家安全部门采购装备么？不！秘密采购是一汽大众通过真实的潜在用户，模拟真实的购车过程，对奥迪特许经销商销售过程进行监督管理的一种先进方法。秘密采购的考查部分由“侦察员”——秘密客户完成。“侦察员”是一名真实的潜在用户，在经销商毫不知情的情况下，到奥迪标准展厅模拟真实的购车过程。由于“侦察员”身份完全隐蔽，与真实潜在用户没有任何区别，经销商无法识别他们，在为其服务过程中不能进行任何掩饰或做假，从而确保秘密采购能够反映经销商真实的服务情况。秘密采购结束后，“侦察员”们从第一个咨询电话到最后购买完成，对经销商售前服务逐一按奥迪标准销售服务流程进行打分，最后将结果呈交一汽大众。

秘密采购的考核部分由独立的调研公司完成，考核结果向一汽大众汇报。这样，通过采自“侦察员”的第一手资料，一汽大众非常准确而直观地掌握其营销网络售前服务的工作情况，迅速发现这一环节中可能存在的问题并立即加以改进，强化对经销商的管理，不断提高售前服务质量。通过这套科学、严格的管理机制，一汽大众庞大的营销网络的服务质量得到了保障，消费者能在任何时间、任何一家一汽大众奥迪经销商那里得到统一、稳定的服务。

奥迪是一个历史悠久的豪华品牌，经过一百多年的积累，不仅拥有世界最先进的汽车制造技术，而且在不断实践的基础上进行总结，形成了一套完整、先进的标准销售流程，涵盖销售过程的所有细节，体现奥迪品牌服务的精髓。为监督标准销售流程的执行状况，大众公司又设立了秘密采购制度，这套先进的服务管理体系目前在大众公司全球统一执行。1999年，一汽大众引进奥迪生产技术，成为国内唯一的国际豪华品牌高档轿车生产基地，并在引进奥迪A6的同时引进了奥迪品牌标准销售流程以及秘密采购制度，从一开始即为奥迪品牌用户提供与优秀产品相配套的先进服务措施。一汽大众奥迪特许经销商在开业之前已就这套标准销售流程接受了严格的培训。开业后，一汽大众经常在他们毫不知情的情况下，通过秘密采购对其执行这一流程的情况进行严格检查和考核。所有这些标准的设立和执行的目的只有一个：让用户从第一个咨询电话起，就感受到国际水准的豪华品牌的高质服务，从每一个细节体现出奥迪品牌对用户细腻和人性化的关爱。自从2000年奥迪A6上市以来，一汽大众的秘密采购每年进行1～2次，涉及全国所有一汽大众奥迪特许经销商。秘密采购和另一项针对售后服务的检查——“飞行检查”一起，为一汽大众奥迪的服务体系构建了标尺，从而保证了中国奥迪A6的用户能享有和世界100多个国家的奥迪车主一样的服务。“同一星球、同一奥迪、同一品质”，秘密采购功不可没。

日本丰田公司销售员的培训范例

日本丰田素有“销售的TOYOTA”美誉，他们拥有大批的优秀销售人员。在日本，销售人员都要经过一年的训练期，才能成为一位正式的销售人员。新人在进入公司后的前四个月交由机械部门训练，让销售人员对汽车的构造有透彻的了解。接下来的两个月，开始接受销售训练，训练的重点分为两个部分：一是“人间性”；另一个是“科学性”。

“人间性”指的是销售人员要了解客户的人性面、感情面及客户所处的立场，也就是我们通常所说的“情商”的培养，同时还注重销售人员所需的毅力、诚实、态度等的修行；而“科学性”的重点是销售商品知识的充实及销售技巧的训练。经过训练后，新进的销售人员实际配属到各分公司、营业所，由分公司、营业所的资深销售人员带领进行实战练习，自我评估是否接受过正确的专业销售训练。

丰田对销售人员采用的看法是，除了极端胆怯及没有毅力的人以外，都能被训练成一位优秀的销售人员，与其辩才无碍；能注意倾听、心胸开朗的销售者更容易成为一流的销售人才。

日本丰田汽车销售公司认为，与商品的好坏一样，左右销售的另一个关键因素就是推销员。有人说:“丰田不仅出汽车,也出人才。”神谷正太郎总经理曾在东京丰田宠儿汽车销售中心率先录用大学毕业生,把他们送到销售部门。为了迎接家庭用车的到来,他迅速制定了新推销员做人的态度,并下决心,要起用有文化知识的推销员,来消除汽车销售方面难以预测的销售因素。

神谷正太郎的销售理论是“车的需要是创造出来的”。接受这个理论的总经理加藤诚之则主张:推销员不是自然形成的,而是“培养教育出来的”。这个很具有学者风度的加藤,为使培养推销员的教育科学系统化做了很大的努力。当一个访问者感叹丰田教学场所的建筑相当宏伟壮观时,加藤诚之回答说:“在这里进修和听课的人,是将成为第一流推销员的人们,他们即将奔赴推销汽车这种现代化商业战场,让他们在一个狭小的环境里,是涌现不出明快的判断能力和为克服面临的困难而寻求可能性的积极精神的。所以,有这种规模的设施是理所当然的。我们对待平素为推销而战斗的人们,不应有失礼貌。”

丰田汽车销售公司进修中心建成于 1974 年,在这里授课的技师指导,全部都是从汽车销售公司和丰田销售店挑选出来的具有销售经验的人。为了经常了解新的市场情况,防止重复老一套,使讲课有新的内容,选任讲师采取 2 年轮换制。使用的教材是根据经营管理协会、日本能源协会和汽车市场的实际情况和需要编写的,贯穿着科学上的合理性,它已成为教育的核心。

进修的学员一次 25 人为一班,从全国的销售店招收。一般推销员与管理人员、经营者,分别听专门化的各部门的讲座。还有一种以研究学习的形式进行的讨论会,即“企业高级管理人员讲习会”。在这里主讲的是大学的名教授。每年陆续招收销售店的高级管理人员 24 名,采取 4 天的集中训练,用案例研究法进行学习。在一年之内,有 1.5 万左右的管理人员轮流集中在这里接受学习教育。

培养推销员的做法是,在每年 4 月,全国的丰田销售店大约吸收3 500名新的推销员加入公司工作。负责对这些新人进行教育训练的是在进修中心学完了“训练员讲座”的人,称为训练员。他们是工作岗位上的副课长或股长,兼任这里的业务指导和教育工作。他们一面在工作岗位上从事实际业务,一面积极从事销售技术和销售态度教育的检验。新参加工作的员工,在进公司之前,首先要进行基础理论课的学习,要学习销售理论、销售的社会作用、推销员的立场和资格、举止动作的礼法、商谈的一般规则等。另外,东京丰田宠儿汽车销售中心还有 BS 制度:B 是兄弟(Brother),S 是姊妹(Sister),这就是说在同一工作岗位已参加工作一两年的前辈,要同新参加工作的人结成一对“兄弟”或“姊妹”,不仅在工作上,而且在日常生活上为新参加者做顾问,大体以一年为期,实际上继续保持这种关系的也不少。

其次,要学习销售时的顺序:

(1) 推销员首先推销自己的人品,取得顾客的信任,从而创造一种能够亲热交谈的氛围。

(2) 为了使顾客对车有兴趣,推销员要说明车的功能效果,大力宣传商品的优越性。

(3) 推销出售价格。如果前两个重要条件能很好地被理解执行,那么,按适当的价格出售是能够做到的。以上三点称为“销售三原则”,规定为销售的基本态度。

销售汽车在日本以“访问”为主。通过访问活动,对不太想买车的人,积极地说明车的使用功能，以便使他感到有买的必要。这种活动称为“访问销售”。因此，访问技术贯穿训练的每一步。作为进公司前教育的一部分，新推销员还通过扮演角色的办法，学习说话的方法和做买卖的态度。丰田推销员的特点是，根据访问实行计划销售，每天辛辛苦苦反复开展的访问工作，正是为了落实销售计划。

销售计划是根据下列基础制定的：

(1) 商品：销售车的种类、竞争的其他车种。

(2) 销售地区：负责推销的地区。

(3) 买主：负责推销地区的所有顾客。

最后，在调查了这三个要素的实际情况的基础上，制定销售计划。

由于训练员热心地传授这套业务技能，所以要不了多长时间，推销员就可以自己制定计划。推销员为推销出每月分配的车辆数而制定的“访问计划”，要订出1天、1周、1个月、3个月、半年、1年的计划方案。也就是说，一天的访问计划是基础。访问的经过和结果，推销员一定要填写在销售报告中；在分析研究这些报告之后，再预测今后销售的可能性。此外，推销员还要仔细考虑顾客的特点。在这些实际情况的基础上，确定下一次概率高的销售计划。

福特历史上的成功与失败

亨利·福特于1903年创办了以自己名字命名的“福特汽车公司”。1908年，福特公司设计制造的T型车，每辆售价850美元，一年售出10600辆。1914年，世界上第一条汽车流水装配线在福特汽车公司诞生，每辆汽车的制造时间由原来的12h 28min，缩短为9min，生产效率提高近100倍。1916年T型车生产了58万多辆，每辆售价仅360美元，畅销美国各地。福特汽车公司一跃成为世界上最大的汽车制造公司，亨利·福特本人荣获“汽车大王”的称号。100年来，福特一直是世界汽车界的巨头，推出过多种多样的车型。这其中有成功，当然也有失败，其中最成功、值得大书特书的，当属1964年艾柯卡为福特汽车推出的“野马”轿车。

1964年，“野马”轿车在纽约世界博览会上登台亮相后，即刻吸引了各地的人们前来参观，其强烈的反响是汽车工业中从未出现过的。这种造型锐利的1965年款“野马”成了美国的宝贝儿，在头百日内即售出了10万辆。这款车拥有跑车所应具备的一切优点，保持了简洁的风格，且价格合理，约为雪佛兰价格的一半，并且有6种丰富的颜色供顾客选择，充分迎合了美国年轻一代的口味。“野马”在多部影片中大出风头，如惊险刺激的1965年007影片《金手指》和1988年的经典棒球影片《布尔·德拉姆》。拥有“野马”的各界名流数不胜数，甚至包括克林顿总统。“野马”在刚推出的两年内就为福特公司创造了11亿美元的纯利润。可以说“野马”汽车的营销是汽车营销史上一个成功的典范。当时，“野马”车风靡全国，各地纷纷成立“野马”车协会。艾柯卡被媒体和大众冠以“野马之父”的美誉。为什么“野马”汽车如此畅销呢？这还要从艾柯卡对“野马”汽车的精心策划说起。

1962年，李·艾柯卡就任福特汽车公司分部总经理后，便雄心勃勃地开始策划推出新车。什么样的车才会受到顾客欢迎呢？他首先进行了全面细致的市场调研。当时福特汽车公司在市场上正销售一种名为“红雀”的汽车。根据客户的反映，“红雀”的缺点是车子太小，没有行李箱，外形没有时尚感，其销量在下降，如果没有更好更适合市场的车型，将大大影响福特公司的利润。

同时，福特公司的市场研究人员对市场营销环境进行了深入调查：

20 世纪 60 年代的美国应该是年轻人激增的时代。“二战”以后，美国出现了 babyboom，即所谓的生育高峰期，那时的婴儿如今要长大成人。根据测算，60 年代的人口平均年龄要急剧下降；20～24 岁年龄组的人数增长 50%，购买新车的 18～34 岁年轻人可望占到一半。另外，随着社会和经济的发展，人们受教育程度的提高，购买汽车的顾客中妇女和独身者的数量将会增加；消费模式也会变化，拥有两辆以上汽车的家庭将越来越多，人们将把更多的钱花在娱乐上。

根据调查获得的信息，艾柯卡确定了这样一个目标市场：一个年轻人的市场，一个汽车娱乐休闲的市场。适合这个市场的车应当有以下特点：样式新颖的轻型豪华车，外形像跑车，具有强烈的时尚感；车型要突出个性，与众不同，特点鲜明；要容易操纵，便于妇女和新学驾驶的人购买；要有行李箱，以便于外出旅行，以此吸引年轻人。

根据这样的设计思路，艾柯卡提出福特的这款新车要具有样式新、性能佳、价钱低三大特色。这种车应当是能容下四人的小型车；应当是重量不超过 2 500 磅的轻型车；应当是不超过 2 500 美元的低价车；应当是吸引年轻人的时尚车。1962 年秋天，福特设计中心完成了新车的泥塑模型。1963 年春天，样车陈列在福特设计中心，与公司的强大竞争对手通用汽车公司的雪佛兰新车并排展示，进行对比性分析。样车经过多次改进，最后的形状是：前长后短的流线型；方顶，车身较低；整车显得潇洒矫健而又很时髦。

同时，为了迎合年轻人，体现出美国人豪放不羁的个性，艾柯卡在新车的命名上也费尽周折：先是准备叫做猎鹰特号，后又想起美洲豹、雷鸟Ⅱ型等不同的名字，最后，艾柯卡委托的广告公司代理人在底特律公共图书馆，从 A 到 Z 列出成千动物，“mustang”一词呼之欲出。“mustang”在英语中是指一种生存在美国北部平原的小型强壮野马，它是阿拉伯马的后裔，被西班牙殖民者带入到新大陆。“野马”，它在小、野、壮三方面完全贴合该车的市场定位，而且，这是一个地道的美国名字。美国人对第二次世界大战中野马式战斗机的名字印象极为深刻，用“野马”作为新型车的名字，再适合不过了。

在为“野马”车定价方面，艾柯卡也毫不含糊。他们在底特律选定了 52 对中等收入的青年夫妇，请他们对“野马”进行评判。白领夫妇对该车造型表示满意，蓝领夫妇则把“野马”看作是他们所追求的地位和权势的象征。艾柯卡请他们为“野马”估价，几乎所有人都估计约 10000 美元，并表示家中已有车，将不再购买这种车。当艾柯卡宣布车价在 2 500 美元以内时，他们十分惊讶，都表示将购买这种能显示身份和地位的新车。在研究了消费者心理之后，艾柯卡把车价定在 2 368 美元。合理低廉的价格定位，为“野马”的成功又助了一臂之力。

“野马”正式推出之后，为了使其迅速占领市场，采用了多种多样具有轰动效应的促销手段，使“野马”迅速窜红。“野马”车投放市场的当天，福特公司在各种媒体进行了广告轰炸。有 2 600 种报刊上刊登了全页广告，数家电视台播出了广告片。广告设计也新颖别致：

一幅朴素的白色“野马”在迅捷奔驰，旁注：“真想不到”，副题是：售价2 368美元。同时，新车的照片也上了最具影响力的《新闻周刊》和《时代》封面。这两大杂志的宣传，大大提高了“野马”汽车的知名度。

“野马”汽车正式投放市场前四天，公司邀请了报界100多名新闻记者参加从纽约到迪尔本的70辆“野马”汽车大赛。这些车飞驰700英里无一发生故障，证实了“野马”车的可靠性。于是，几百家报纸都在显著的位置热情地刊出了关于“野马”的大量文章和照片，使“野马”成为新闻界的热门话题，再次大大提高了“野马”汽车的美誉度。

另外，福特公司还在全国15个最繁忙的机场和200家假日饭店的门厅里陈列“野马”汽车，以扩大影响力。公司选择最显眼的停车场，竖起巨型的广告牌，上书：“野马栏”。同时，福特公司向全国的小汽车用户直接寄发几百万封推销信，信中在传递“野马”汽车信息的同时，也表示了公司忠诚为顾客服务的态度和决心，使客户对“野马”再生好感。

此外，公司大量上市“野马”墨镜、钥匙链、帽子、“野马”玩具车，甚至在面包铺的橱窗里贴上广告：“我们的烤饼卖得像‘野马’一样快。”

由于在各个环节上福特公司均做出了一系列精心而正确的策划，使“野马”的营销大获成功，订货单源源而来。到1965年4月16日，即“野马”诞生一周年的时候，已售出418 812辆。在其几十年的历史中，有700万辆左右的“野马”在美国售出。由于它在世界汽车史上的重要地位，在千禧年来临之时，福特的“野马”被评为自1950年以来最受大众喜爱的汽车。

“野马”可以说是福特营销历史上最成功的例子，而埃德塞尔(Edsel)汽车则是福特营销历史上的一大失败。

1957年9月4日，埃德塞尔汽车作为1958年福特的新型汽车推向了市场。这一举动使同行竞争者大为惊奇，因为按照传统，一般在10月和11月推出下年度的新型汽车。当时福特汽车公司为埃德塞尔分部1958年的生产任务定为20万辆。但埃德塞尔分部从没想到推出新车用了10年多的时间。根据对市场营销环境的分析，数年来，美国汽车市场上日益增长着一股偏好中档汽车的倾向。像庞蒂克、奥兹莫比尔、别克、道奇、迪索托和默库里这样的中档汽车，到20世纪50年代中期，中档汽车已占全部汽车销售量的1/3，而从前它们只占1/5。随着经济的发展，美国人自由支配的个人收入已从1939年的1 380亿美元增长到1956年的2 870亿美元，并预计到1965年可达4 000亿美元；而个人收入中用于购买汽车的百分比已从1939年的3.5%左右增长到50年代中期的5.5%或6.0%。福特公司预测，汽车市场的重心已从低档向中档转移，且20世纪60年代期间对高档汽车的需求会持续增长。当时，福特只有默库里牌中档汽车，通用汽车公司有庞蒂克、奥兹莫比尔和别克牌汽车；克莱斯勒公司有道奇和迪索托牌汽车。福特公司在这一市场领域缺乏竞争力。

因此，埃德塞尔汽车的推出看来是大势所趋。在为该车命名上福特公司并没有凑合，他们起了大约2 000个不同的名字，在不同城市访问路人，请他们说出看到每个名字时会联想到什么，并尤其关注是否有负面联想。最后，亨利·福特的唯一儿子的名字“Edsel”——埃德塞尔被选做该车的命字。虽然在调查中它有不少偏向负面的联想，但由于没有获得一致同意的名字，也只好如此。

埃德塞尔上市了，这是一种大型的、拥有345匹马力发动机的汽车。当时福特公司认为大马力发动机动力强劲，加速性好，被认为符合年轻人的喜好，是强有力的竞争要素。

福特公司为了埃德塞尔的销售，专门成立了独立的埃德塞尔经销总部，并从 4 600 个应征的经销商中精挑细选出 1 200 个，除了位于小市镇的经销商拥有双重经销权外，其余的都必须专售埃德塞尔。平均每一位经销商投资了 10 万美元。

为了配合埃德塞尔的上市，福特公司进行了精心的广告策划。1957 年 7 月 22 日，第一个广告出现了，在生活杂志上，用了双跨页刊出大幅黑白照片，显示的是一辆汽车正在乡村高速公路上驰骋，因为是高速行驶，所以只见一个模糊的车影，其他的广告也是仅仅展示埃德塞尔的轮廓。直到 8 月底汽车的真实面目才正式显露，在此之前，埃德塞尔的车型一直是个秘密。福特公司试图用这种吊胃口的玄谜手法吸引公众的兴趣，使埃德塞尔成为焦点，让人们有一种期盼之感。

然而埃德塞尔推向市场后的结果却令人大失所望。9 月 4 日当天订单 6 500 份，还算可以；但接下来的几天，销售情况却急剧下降。10 月 13 日，星期天晚上，福特公司在电视上推出了大量的广告，但情况仍不见好转。直至第二年 11 月，埃德塞尔系列新车型面世，销售才稍有转机。第三年 9 月中旬，虽然推出了埃德塞尔第三个系列产品，却没有产生任何影响。1959 年 11 月 19 日，埃德塞尔被迫停止生产，以失败告终。

为什么经过 10 年左右精心策划的埃德塞尔会失败呢？原因有很多，每一个单独的因素虽都不足以致命，但综合起来却使埃德塞尔一败涂地。

首先，车型有悖于市场环境。由于埃德塞尔策划时间较长，在市场调研期间正是美国经济景气繁荣之时，而在 20 世纪 50 年代末埃德塞尔推向市场之时，美国经济开始出现衰退。如果说原来市场看中中价位的汽车；而在经济不景气时，经济型汽车逐渐占据了大众的心，所以说，埃德塞尔可谓生不逢时。更不利的政策因素是，美国交通安全局那时开始限制生产大马力的汽车，因为他们把高速公路的意外事件归咎于此；美国汽车制造协会回应美国交通安全局的批评，签署了一项同意书，禁止汽车就马力、速度刊登广告。埃德塞尔过去力捧的车型大、动力强劲、加速性好等卖点一下子变成了弱点，使汽车的销售大打折扣。

其次，设立独立的经销部门使经销商花费大，财政上出现了困难。本来预计可以增进经销商的信心，带来较好的销售成绩，但其巨大的花费（平均每一位经销商投资了 10 万美元）则被忽略了，而且埃德塞尔经销商除了埃德塞尔之外，没有任何其他的经销产品，各经销商在财政上的困难很快就显现出来。

再者，促销广告很不成功。埃德塞尔上市之前应用了吊胃口的玄谜手法吸引公众，却产生了负面的效果。在广告过于隐秘的诱幻之下，美国公众期望值过高，把埃德塞尔想象成时代的尖端产品，但见了真车之后，却发现它不过如此，结果费力不讨好。而且，一般新年度的产品均在 10 月或 11 月问市，但埃德塞尔赶在 9 月份推出，原想会捷足先登，结果反使埃德塞尔必须和当年的产品竞争。这不仅在售价上有很大差别，而且使消费者很迷惑，埃德塞尔到底是福特当年的新车，还是第二年的新产品呢？刚开始时，有些经销商抱怨过度的广告未免太早了，但等到 10 月，当其他品牌的新车型问世时，却又有人抱怨缺乏促销活动和广告了。

最后，在其他细节上埃德塞尔也出现了瑕疵，如在名字的选择上，福特的决策者没有充分考虑偏向负面的联想，贸然采用了埃德塞尔。更有意思的是，埃德塞尔的车头外形像一个张开的大嘴巴，这种外表很显然是不受欢迎的，从消费心理学的角度讲，没有人愿意自己的车子给人张牙舞爪的感觉。

中国轿车的黑马——北京现代

来自中国汽车工业协会的统计表明，2003 年中国轿车产量首次突破 200 万辆，达到 201.89 万辆，销量达到 197.16 万辆，分别增长 83%和 75%。十大主要轿车企业年产销量达到 159.43 万辆和 158.77 万辆，分别占全国轿车产销量的 78.8%和 80.5%。而占中国轿车市场 80%份额的十大轿车企业排名再次重新洗牌。后起之秀北京现代汽车有限公司，刚投产就跻身十大轿车厂家之列，名列第十，可谓一匹气势如虹的黑马，其当年的产、销量分别是 55 113 辆和 52 128 辆。

北京现代汽车有限公司是 2002 年 10 月 16 日正式成立的。11 月 18 日，北京现代·索纳塔轿车生产启动。2003 年 12 月 23 日，第二款贺岁车——伊兰特也全面上市。为什么北京现代在短短一年的时间里就成绩斐然呢？除了汽车本身的质量和档次因素，全面贴切多样的促销活动起了重要作用。

涉足世界第一球 体育营销树形象

2003 年 3 月 12 日，北京现代汽车有限公司与北京国安足球俱乐部正式签署合作协议。从 2003～2005 年赛季，北京现代独家买断国安俱乐部三年的冠名权及其他形象开发权，“北京国安”正式更名为“北京现代”。在中国甲 A 联赛中，人们看到的是全新形象的“北京现代汽车足球队”。

体育，尤其是足球运动是非常好的宣传载体，各大商家都希望借体育之东风，扬自己的美名，关键是两者的结合要巧妙、贴切，有很好的共融性。首先北京现代汽车有限公司与北京国安足球俱乐部均在我国的首都北京，有着扎实的地域基础。其次足球和汽车有极佳的关联性，形象非常吻合。足球场上拼体力、拼速度、拼技术，与汽车所倡导的动力、速度、技术不谋而合；再者北京国安是中国的甲 A 劲旅，北京现代是中国的轿车新贵；北京国安年轻、积极、向上的社会形象与北京现代创新、时尚、俊朗的形象定位相匹配；北京现代“追求卓越品质，创造幸福生活”的企业精神，与国安“永远争第一”的口号也一脉相承。这种强强联合无疑会取得双赢的效果。对于北京现代而言，冠名国安足球俱乐部是市场推广的有力平台，借助足球，北京现代可以更快、更深入、更直接地将企业和产品信息传递给广大的消费者和社会公众。

同时，这次的合作也是自甲 A 联赛创立以来国安俱乐部首次出售冠名权。国安俱乐部是十几支甲 A 队伍里唯一的从未更名的俱乐部。这也是一大卖点。国安作为北京足球的一面旗帜，在国内外有一定的影响力，他们之所以迟迟没有出售自己的冠名权，可以说是因为珍视自己的品牌，所以一定要寻找到相匹配的高质量的合作伙伴，而现代汽车作为世界性的品牌非常值得信赖，北京现代快速发展所创造的“现代速度”，与北京国安再贴切不过了。

冠名赞助《阿依达》文化营销扬美名

北京现代汽车有限公司主要产品“SONATA”——索纳塔的意思是奏鸣曲，这一高雅音乐的名称为北京现代与音乐文化的融合提供了天衣无缝的营销契机。北京现代赞助了北京现代之夜世界超大型户外景观歌剧《阿依达》在首都北京演出，盛况空前，影响极大。

《阿依达》是北京市委和市政府推出的文化精品，在北京工人体育场上演，这对北京乃至全国的文化市场都是非常有意义的，有着重大的影响力。北京现代汽车有限公司的索纳塔本身就是一个浪漫而富有诗意的音乐名字，在营销方面，《阿依达》与北京现代汽车可以完美地结合在一起，共同奏响一部美妙的乐章。北京现代索纳塔为《阿依达》组委会赞助的是索纳塔 2.7 V6，并成为《阿依达》的艺术家指定用车。来自欧洲的世界著名男高音克里斯蒂安·约翰逊、世界著名女高音乔基娜·冯· 奔察、世界著名男低音伯纳尔多·佳尤蒂乘坐北京现代汽车有限公司提供的新款索纳塔 2.7V6，在北京的街道穿行。在众多媒体的关注之下，索纳塔频频曝光。在北京这样一个文化之都，各种各样大大小小的演出可以说是接连不断。为什么北京现代会看上《阿依达》呢？这是因为《阿依达》是一部超大型景观歌剧，它是非常时尚的、个性化的，它在舞台设计上标新立异，在立意上推陈出新，在场面上气势宏大，并且作为首届“国际戏剧演出季”的开幕式，无疑是文艺市场最闪亮的一幕，各界媒体最为关注的一场演出。除了索纳塔这一名字作为联系的纽带之外，北京现代汽车融合了现代简约美学和古典风格，在中高级轿车中正是以时尚性与个性化的形象而展现其风采，这与《阿依达》的演出特色相得益彰。通过此次活动，进一步强化了北京现代汽车的个性定位，《阿依达》的确是完美的一个文化载体。

景观歌剧《阿依达》的超大型定位，它的几项世界之最的创造，也将与北京现代汽车公司超速发展的大公司形象和“北京现代速度”非常吻合。北京现代汽车通过此次活动，在目标消费群中努力倡导一种新的生活方式：健康、时尚、激情、催人向上。北京现代汽车的消费人群与景观歌剧、时尚音乐的爱好者、追随者属于同一个目标市场。权威调查机构曾对全国 7 大城市喜欢歌剧、舞剧、时尚音乐等艺术的人群进行调查得出：理解、接受和热衷高雅艺术的人士高度集中于中青年成熟者、高学历人群，属于管理人员、社会精英、白领职员等阶层。这也正是北京现代汽车的潜在消费者。所以，北京现代与《阿依达》有着同样的目标客户群，借此共同点，北京现代汽车依托《阿依达》，在目标消费者群体中树立起了良好的时尚性与个性化的形象，同时使自身的消费定位在消费者中得以充分的渲染和强化。北京现代汽车有限公司特别对 9 万景观歌剧观看者进行了市场调研，在现场设调研表回收箱，并为市场调研活动设置了丰厚的奖品，既从自己的目标消费者获取了真实可信的第一手资料，又向消费者传递了北京现代的产品信息，加强了买卖双方的联系。

《阿依达》是时尚的，《阿依达》是“现代”的。在广告宣传上，北京现代将两者紧密地联系在一起，打造出了北京现代精品版的《阿依达》。《阿依达》在造型设计中，融合了古老埃及文明与现代宇宙星空的感觉，同时还运用了许多现代的高科技手段，动用上千吨钢材、透明的高科技新型材料，并运用激光、帕尼灯、LED 等当今最新颖、最现代的灯光，搭建超过 40m 的世界上最高的演出金字塔和超过 6 000m^2 的巨型舞台，能承受数吨重的大象与雄狮猛虎列队而过。

在这个前所未有的“北京现代”精品版的鸿篇巨制中，有两个巨大的狮身人面像，40 余根法老柱，使整个工人体育场成为一个金碧辉煌的古埃及殿堂。在巨型舞台上，有 30 个场地出入口,其中4个有30m的高度,并拥有水床、升降台、2个活动舞台等复杂的布景设施,20吨的狮身人面像将随剧情而旋转,金字塔下还巧妙地设有数千演员的化妆间和休息室,这在世界歌剧演出史上也是绝无仅有的。整个舞台成为一个神秘莫测的迷宫,变幻着绚丽多彩的场景,交织着迷人的灯光。在高潮处,焰火绽放,观众激情欢腾,北京现代之夜,整个工人体育场都成为人们庆祝胜利凯旋的巨大狂欢广场。

索纳塔2.7 V6尊贵舒适,适合商用,在同类型的车中具有很高的性价比。这也体现了北京现代汽车一贯所倡导的"衡量价值新典范"。也正如景观歌剧《阿依达》所倡导的,这是一场高雅与时尚相结合、给人以超值享受的盛会。通过这台规模空前的北京现代精品版的《阿依达》,展示中国汽车工业的新星巨子的气势和豪情。

公益事业勤参与　情感营销见真诚

2003年上半年,一场浩劫侵袭大半个中国,恶性呼吸性传染病SARS在迅速蔓延,北京成了重疫区。为了抗击SARS,2003年4月27日,北京现代向北京市委、市政府捐赠了10辆索纳塔轿车,以奖励在SARS病毒科技攻关中有突出贡献的科技人员,为社会各界,尤其是大型工业企业树立了良好的榜样。不仅如此,他们还凭借先进的科研技术,率先在市场上适时推出了带有空气循环系统的新款索纳塔轿车,为消费者在这一时期能够买到一款安全放心的轿车增加了新的选择。

6月17日,在北京现代的总装生产线上,40名来自"抗非"一线的白衣天使与北京现代生产一线的中韩员工共同见证了第20 000辆索纳塔轿车下线的历史时刻。在这一特殊时期,邀请这样普通而又特别的客人,无疑会给北京现代树立起良好的公众形象。

2003年的"六一"国际儿童节,北京现代向北京顺义区石园小学、东风小学、仁和中心小学的师生代表捐赠了60台总价值为30余万元最新配置的台式计算机。捐赠仪式后,孩子们还兴致勃勃地参观了北京现代索纳塔轿车生产线,亲自乘坐并感受了刚刚下线的索纳塔轿车。

北京现代以"为中国人民的幸福生活创造一片美好蓝天"作为企业的最高价值,以关注社会焦点、热心公益事业、奉献诚挚爱心作为企业理念,为企业的快速发展、现代汽车迅速占领市场打下了坚实的基础。2003年12月23日,随着第二款贺岁车——伊兰特的全面上市,北京现代汽车有限公司再次成为公众注目的焦点。北京现代正在朝着自己的目标推进其"极速之旅"。

非常时刻 非常举措

汽车的营销环境无时无刻不处于变化之中,这种变化有时有利,有时不利,有时甚至是处于危险之中。汽车的营销从业者要善于审时度势,趋利避害,在关键时刻要化险为夷。下面看几种不同的特殊时期比较成功的非常举措。

"非典"时期的促销手段

2003年上半年,SARS病毒在大半个中国迅速蔓延。在抗击SARS病毒的过程中,国内各大汽车厂家除了捐钱捐物以此树立自身良好的公共形象之外,还开辟出各种营销途径,使社会效益与经济效益有机结合。"非典"时期对于汽车的销售有利有弊:有利的是促成了某些打算买车的人不再犹豫，迅速买上私家车以避免去乘坐公共交通工具；不利的是汽车展销厅也是公共卖场，而汽车毕竟不是一般消费品，来了交钱完事，这也必然影响到客户因担心 SARS 病毒的传染而停止选购。怎样在非常时期开展营销活动，趋利避害呢？

1. 上汽奇瑞的做法是：您买车我接送

在 SARS 病毒肆虐之时，为了打消消费者购车怕传染这一情况，奇瑞公司从 2003 年 5 月初起在北京、广东、上海等地开展了“您买车，我接送”的活动。凡是想购买奇瑞车的人，只要拨通所在地区经销商的电话，就会有专门的“奇瑞清洁卫生服务车”将顾客接到奇瑞的销售店里进行选车，并且，不论顾客是否决定当天订购奇瑞车，公司都会根据顾客的要求将其安全地送回住处。公司通过广播、手机短信及电视广告等形式将活动的内容传达给消费者，并将接送名额限定在每天 30～50 名。这种用自己的车接送消费者的做法，既替自己做了广告，又赢得消费者的好感。这一举措最大限度地将“非典”的不利影响化解掉，虽然增加了一定的成本，但可以大大提高顾客的上门率，能够创造更多的利润，而且推广地区选择在销量较大的北京、广东、上海等地，辐射范围较大，影响较广。每天接送名额限定在 30～50 名，并在活动开始之时确定根据情况调整截止日期，使得这一举措处处都留有余地。

2. 北汽福田的做法是：买奥铃，赠 10 万“非典”保险

针对部分消费者对 SARS 病毒的恐慌心理，北汽福田为用户购买了专门针对“非典”设计的保险。在 2003 年 5 月 15 日～6 月 25 日期间购买奥铃汽车的用户将无偿获得中国泰康保险公司的 10 万元“非典”保险。除了购买“非典”保险外，只要有用户来电咨询，公司就立即上门联系，即使用户还未决定购车，只是提出看车要求，公司也会立刻派专人送样车上门让用户试车。同时，每一个上门销售的员工，都要在事前进行全面健康检查，确认无恙后方可出发；对上门的奥铃汽车也先进行全面严格的消毒。在上门和陪用户试车过程中，奥铃工作人员必须按公司制度戴口罩、手套等防护措施。回到公司后，对汽车再次检查消毒。

北汽福田推出买奥铃，赠 10 万“非典”保险的计划，花钱不多，但赢得了消费者的欢心。有消费者称，并非贪这 10 万元的保险才买奥铃车，实在是这份诚心让人难以拒绝。即使在 SARS 病毒一度严重的北京市场，奥铃 2003 年 4 月份的销售量竟然是 3 月份的 3 倍，创造了奥铃在北京市场销售史上最好的销售成绩。特殊时期的非常营销功不可没。

面对广告危机　丰田精明化解

在 2003 年第 12 期《汽车之友》杂志上，丰田汽车共刊登了三则汽车广告，分别为其三款新车“陆地巡洋舰”、“霸道”和“特锐”。在霸道车的广告页上，两只石狮蹲居路侧，其中一只挺身伸出右爪向“霸道”车作行礼状，该广告的文案为“霸道，你不得不尊敬”。在“陆地巡洋舰”车的广告页上，“陆地巡洋舰”用一根绳索拖拉着一辆看起来很像“东风”的绿色大卡车。此广告一出，一石激起千重浪，引起了轩然大波。

由于石狮在一定意义上是我国民族传统文化的产物，蕴涵着极其重要的象征意义。尤其最令人敏感的是 1937 年的“卢沟桥事变”，日本军国主义开始了全面侵华战争，而卢沟桥就是以其数不清的石狮子而闻名的。再者，“陆地巡洋舰”拖拉着“东风”大卡车，这种小车拉大车的构图很容易使人联想到是对后者的贬低，而“东风”可谓我国民族汽车工业的象

征。丰田公司选择这样的画面为其做广告，有读者认为有辱民族尊严。12月4日，解放日报以《日本丰田汽车"霸道"广告有辱民族尊严》为题报道了该事件，同日几大门户网站及相当多的媒体进行了转载，引起了极大关注。一时间触动了国人敏感的民族情绪，引起轩然大波，群情激昂，声讨不断。

此时丰田汽车一下子陷入了广告危机之中。面对满城风雨，如何迅速摆脱危机，平息事端摆在公司决策者面前。此事不可小视；否则，如果激化矛盾，将使丰田汽车的营销环境恶化。所幸丰田公司出招及时，应对得力，从而转危为安，有惊无险。

丰田公司的决策者深知星星之火，可以燎原。如果不在事态刚起来的时候立即采取果断行动，一旦愈烧愈烈，则势必失去控制。因此，丰田公司在危机发生后迅速反应，在第一时间与媒体沟通。在12月4日各媒体对此事件进行报道之后，丰田公司迅速召开由公司多位高层参加的媒体座谈会，并于当日发布道歉书，从而使关注此次事件的读者和媒体在最短时间内了解到了丰田公司的态度。在致歉信中，丰田汽车公司没有为这次事件寻找任何开脱的理由，而是对此致以诚挚的歉意。而在谈及创作广告的广告公司时，一汽丰田汽车销售有限公司总经理古谷俊男回答："出现这样的事情完全是我们的责任，应该由我们自己来承担。"整个座谈会中，不断听到日本代表的致歉，他们勇于承担责任，没有推三推四，而他们对记者的提问也都很痛快地予以回答，因此会议气氛比较和谐，没有发生过激的言语和行为。丰田公司的诚恳态度得到了媒体的嘉许。当公众的激奋来临之时，丰田公司以非常谦和的软言细语出招，这就让人有出拳打在棉花上的感觉，有力使不上。设想如果丰田公司对外的发言有些许带刺的硬话，必将是火上加油，公众反应会更加强烈。

同时，在媒体座谈会上，丰田汽车多位高层列席，可见对事件的重视、态度的诚挚。丰田汽车中国事务所理事、总代表服部悦雄，代表杉之原克之，一汽丰田汽车销售有限公司总经理古谷俊男、副总经理董海洋、藤原启税等都出席了座谈会。正是由于丰田公司高层倾巢出动，使媒体和读者感受到了丰田公司解决问题的诚意。如果丰田公司由其公关部门例行公事地发言敷衍了事，其后果肯定是适得其反，让公众很难满意。

古谷俊男代表丰田公司通过新闻媒体向中国消费者道歉时说："虽然我们在投放广告之前没有任何意思，但由于我们表达的不妥帖，在中国消费者中引发了不愉快、不好的情绪，对此我们表示非常遗憾。公司在事件发生后首先停发了这两个广告，并在一些媒体上发布致歉信，同时也在丰田网站上登出。为了防止类似事件发生，公司正在采取相应措施，以坚决杜绝类似事件的发生，我们希望在最短的时间取得消费者的谅解和信任。两则广告的创意其实都是中国人设计的，'陆地巡洋舰'广告上的绿色卡车也不是真的图片，而是手绘上去的。但无论如何，我们是广告主，我们要负全部责任。"古谷俊男用非常婉转低调的方式说明了事实真相，最大限度地表明了公司无辜的一面，而在此点到为止，不做过多纠缠，重点是表示出尽管丰田公司的广告是由广告公司制作，也是由中国人创意，但丰田公司没有以此来推脱，在表达歉意之时愿意承担全部责任，使媒体和公众在心理上不反感的前提下认可了事实真相，从而很快对丰田公司给予了谅解和信任。

为了避免节外生枝、祸从口出，尽快转移公众的视线，平息事态，在事件发生后，无论丰田公司本身，还是发表该广告的媒体，或是创作该广告的广告公司，都一致对外"表示诚恳的歉意”，而丰田公司则仅由一汽丰田汽车销售有限公司总经理古谷俊男对外发言，其他人如果被问及，则连连道歉，不发表其他讲话，让人抓不到话柄，对事件的解决也起到了重要的作用。由于丰田公司面对危机应对得力，很快转危为安，公司一切运营转入了正轨。

盛夏里的奇瑞汽车夜市

炎炎夏日，虽然年年都要经过，似乎不是太特别，但这一时期自有它的特点，如何根据具体环境搞好汽车营销，其中大有学问。此时，人们自然不大愿意白天外出购物，而逛夜市纳凉却是大多数人的习惯。根据这样一种特点，上汽奇瑞 2003 年推出了大型夏季促销的“清凉活动”，从 6 月 20 日起在全国几百家奇瑞汽车特约销售服务店，同时推出为期三个月的“奇瑞汽车夜市”，为购车用户创造一个凉爽怡人的购车新环境。“奇瑞汽车夜市”的主要内容包括两个部分：

一是请进来。全国 200 多家奇瑞汽车特许销售服务店每天将营业时间延长至晚上 21 时，增加了 3 小时的营业时间，方便用户晚上选车、购车。各销售服务店要为前来购车的用户免费赠送清凉饮料等消夏用品，有条件的地方还要为用户提供购车接送服务。

二是走出去。在人口密集的小区、纳凉广场，奇瑞汽车特约销售服务店陆续举办夜间上门巡回展销活动，让广大的消费者在自己家门口纳凉的同时能够选车、试车。在活动中，配以游戏等互动节目，增加人们纳凉时的乐趣。

通过这些适合实际的丰富多彩的营销方式，大大提高了奇瑞的知名度和销售量，2003 年奇瑞公司产销增幅有较大的提高，在中国十大轿车厂家中跃升至第 8 位。

多彩多姿的文化营销

一汽大众与“211 工程”

提起“211 工程”，这是一个文化教育界无人不知、无人不晓的名称，即面向 21 世纪精选 100 所高校进行重点建设的工程。它已经作为国家重点建设项目列入国民经济和社会发展中长期规划和第九个五年计划。那么一汽大众与“211 工程”又有什么关系呢？一汽大众在教育领域的“211 工程”上会打出怎样的营销牌呢？

事情的原委是这样的：一汽大众公司于 2003 年 10 月 18 日在清华大学组织了“211 校园汽车文化展”，以清华大学为始点，开始了全国范围的校企全面合作，之后在全国“21 工程”所属高校陆续全面铺开。由一汽大众精心选择的 100 家经销商代表一汽大众负责同“211 工程”重点院校进行一对一的日常联系。

“211 校园汽车文化展”内容主要包括：开办各种各样的专题讲座，如企业人才战略、企业文化、汽车文化、汽车技术等；举行一汽大众轿车试驾体验活动；国内外最新的汽车技术和最新发展动态等内容的展览；一汽大众产品展示等。

一汽大众公司在对高校提供安全驾驶技术方面的培训和讲座时，邀请的都是具有丰富实践经验的驾驶员，他们边教边示范，使师生们受益匪浅。一汽大众公司还和各大学进一步地开展互助，大学师生如购买一汽大众的产品，可在保险、维修、售后服务等方面享受特定的服务。一汽大众公司有关负责人表示，一汽大众将成为“211 工程”所属院校的社会实践基地，将不断加强与这些高校的携手互助，通过努力，把中国的汽车文化不断提升到一个新的高度，以此来推动中国汽车工业的不断健康、快速、可持续地向前发展。

一汽大众推出的“211 校园汽车文化展”的互动活动，是学校和企业双方受益的活动。对于高校来讲，活动加深了广大师生对汽车生产制造企业的了解和认识，也加深了对中国整个汽车市场的认识与了解，同时为广大学子提供了难得的实践机会，使他们不出校门可以获得汽车的相关知识，能了解认识中国汽车生产制造企业的发展与进步。而对于一汽大众公司而言，这样的文化营销，有着现实和深远的意义。

首先，通过这种活动，一汽大众可以加深高校对企业的认识与了解，获得高校在人才与智力等方面的支持，对于企业的人才引进和技术的提升都将大有益处，为企业的后续发展提供源源不断的强大动力。

其次，“211 校园汽车文化展”本身就是一次大型的、引起各家媒体关注的广告活动。在活动的过程中，一汽大众公司进行了图文并茂的企业管理、企业技术和产品的展示，取得了可喜的效果，对宣传企业及其产品起到了重要作用。同时在活动过程中如购买一汽大众的产品，可在保险、维修、售后服务等方面享受特定的服务。这一具体促销步骤，使得汽车的销量立竿见影。

再者，一汽大众选择高校进行营销推广，有着深远的影响。因为“211 工程”所属院校均为我国重点大学，这些院校的毕业生走向工作岗位后虽然从事不同职业，但绝大多数会收入相对颇丰，成为汽车消费的主力军。所以一汽大众的“211 校园汽车文化展”可以说是为自己培养潜在顾客。

最后，一汽大众选择清华大学为“211 校园汽车文化展”的发端，有着特别的意义。一汽大众汽车有限公司是最早在国内倡导“技术领先”汽车文化的企业，并在国内率先打破了高档汽车垄断高新技术的传统观念，掀开了中高档轿车应用高新技术的崭新一页。而有着“五四精神”的清华大学为我国汽车工业培养、造就了大批的优秀人才，对中国汽车工业的振兴起着举足轻重的作用，同时可以说是全国高校的龙头。一汽大众和清华大学可谓强强联手，通过清华大学的美名树立自身在我国轿车业领头羊的地位。

福特汽车环保奖

1983 年在英国首次发起的“亨利·福特环保奖”，其宗旨是鼓励各阶层人士积极参与有助于保护本地环境和自然资源的活动，后来根据具体情况更名为“福特汽车环保奖”。“福特汽车环保奖”是世界上规模最大的环保奖评比活动之一，授奖活动遍及 50 多个国家和地区。在过去的 20 年中，遍及全球五大洲 60 个国家和地区的数万个团体和个人加入到此项活动中。

“福特汽车环保奖”于 2000 年首次进入中国，每年颁发奖金 100 万元人民币。2003 年是福特汽车的百年华诞，“福特汽车环保奖”的奖项设置中针对这一特殊时刻和当时的社会情况，为中国专门拨出 50 万元人民币设立了“福特百年特别奖”——野生动物保护奖项，对野生动物保护工作做出突出贡献的个人或团体进行嘉奖和资助，以唤醒社会各界对野生动物保护的意识，切实加强和促进自然生态保护工作。其他奖项包括“自然环境保护项目”和

“环境教育项目”。往年青少年类别的奖项将融入其他类别一同参评，所有类别参评者的年龄均放宽至6岁。

“福特汽车环保奖”得到了我国环保人士的积极支持和广泛参与。在连续几年的获奖者中，有利用因特网传播环保知识的年轻人；有75岁高龄的老大妈；有风尘仆仆十余载的治沙人；有绿化荒山的拓耕者；有爱鸟护鸟的热心人；有数十年默默耕耘环境教育事业的工作者；有足迹遍及乡村、城镇的环保宣传志愿者……。“福特汽车环保奖”的颁发不仅是对他们环保业绩的肯定和表彰，而且所提供的奖金为他们的环保项目的进一步发展提供了资助。“福特汽车环保奖”连续几年的评奖活动不仅得到了广大热爱环保事业人士的热情支持和参与，更得到了政府、环保组织、新闻界和公众的肯定和大力支持。

福特汽车以环保作为自身的营销载体，可谓一箭双雕：第一，汽车的排放对环境的污染越来越成为众矢之的，各个国家对车辆的排放性能也有着越来越严格的限定，福特汽车关心环境、注重环保，设立“福特汽车环保奖”，无疑是在向公众传递这样一个清晰的观念：福特汽车是环保车，排放是达标的，质量是过硬的。第二，环境保护是大众最为关心的话题之一，人人都希望生活在一个草青树绿、碧水蓝天、风清气爽的环境里，福特汽车热心于环境保护。

波罗轿车鲜花装饰艺术

上海大众的波罗(POLO)轿车于2002年4月与世界同步隆重登场。2003年11月22日，上海、浙江两地近百辆波罗轿车的车主们相聚杭州武林广场，共同参加“波罗演绎精彩生活——上海、浙江波罗轿车鲜花装饰艺术大赛”。在简明、和谐的装饰艺术理念的指导下，百余名波罗轿车车主携家人、好友欢聚一堂，挥洒灵动创意，他们用鲜花、彩带演绎着对爱车、对生活的认识和理解，以自己的方式为时尚做出了一个最个性化的诠释。时尚的波罗、美丽的鲜花、个性化的创意，轿车装饰艺术醒目地走进了人们的视野。

当天，天公作美，在秋日的晴空下，近80辆各色波罗轿车根据颜色分成组，列队武林广场，场面蔚为壮观。车主们根据自己的爱好挑选上海波罗时尚生活俱乐部精心准备的鲜花和各类汽车饰品，装扮出了一辆辆时尚浪漫、别具特色的波罗花车，引来杭州市民争相驻足观赏。

同时插花表演艺术家也应邀上阵，他们凭着敏锐的艺术鉴赏力和高超的技艺为波罗轿车度身打造成一辆时尚花车，更让路人惊叹不已。在现场同时进行的还有波罗轿车各种车型的展示、咨询和现场订购活动。

比赛结束后，两地车主共同观看了精彩纷呈的文艺演出，烘托出波罗年轻、时尚的主题。演出将近尾声的时候，评委们宣布得奖车主。当获奖车主开着自己精心装扮的波罗花车驶上舞台领奖的时候，现场气氛达到了高潮。

在随后的技术交流会上，上海大众的优秀工程师到场讲解波罗轿车发动机原理、电气系统原理以及技术特点；通过德国大众汽车集团评定的A级试车员，特别针对波罗轿车传授了汽车操控技能。

轿车装饰艺术诠释的是一种追求自我、崇尚个性的生活理念。在经济快速发展的今天，物质生活水平的快速发展使得对生活质量的追求逐渐成为社会的主题，人们已经不再满足于一种单纯的消费行为，而更渴望在消费中突显自我。而工业化生产制造出来的批量同质产品在最大限度地满足人们的消费需求的同时却也抹杀了这种对个性的追求。如何用一样的物质彰显不一样的自我，就成为现代人的追求与乐趣。轿车装饰艺术正体现了这种个性化的消费方式。对于越来越多的人来说，拥有一辆自己的车已经不再是一种奢望，他们更为关注的是，如何通过自己的智慧和双手将个性化的元素注入到自己的爱车上，使之成为城市流动风景线中那个最引人注目的焦点。一样的轿车，在不同的车主手中被赋予了不一样的意义，体现着一种对于生活、对于时尚、对于美的独特理解，而一个城市的面貌也因为这些带有强烈个人色彩的异质因素的参与而变得丰富多彩起来。

轿车装饰艺术还体现了一种积极乐观、向往完美的生活态度。装饰轿车的方式可能有千万种，但目的却是相同的，那就是将时尚与美进行到底；对于时尚与美的理解或许见仁见智，但在这种个性化的行为背后却传递着一个共同的心声，那就是对未来充满了希望与憧憬。因为，唯有对生活积极乐观的人，才会有热情去装点自己身边的一切，为平常的生活增添几许乐趣，而生活的情趣也正蕴涵在这种对于时尚与美的追求之中。波罗轿车装饰艺术展现的不仅仅是一种艺术的美，更是一种对美丽人生的追求和渴望，或许，这才是轿车装饰的真谛所在。

当然，上海大众以波罗轿车装饰艺术大赛活动作为载体，彰显了上海大众企业文化的积淀，向公众传达着汽车文化理念。本次活动还得到了新华社上海分社、东方卫视、上海东方广播电台音乐频道、杭州西湖之声等多家媒体的协作与宣传。

波罗轿车鲜花装饰艺术大赛，一次成功的文化营销。

“奔驰”之路

1886 年德国的卡尔·本茨研制出由电动机发动和加速的马车式三轮汽车，标志着世界上第一辆汽车的诞生。同年，哥特里普·戴姆勒完成了首辆以汽油为燃料的四轮车试车工作。

奔驰汽车厂和戴姆勒汽车厂相继成立。1926 年两厂合并后，称为戴姆勒—奔驰汽车公司，中国翻译简称奔驰汽车公司。现在，奔驰汽车公司除以高质量、高性能豪华汽车闻名外，也是世界上最著名的大客车和重型载重汽车的生产厂家。

奔驰公司是世界上资格最老的厂家，也是经营风格始终如一的厂家。从 1926 年至今，公司不追求汽车产量的扩大，而只追求生产出高质量、高性能的高级别汽车产品。在世界十大汽车公司中，奔驰公司年产量最小，不到 100 万辆，但它的利润和销售额却名列前五名。奔驰的最低级别的汽车售价也有 1.5 万美元以上，而豪华汽车则在 10 万美元以上，中间车型也在 4 万美元左右。在香港市场，一辆奔驰 500SL 汽车，售价高达 165 万港币。

奔驰的载重汽车、专用汽车、大客车品种繁多，仅载重汽车一种，就有 110 多种基本型。奔驰也是世界上最大的重型车生产厂家，其全轮驱动 3850AS 载重汽车最大功率可达 368kW，拖载能力达 220t。1984 年奔驰公司投放市场的 6.5～11t 新型载重汽车，采用空气制动、伺服转向器、电子制动防抱死装置，使各大载重汽车公司为之震动。

奔驰公司总部设在德国斯图加特，雇员总数为18.5万人。1991年，世界著名咨询公司美国的兰道形象咨询公司，在调查美、日、西欧一万名消费者后，评选出世界上在消费者中最有影响的10大驰名商标，它们依次是：可口可乐，美国可口可乐饮料公司；索尼，日本索尼电器株式会社；奔驰，德国奔驰汽车公司等。奔驰汽车成为世界汽车第一品牌。1992年12月28日，德国《世界报》经过调查数国万名消费者后再次评选出世界10大驰名商标，它们的排列顺序与1991年美国兰道公司评选结果一样，再次印证了奔驰汽车无可企及的实力。

1994年，英国兰道公司排列出世界50大驰名商标，奔驰汽车是唯一进入前十名的汽车公司。作为“世界名牌第一车”，奔驰汽车在全球享有较高的声誉，消费者几乎遍布世界每一个角落。奔驰车以其优美的形象、优良的服务质量，深得消费者的推崇。拥有一辆奔驰，被视为财力和地位的象征，成为显示身份及资信的最好凭证。许多国家元首和知名人士都以奔驰汽车作为自己的交通工具。“开宝马，坐奔驰”成为人们的口头禅。奔驰汽车公司是如何打造出世界名牌第一车的呢？

始终如一的高定位

在汽车行业众多的品牌中，定位观点是各不相同的。宝马车强调的是“驾驶的乐趣”，富豪强调“耐久安全”，马自达的“可靠”，萨博的“飞行科技”，TOYOTA的“跑车外形”，菲亚特的“精力充沛”，而奔驰定位则是“高贵、王者、显赫、至尊”，奔驰的电视广告中较出名的系列是“世界元首使用最多的车”。为了始终如一保持元首座驾的地位，奔驰公司只生产高性能、高级别的汽车产品，不追求汽车产量的扩大，而只追求生产出高质量的汽车。奔驰车的年产量一直控制在70万辆左右，仅为美国通用车的1/9左右，不求多生产多赚钱，以产生物以稀为贵的效应。

在价格定位上，奔驰也选取了高价位。与日本车的价格相比，一辆奔驰车的价格可以买两辆日本车。价值定价成为奔驰公司最重要的制胜武器。无怪乎消费者为了得到身份与地位的心理满足感不惜重金。

公平、尽责的企业精神

一个企业要做大做强，在全球汽车大战日益激烈的竞争中永远立于不败之地，就必须形成自己的企业精神。作为一个拥有百年历史的著名汽车品牌，奔驰以“公平、尽责”作为自己的企业精神。“公平”是指公平竞争、公平经营，这是每个企业必须遵循的游戏规则。梅赛德斯—奔驰也是在产品质量、品种、技术水平、市场销售和售后服务等各方面凭借自身的实力来力争上游。“尽责”是指在汽车行业尽到自己作为一个顶级品牌的责任，不仅为了自己的经济利益，也要为社会所认同，成为同类企业仿效的楷模。在这样一种企业精神的指导下，奔驰公司的经营理念突出表现为满足消费者的快乐感和承担社会责任。随着科技、社会、经济和市场的发展，人们的生活水平提高了，人们更进一步追求汽车外观优美、内部豪华、驾驶舒适，从而尽显自身价值。因此，奔驰将能满足消费者自身的快乐感作为经营理念的一部分，并随着时间的推移，重视程度和投入不断增加。同时，奔驰公司把对环保问题的关切作为其诉求重点，体现出一个企业对社会的责任心和应尽的义务。长期以来奔驰公司十分重视环保技术的研究，研制节能和保护环境方面的新型汽车。一般汽车公司是以美国环保法规为最终标准，多数的商品开发也以满足美国的标准为前提。但奔驰公司除了这些之外，另外制定了一套比美国标准还严格的品质管理规定。"使你加入节约能源及环境保护的工作"就是奔驰的口号。

精益求精的汽车质量

奔驰公司一向将高品质看成是取得用户信任和加强竞争能力的最重要的一环，讲究精工细作，强调"质量先于数量"，要"为做得更好、最好而斗争"，除了由计算机控制的质检系统检查外，还有一个占地 $8.4km^2$ 的试验场，场里有各种不同路面的车道、障碍物等。奔驰公司每年要用 100 辆崭新的汽车作各种破坏性试验测试。高品质、信赖性、安全性、先进技术、环境适应性是奔驰造车的基本理念，凡是公司所推出的汽车均需达到五项理念的标准，缺少其中任何一项或未达标准者均被视为缺陷品。

"奔驰 600"高级轿车的广告曾一诺万金："如果发现奔驰车发生故障，中途抛锚，将获赠 1 万美金。"这充分体现出奔驰公司对品质和服务质量的追求。

100 多年来，创造第一流的产品一直成为奔驰汽车公司的经营宗旨。在整个生产经营过程中，从产品的构思、工艺的设计、样车的研制、批量的生产，直至售后的服务，精益求精的原则一直贯彻始终。

为保证产品质量，真正做到不合格的零部件坚决不用，不合格的成品坚决不出厂，在奔驰汽车公司中，从上到下形成了一个质量控制、监督网。在其工厂中，搞生产的工人有 1/7 是进行质量控制和检验的，单一个引擎就要经过 42 道检验。

随着专业化协作的加强，许多零部件是由协作厂提供的，而零部件的质量直接影响汽车的质量。为此，奔驰公司严把关。辛德尔芬根分厂每天组装 1 600 辆汽车，检查协作厂商所提供的零部件的工作人员有 1 300 多名。奔驰公司规定一箱里如果有一个零部件不合格，就全部退掉。

由于长期坚持这一制度，协作厂商也都自觉努力提高产品质量。

汽车的质量要求主要表现为行驶安全、坚固耐用、乘坐舒适、外形美观。在这一目标上，20 世纪 50 年代奔驰汽车公司研制出世界第一个安全车身。发生车祸时，车身不会被撞瘪，转向盘在撞击后能自动靠拢，以确保驾驶者的人身安全。60 年代研制出 ABS 刹车系统，用电子控制器控制轮胎，紧急刹车时不致因路面情况复杂而翻车。70 年代末，他们又研制出转弯灵活，既快又稳，而且在高速急转和较大倾斜角度操作的情况下都不会翻车的"190"型小轿车，深受用户欢迎。

正是苛刻的和精细的要求，才打造出有口皆碑的世界一流汽车。

以人为本，满足顾客的个性需求

在以消费者为中心的营销时代，顾客满意促销方兴未艾。顾客满意促销是指从顾客的需要出发，从产品结构、产品质量、销售方式、服务项目、服务水平等方面为顾客服务，满足顾客的各种不同的需要，使顾客完全满意。

一般的顾客满意促销都是售后的，而奔驰公司从生产车间就已经开始。厂里在没有成型的汽车上挂有一块块的牌子，写着顾客的姓名、车辆型号、色彩、规格和特殊要求等。不同色彩、不同规格，乃至在汽车里安装什么样的收录机等千差万别的要求，奔驰公司都能一一给予满足。据统计，奔驰车共有 3 700 种型号。任何不同的需要都能得到满足。

安全第一

据统计，每年全球因交通事故死伤的人数高达 25 万人，汽车的安全问题尤其突出。奔驰公司一向重视交通安全问题，并以此作为大力宣传的卖点。它首创的吸收冲击式车身、SRS 安全气囊等安全设计被汽车工业界引为标杆，并导致各汽车大厂竞相投入研究开发的行列。

翻开奔驰公司的历史，从 20 世纪 50 年代开始它就致力于安全问题的研究。1953 年奔驰公司发明的框形底盘上的承载式焊接结构使得衡量车身制造的标准朝着既美观又安全的方向迈出了第一步。在 600 型的基础上，奔驰公司又研制出“安全客舱”：载客的内舱在发生交通事故时不会被挤瘪，承受冲击力的是发动机箱和行李箱这两个“缓冲区”；为了不让方向盘挤坏驾驶员，转向柱是套管式的，可以推拢到一起；每一部小轿车上，从车身到驾驶室部件，共有 136 个零部件是为安全服务的。

由于人们在危机时往往惊慌失措，无法采取恰当的应急措施，所以如果在危险降临前的瞬间，汽车能做出“本能反应”，就可以进一步降低人身伤害的风险。为此，奔驰公司于 2002 年开发出了一种预警保护系统，能使乘客在意外发生时受到一定程度的保护。

这种预警保护系统能在汽车失控并可能导致车祸前的几秒钟里，关闭打开的汽车天窗，收紧安全带，调整座椅靠背，使乘客的身体保持一定的稳定，保证安全气囊有效发挥作用。

奔驰汽车公司关注的不仅是避免车祸发生和减少损失，而车祸发生前的宝贵几秒钟时间在安全设计中也被很好地利用。在这种预警系统中，司机安全带上的电子盒可以随时检查位于车轮、操纵系统和刹车踏板附近的感应器传来的数据，并通过一种特殊的计算方法分析这些数据，以便对意外发生的可能性做出判断。当车辆紧急刹车或打滑、车祸风险较高时，预警系统便会启动，使座椅背竖起，令椅背上支撑头的部位微微前倾；与此同时，安全带束紧器启动，以避免乘客在急刹车时受到太大的冲击。这种系统还可以在车子打滑时缩小乘客向两侧晃动的距离，以保证人与侧气囊之间的必要距离。这样，一旦车祸发生，侧气囊就能发挥作用。如果车祸没有发生，这套系统还会恢复到初始状态。

除了汽车的电子稳定程序、防滑刹车系统以及制动辅助系统等主动式安全配置，车祸发生时安全气囊和安全带可为乘客提供最后的防护。而这种系统可把上述保护系统和装置结合起来，提供整体安全保护。据分析，这套系统可以在车辆迎头相撞中使乘客头部和胸部所受的冲击力降低 20%。

奔驰预警保护系统还能够自动关闭汽车的侧窗。此外，奔驰公司的专家还计划使这种保护系统与雷达感应器和照相机相结合。这样，该系统不但能判断车祸的可能性，还能预测车祸的种类和严重程度。

除了在技术上奔驰始终如一地将安全作为重中之重之外，在自身形象宣传上也与此紧密贴合。如2003年奔驰支持的儿童安全绘画比赛等。

关注环保

尽管汽车给人们带来很多的好处，遗憾的是，汽车加速了环境的污染。汽车马达的发动增加了城市的噪声，汽车排出的废气污染了人们呼吸的空气……环境污染成为汽车的两大克星之一(另一个是能源危机)。行家们预言，未来的汽车是环保汽车，比如利用电能的电车，石油、太阳能、煤、核能、水力、风力都可以用来发电，这就使得汽车能源不局限于某一种能源，又可彻底地消除噪声与废气的污染。

奔驰公司把对环保问题的关切作为其诉求重点，长期以来重视环保技术的研究，研制节能和保护环境方面的新型汽车。石油危机发生后，奔驰公司着力研究汽车代用能源，例如乙烷、甲烷、电子发动或混合燃料发动装置。

周到的售后服务

为了解除客户购车后的后顾之忧，奔驰建立了强大的售后服务网络。奔驰公司的售后服务可谓无处不在，使奔驰车主没有任何后顾之忧。在德国本土，奔驰公司设有1 700多个维修站，雇有五六万人从事保养和修理工作。在公路上平均不到25km就可以找到一家奔驰车维修站。国外的维修站点也很多，据统计，它的轿车与商业用车在世界范围内共有5 800个服务网点，提供保修、租赁和信用卡等服务。国内外搞服务工作的人数竟然与生产车间的职工人数大体相等。

奔驰车一般每行驶7 500km需要换机油一次，行驶15 000km需检修一次，这些服务都可以在当天完成。从急送零件到以电子计算机开展的咨询服务，奔驰公司的服务效率令顾客满意和放心。优秀的售后服务质量是良好销售量的保障。产品售出后，奔驰公司时刻保持与其主人的联系。奔驰汽车销售到哪里，售后服务网络就建立到哪里，以确保每一辆汽车都得到良好的照顾。

在住地，由客户亲自验车，然后开至当地奔驰授权的维修中心进行交车前检测。维修人员按照规定程序进行调整，使其达到最佳的行驶状态，最后交车给客户；同时，将驾驶需要注意的问题告知客户，并提醒客户下次维修保养的时间，以确保车辆驾驶安全。

如果车辆在途中发生意外故障，开车的人只要向就近的维修站打个电话，维修站就会派人来修理，或把车辆拉到附近不远处的维修站去修理。无处不在的售后服务，使奔驰车主绝无半点烦恼。

培养品牌的忠诚者

2003年，加价销售成了中国汽车销售市场最具特色的现象之一。一些热销车型在北京等各大城市存在1～4万元，甚至高达8万元的加价销售现象。从培养品牌忠诚度的角度来看，加价销售无异于杀鸡取卵。

加价销售虽然能让汽车厂或经销商在短时期内得到利益，但从长远看，既损害了汽车制造商的品牌，也损害了汽车经销商的品牌，更损害了广大消费者的利益和国家的利益，是典型的杀鸡取卵式的行为。

汽车品牌的培养是长期积累的过程，绝非一时的炒作就能成就的。俗话说，"可以欺骗一时，不能欺骗一世"。消费者花辛苦钱买了一辆加价的汽车，一方面心里不会痛快；另一方面，消费者对汽车质量和服务的心理需求会更高，一旦出现质量和服务问题，对消费者的伤害会更深。汽车营销成功的关键是要抓住终端用户，使每个汽车消费者都成为自己品牌的宣传者和终身用户。

当前，中国绝大多数家庭的轿车消费都是第一次，很难想象，第一次买车就被狠宰一刀的消费者会对购买的汽车品牌有忠诚度，更难培养出国外那种全家人一辈子都购买同一品牌汽车的忠诚客户。

奔驰刚推出新款 SLK 车型时也是供不应求，排队排到一年以后。但无论是奔驰公司也好，还是奔驰经销商也好，加价销售的现象根本就不存在。其结果是，奔驰 SLK 车型树立了良好的品牌形象，同时奔驰公司和经销商又拥有了更多的忠实消费者，取得了品牌、经销商和消费者的多赢。

同时，奔驰公司瞄准未来，心理争夺战竟从娃娃开始做起。每个来取货的顾客驱车离去时，"奔驰"都赠送一辆可作孩子玩具的小小奔驰车，使车主的下一代也能对奔驰车产生浓厚的兴趣，争取一代代都成为奔驰车的客户。这样客户对奔驰品牌的忠诚就世代地继承下来，从小喜爱奔驰车的幼童渐渐地被培养为终生喜爱奔驰车的客户。

强化职工培训

奔驰公司在国内设有 52 个培训中心，培训范围包括新招员工的基本职业训练、企业管理的培训和在职职工的技术提高。受基本职业训练的年轻人常年维持在 6 000 人左右。公司在招收青年员工时优先挑选本厂职工的子弟，原因是这些年轻人从小就受到家庭技术的熏陶。这些青年职工一般要具有 9 年或 10 年制的中专毕业的文化程度；进入公司后，还要培训 3 到 3 年半，经考试合格后才能正式参加工作。培训期的要求非常严格：学员必须学会做钳工、锻打、手工翻砂造型、焊接、热处理和开机床等。公司特别注意培养新员工的良好操作习惯、树立重视产品质量的观念。

公司的职工以及从工长到经理等管理人员的定期轮流脱产培训，保证了公司的业务经营"在同世界竞争时取得最好的经济效益"。

奔驰品牌的个性正如其创始人所讲：我们的车是由工程师们提供的精湛的工艺凝结。今天，无论在地球上的任何一个角落，只要你看到车头前有一个三叉星徽标志的奔驰牌汽车，它都诠释着这样一种品牌价值：个人成就的外在象征、安全和舒适的结合、经典和恒久的统一。

了解市场　因势利导

宝马公司是驰名世界的汽车生产企业，也被认为是高档汽车生产业的先导。它创建于 1916 年，总部设在慕尼黑。多年来，它由最初的一家飞机发动机生产厂发展成为今天生产高档轿车和摩托车的企业集团。宝马公司作为国际汽车市场上的重要成员相当活跃，其业务遍及全世界120多个国家。经过多年艰辛的努力，宝马公司在世界上已经创立了一种轮廓鲜明的形象。不过，创立驰名世界的品牌形象是一回事，在某一特定市场上成功地销售又是另一回事。宝马公司深谙此道。为了获得营销上的成功，他们仔细分析研究各地的市场情况，满足不同地方的市场、不同需求的人的要求，采取“品牌全球化，营销地方化”的营销模式。

以在欧洲的市场拓展为例：

宝马公司的具体做法是：首先要进行市场研究。市场调研的任务就在于决定宝马在欧洲各地区的理想定位。通过讨论和开端方式的问卷，他们获得了大量的第一手资料。问卷的问题既包括适合所有国家的共同核心内容，也有一系列涉及各个不同国家的内容，以反映不同地方的态度与意见。调查的结果表明，五个国家（即奥地利、意大利、荷兰、法国和瑞士）的顾客的要求被分为几大类：对每个国家的所有驾驶人员都重要的特性，这些特性因而在全欧洲有效；对某个国家的所有驾驶人员都重要的标准，这些标准构成了国别差异；对所有国家中某些特定驾驶人员都重要的要求，这些要求带来了与目标群体有关的差异。

全欧洲一致的要求有：可靠性、安全性、质量、先进技术。宝马公司把这些标准称为基本要求，始终如一地贯穿在整个汽车的研发和制造过程中。各国不同的标准有：例如在荷兰，人们更注重精工细琢的内部配置；在奥地利，汽车应该展示个人的自信和个性，“车如其人”的观念在这里比其他任何国家都强；在意大利，人们十分希望车能符合驾驶员的个人风格，他们对设计和审美品质以及行驶中的动力表现有特别的要求。

宝马公司把不同国家的那些具有某种相同或相似要求的人，看成宝马细分市场中的目标群体，并将其分为若干类。如“名誉型驾车者”、“运动型驾车者”、“普通型汽车爱好者”、“传统型”和“说不清楚型”等。这些人在不同的国家比例明显不同，显然需要“营销地方化”。

研究所发现顾客的跨国相似性简而言之就是：驾驶宝马的人要求上乘的式样、卓越的行驶表现、现代的技术和独特的个性。不同国家宝马驾驶者的这些共同要求为宝马公司的全球战略提供了出发点。另一方面，不同国家的轿车驾驶者之间的差异，要求宝马要恰当地面对目标群体，营销实行地方化。

根据“品牌全球化，营销地方化”的营销战略，宝马突破了宝马品牌传统上所强调的以技术与运动风格为核心的形象，扩展至包容了情感因素、审美价值、风格雅致、构思精巧、独特超群和个性鲜明等新的方面，由此大大增加了扩展品牌的途径。

宝马公司建立在科学的市场调研基础上的“品牌全球化，营销地方化”的营销战略，为处理品牌与产品、品牌与沟通、产品与环境的关系提供了坚实的基础，使全球性公司的总部与以各国为基地的分公司之间在营销方面确立了良性通畅的关系，从而大大地提高了品牌的战略地位，加强了公司的竞争力。

在20世纪70年代的美国，宝马公司根据当地市场的变化，进行过一次品牌再定位，获得了巨大成功。

1974年前，宝马公司就在美国设立了分公司，但其知名度却一直很低，甚至当时有不少美国消费者误认为宝马汽车是英国产品。

1974 年，为了拓展宝马汽车在美国的潜在市场，宝马公司投下巨资，在美国收购建立自己的销售渠道，并同时开展大量的广告活动。当时美国市场上，凯迪拉克牌汽车的销售量为 150 000 辆，林肯牌为 90 000 辆，奔驰牌为 40 000 辆。宝马要在美国市场上获得成功，势必要从这些竞争对手中夺取市场。为测试宝马汽车在消费者心目中的形象地位，宝马进行了一项调查活动。活动中，埃普广告公司把一辆宝马汽车与凯迪拉克、林肯等品牌汽车停放在一起，试探人们的反应。调查结果表明，几乎所有的人对宝马汽车均无好感。他们嘲笑宝马汽车的外形笨拙得像个铁盒，轮轴露在外面有损雅观。他们为自己的车有电动车窗、真皮椅座、镀铬车身而自豪，而宝马汽车在这些方面却一样没有提供。宝马汽车优异的驾驶性能和精心的内部设计没有引起人们的注意。

面对这种情况，宝马公司决定把目标市场定位于战后新一代人身上。这一代出生于美国的生育高峰期，与习惯于坐凯迪拉克汽车的父辈相比，他们有自己的个性、追求和偏好，他们渴求有一种新的品牌来标志他们的价值观。宝马汽车优异的驾驶性能和精心的内部设计正好吻合战后新一代热情好动、追求刺激的消费心理。因此，在这个新的市场上，宝马汽车要充分利用其优异的驾驶性能，而不是简单地在电动车窗、皮革椅座、镀铬车身上与其他品牌竞争。当时的年轻人曾抱怨现有的轿车没有一辆称得上是真正的豪华轿车，由于过于追求舒适，现有的轿车几乎变成了起居室的等价物，使人们完全失去了驾车的感受。

正是抓住了这一市场特点，宝马在定位上突出了其驾驶乐趣。他们的广告主题是“驾驶极品车”。这个定位取得了巨大的成功，与其他强调“坐车享受”的豪华轿车完全区分开来，突出了宝马汽车的差异和优势，吸引了极具活力的新一代；强调了宝马汽车独一无二的卖点，即一辆真正的豪华轿车必须具备优异的驾驶性能。

针对新一代的标新立异、追求刺激的心理，宝马公司在广告中全力宣传其超人领先的技术和优异的驾驶性能，并在此基础上把宝马汽车树立成为代表最新潮的豪华轿车。为进一步拓展目标市场、扩大销售，1977 年，宝马汽车的广告开始在电视屏幕上露面，主题仍然是宣传其优异的驾驶性能。宝马汽车的销售量开始迅速上升。1978 年，宝马汽车的销售量直逼奔驰，达 31 439 辆。宝马已经成为一种能显示身份、地位的品牌。

参考文献

[1] 科特勒,凯勒著. 营销管理(12 版)[M]. 王虹,应斌,译. 上海:上海人民出版社,2006.
[2] 张伯顺. 我国汽车销售流通体制的演变和发展[J]. 汽车情报,2003(11).
[3] 刘茂福,戴克商. 网络营销理论与实务 [M]. 清华大学出版社,北京交通大学出版社,2007.
[4] 王怡民. 汽车营销技术[M]. 北京:人民交通出版社,2003.
[5] 孔伟成. 网络营销学 [M]. 杭州:浙江大学出版社,2002.
[6] 赵林度. 电子商务理论与实务[M]. 北京:人民邮电出版社版,2006.
[7] 吴文彩. 汽车营销[M]. 北京:北京邮电大学出版社,2006.
[8] 高玉民. 汽车特约销售服务站营销策略[M]. 北京:机械工业版社,2005.
[9] 刘同福,陈东升. 汽车推销高手全攻略[M]. 北京:机械工业版社,2006.
[10] 陈祝平. 服务营销管理[M]. 上海:立信会计出版社,2007.
[11] 张国方. 现代汽车营销[M]. 北京:电子工业出版社,2005.
[12] 栾志强. 张红. 汽车营销管理[M]. 北京:清华大学出版社,2005.
[13] 刘同福. 陈东升. 汽车展示厅销售全攻略[M]. 北京:机械工业出版社,2007.
[14] 栾琪义. 现代汽车维修企业管理实务[M]. 北京:机械工业出版社,2005.
[15] 栾志强,陈红华. 汽车营销师[M]. 北京:北京理工大学,2007.
[16] 霍亚楼. 汽车营销实训[M]. 北京:中国劳动社会保障出版社,2006.
[17] 中国汽车技术研究中心标准化研究所. 中国汽车标准汇编[S].
[18] 中国汽车市场统计年鉴[M]. 1999.
[19] 中国汽车工业统计年鉴[M]. 2000.
[20] 中国汽车新网,200102、200104、200105、200107、200110.